D1264147

Bibliothèque de philosophie

Collection fondée
par Jean-Paul Sartre
et Maurice Merleau-Ponty

MAURICE MERLEAU-PONTY

SENS
ET NON-SENS

GALLIMARD

© Éditions Gallimard, 1996, pour la présente édition.
(Cet ouvrage avait été publié initialement par les Éditions Nagel :
© Éditions Nagel, 1966.)

Préface

Depuis le début du siècle, beaucoup de grands livres ont exprimé la révolte de la vie immédiate contre la raison. Ils ont dit, chacun à sa manière, que jamais les arrangements rationnels d'une morale, d'une politique, ou même de l'art ne vaudront contre la ferveur de l'instant, l'éclatement d'une vie individuelle, la «préméditation de l'inconnu».

Il faut croire que le tête-à-tête de l'homme avec sa volonté singulière n'est pas longtemps tolérable : entre ces révoltés, les uns ont accepté sans conditions la discipline du communiste, d'autres celle d'une religion révélée, les plus fidèles à leur jeunesse ont fait deux parts dans leur vie ; comme citoyens, maris, amants ou pères, ils se conduisent selon les règles d'une raison assez conservatrice. Leur révolte s'est localisée dans la littérature ou dans la poésie, devenues du coup religion.

Il est bien vrai que la révolte nue est insincère. Dès que nous voulons quelque chose ou que nous prenons à témoin les autres, c'est-à-dire dès que nous vivons, nous impliquons que le monde, en principe, est d'accord avec lui-même, et les autres avec nous. Nous naissons dans la raison comme dans le langage. Mais il faudrait que la raison à laquelle on arrive ne fût pas celle qu'on avait quittée avec tant d'éclat. Il faudrait que l'expérience de la déraison ne fût pas simplement oubliée. Il faudrait former une nouvelle idée de la raison.

En présence d'un roman, d'un poème, d'une peinture, d'un film valables, nous savons qu'il y a eu contact avec quelque chose, quelque chose est acquis pour les hommes et l'œuvre commence d'émettre un message ininterrompu.. Mais ni pour l'artiste, ni pour le public le sens de l'œuvre ıı est formulable autrement que par l'œuvre elle-même ; ni la pensée qui l'a faite, ni celle qui la reçoit n'est tout à fait maîtresse de soi. On verra par l'exemple de Cézanne dans quel risque s'accomplit l'expression et la communication. C'est comme un pas dans la brume, dont personne ne peut dire s'il conduit quelque part. Même nos mathématiques ont cessé d'être de longues chaînes de raison. Les êtres mathématiques ne se laissent atteindre que par procédés obliques, méthodes improvisées, aussi opaques qu'un minéral inconnu. Il y a, plutôt qu'un monde intelligible, des noyaux rayonnants séparés par des pans de nuits. Le monde de la culture est discontinu comme l'autre, il connaît lui aussi de sourdes mutations. Il y a un temps de la culture, où les œuvres d'art et de science s'usent, quoiqu'il soit plus lent que le temps de l'histoire et du monde physique. Dans l'œuvre d'art ou dans la théorie comme dans la chose sensible, le sens est inséparable du signe. L'expression, donc, n'est jamais achevée. La plus haute raison voisine avec la déraison.

De même, si nous devons retrouver une morale, il faut que ce soit au contact des conflits dont l'immoralisme a fait l'expérience. Comme le montre *L'Invitée* de Simone de Beauvoir, c'est une question de savoir s'il y a pour chaque homme une formule de conduite qui le justifie aux yeux des autres, ou si, au contraire, ils ne sont pas, par position, impardonnables l'un pour l'autre et si, dans cette situation, les principes moraux ne sont pas une manière de se rassurer et de se défaire des questions plutôt que de se sauver et de les résoudre. En morale comme en art, il n'y aurait pas de solution pour celui qui veut d'abord assurer sa marche, rester à tout instant juste et maître absolu de soi-même. Nous n'aurions d'autre recours que le mouvement spontané qui nous lie aux autres pour le malheur et pour le bonheur, dans l'égoïsme et dans la générosité.

En politique, enfin, l'expérience de ces trente années nous oblige aussi à évoquer le fond de non-sens sur lequel se profile toute entreprise universelle, et qui la menace d'échec. Pour des générations d'intellectuels, la politique marxiste a été l'espoir, parce qu'en elle les prolétaires et par eux les hommes de tous les pays devaient trouver le moyen de se reconnaître et de se rejoindre. La préhistoire allait finir. Une parole était dite qui attendait réponse de cette immense humanité virtuelle depuis toujours silencieuse. On allait assister à cette nouveauté absolue d'un monde où tous les hommes comptent. Mais, n'ayant abouti qu'en un pays, la politique marxiste a perdu confiance en sa propre audace, elle a délaissé ses propres moyens prolétariens et repris ceux de l'histoire classique : hiérarchie, obéissance, mythes, inégalité, diplomatie, police. Au lendemain de cette guerre, on pouvait espérer que l'esprit du marxisme allait reparaître, que le mouvement des masses américaines allait relayer la révolution russe. Cette attente est exprimée ici dans plusieurs études[1]. On sait qu'elle a été déçue et que nous voyons à présent face à face une Amérique presque unanime dans la chasse aux «rouges», avec les hypocrisies que la critique marxiste a dévoilées dans la conscience libérale, et une Union soviétique qui tient pour fait accompli la division du monde en deux camps, pour inévitable la solution militaire, ne compte sur aucun réveil de la liberté prolétarienne, même et surtout quand elle aventure les prolétariats nationaux dans des missions de sacrifice.

Comme Cézanne se demande si ce qui est sorti de ses mains offre un sens et sera compris, comme un homme de bonne volonté, considérant les conflits de sa vie, en vient à douter que les vies soient compatibles entre elles, le citoyen d'aujourd'hui n'est pas sûr que le monde humain soit possible.

Mais l'échec n'est pas fatal. Cézanne a gagné contre le hasard. Les hommes peuvent gagner aussi, pourvu qu'ils mesurent le risque et la tâche.

---

1. «Autour du marxisme», p. 120; «Pour la vérité», p. 186.

I

OUVRAGES

Le doute de Cézanne

Il lui fallait cent séances de travail pour une nature morte, cent cinquante séances de pose pour un portrait. Ce que nous appelons son œuvre n'était pour lui que l'essai et l'approche de sa peinture. Il écrit en septembre 1906, âgé de soixante-sept ans, et un mois avant de mourir : «Je me trouve dans un tel état de troubles cérébraux, dans un trouble si grand que j'ai craint, à un moment, que ma faible raison n'y passât... Maintenant il me semble que je vais mieux et que je pense plus juste dans l'orientation de mes études. Arriverai-je au but tant cherché et si longtemps poursuivi ? J'étudie toujours sur nature et il me semble que je fais de lents progrès.» La peinture a été son monde et sa manière d'exister. Il travaille seul, sans élèves, sans admiration de la part de sa famille, sans encouragement du côté des jurys. Il peint l'après-midi du jour où sa mère est morte. En 1870, il peint à l'Estaque pendant que les gendarmes le recherchent comme réfractaire. Et pourtant il lui arrive de mettre en doute cette vocation. En vieillissant, il se demande si la nouveauté de sa peinture ne venait pas d'un trouble de ses yeux, si toute sa vie n'a pas été fondée sur un accident de son corps. À cet effort et à ce doute répondent les incertitudes ou les sottises des contemporains. «Peinture de vidangeur saoul», disait un critique en 1905. Aujourd'hui, C. Mauclair tire encore argument contre Cézanne de ses aveux d'impuissance. Pendant ce temps, ses tableaux sont répandus dans le monde. Pourquoi tant d'incertitude, tant de labeur, tant d'échecs, et soudain le plus grand succès ?

Zola, qui était l'ami de Cézanne depuis l'enfance, a été le

premier à lui trouver du génie, et le premier à parler de lui comme d'un « génie avorté ». Un spectateur de la vie de Cézanne, comme était Zola, plus attentif à son caractère qu'au sens de sa peinture, pouvait bien la traiter comme une manifestation maladive.

Car dès 1852, à Aix, au collège Bourbon où il venait d'entrer, Cézanne inquiétait ses amis par ses colères et ses dépressions. Sept ans plus tard, décidé à devenir peintre, il doute de son talent et n'ose pas demander à son père, chapelier puis banquier, de l'envoyer à Paris. Les lettres de Zola lui reprochent de l'instabilité, de la faiblesse, de l'indécision. Il vient à Paris, mais écrit : « Je n'ai fait que changer de place et l'ennui m'a suivi. » Il ne tolère pas la discussion, parce qu'elle le fatigue et qu'il ne sait jamais donner ses raisons. Le fond de son caractère est anxieux. À quarante-deux ans, il pense qu'il mourra jeune et fait son testament. À quarante-six ans, pendant six mois, il est traversé par une passion fougueuse, tourmentée, accablante, dont le dénouement n'est pas connu et dont il ne parlera jamais. À cinquante et un ans, il se retire à Aix, pour y trouver la nature qui convient le mieux à son génie, mais c'est aussi un repli sur le milieu de son enfance, sa mère et sa sœur. Quand sa mère mourra, il s'appuiera sur son fils. « C'est effrayant, la vie », disait-il, souvent. La religion, qu'il se met alors à pratiquer, commence pour lui par la peur de la vie et la peur de la mort. « C'est la peur, explique-t-il à un ami, je me sens encore pour quatre jours sur la terre ; puis après ? Je crois que je survivrai et je ne veux pas risquer de rôtir *in aeternum*. » Bien qu'ensuite elle se soit approfondie, le motif initial de sa religion a été le besoin de fixer sa vie et de s'en démettre. Il devient toujours plus timide, méfiant et susceptible. Il vient quelquefois à Paris, mais, quand il rencontre des amis, leur fait signe de loin de ne pas l'aborder. En 1903, quand ses tableaux commencent de se vendre à Paris deux fois plus cher que ceux de Monet, quand des jeunes gens comme Joachim Gasquet et Émile Bernard viennent le voir et l'interroger, il se détend un peu. Mais les colères persistent. Un enfant d'Aix l'avait autrefois frappé en passant près de lui ; depuis lors il ne pouvait plus supporter un contact. Un jour de sa vieillesse, comme il trébuchait, Émile Bernard le soutint de la main. Cézanne entra dans une grande colère. On l'entendait arpenter son atelier en criant qu'il ne se laisserait pas mettre « le grappin dessus ». C'est encore à cause du « grappin » qu'il écartait de son atelier les femmes qui auraient pu lui servir de modèles, de sa vie les prêtres qu'il appelait des « poisseux », de son esprit les théories d'Émile Bernard quand elles se faisaient trop pressantes.

Cette perte des contacts souples avec les hommes, cette impuissance à maîtriser* les situations nouvelles, cette fuite dans les habitudes, dans un milieu qui ne pose pas de problèmes, cette opposition rigide de la théorie et de la pratique, du « grappin » et d'une liberté de solitaire, — tous ces symptômes permettent de parler d'une constitution morbide, et par exemple, comme on l'a fait pour Greco, d'une schizoïdie. L'idée d'une peinture « sur nature » viendrait à Cézanne de la même faiblesse. Son extrême attention à la nature, à la couleur, le caractère inhumain de sa peinture (il disait qu'on doit peindre un visage comme un objet), sa dévotion au monde visible ne seraient qu'une fuite du monde humain, l'aliénation de son humanité.

— Ces conjectures ne donnent pas le sens positif de l'œuvre, on ne peut pas en conclure sans plus que sa peinture soit un phénomène de décadence, et, comme dit Nietzsche, de vie « appauvrie », ou encore qu'elle n'ait rien à apprendre à l'homme accompli. C'est probablement pour avoir fait trop de place à la psychologie, à leur connaissance personnelle de Cézanne, que Zola et Émile Bernard ont cru à un échec. Il reste possible que, à l'occasion de ses faiblesses nerveuses, Cézanne ait conçu une forme d'art valable pour tous. Laissé à lui-même, il a pu regarder la nature comme seul un homme sait le faire. Le sens de son œuvre ne peut être déterminé par sa vie.

On ne le connaîtrait pas mieux par l'histoire de l'art, c'est-à-dire en se reportant aux influences (celle des Italiens et de Tintoret, celle de Delacroix, celle de Courbet et des impressionnistes) — aux procédés de Cézanne, ou même à son propre témoignage sur sa peinture.

Ses premiers tableaux, jusque vers 1870, sont des rêves peints, un Enlèvement, un Meurtre. Ils viennent des sentiments et veulent provoquer _ abord les sentiments. Ils sont donc presque toujours peints par grands traits et donnent la physionomie morale des gestes plutôt que leur aspect visible. C'est aux impressionnistes, et en particulier à Pissarro, que

Cézanne doit d'avoir conçu ensuite la peinture, non comme l'incarnation de scènes imaginées, la projection des rêves au-dehors, mais comme l'étude précise des apparences, moins comme un travail d'atelier que comme un travail sur nature, et d'avoir quitté la facture baroque, qui cherche d'*abord* à rendre le mouvement, pour les petites touches juxtaposées et les hachures patientes.

Mais il s'est vite séparé des impressionnistes. L'impressionnisme voulait rendre dans la peinture la manière même dont les objets frappent notre vue et attaquent nos sens. Il les représentait dans l'atmosphère où nous les donne la perception instantanée, sans contours absolus, liés entre eux par la lumière et l'air. Pour rendre cette enveloppe lumineuse, il fallait exclure les terres, les ocres, les noirs et n'utiliser que les sept couleurs du prisme. Pour représenter la couleur des objets, il ne suffisait pas de reporter sur la toile leur ton local, c'est-à-dire la couleur qu'ils prennent quand on les isole de ce qui les entoure, il fallait tenir compte des phénomènes de contraste qui dans la nature modifient les couleurs locales. De plus, chaque couleur que nous voyons dans la nature provoque, par une sorte de contrecoup, la vision de la couleur complémentaire, et ces complémentaires s'exaltent. Pour obtenir sur le tableau, qui sera vu dans la lumière faible des appartements, l'aspect même des couleurs sous le soleil, il faut donc y faire figurer non seulement un vert, s'il s'agit d'herbe, mais encore le rouge complémentaire qui le fera vibrer. Enfin, le ton local lui-même est décomposé chez les impressionnistes. On peut en général obtenir chaque couleur en juxtaposant, au lieu de les mélanger, les couleurs composantes, ce qui donne un ton plus vibrant. Il résultait de ces procédés que la toile, qui n'était plus comparable à la nature point par point, restituait, par l'action des parties les unes sur les autres, une vérité générale de l'impression. Mais la peinture de l'atmosphère et la division des tons noyaient en même temps l'objet et en faisaient disparaître la pesanteur propre. La composition de la palette de Cézanne fait présumer qu'il se donne un autre but : il y a, non pas les sept couleurs du prisme, mais dix-huit couleurs, six rouges, cinq jaunes, trois bleus, trois verts, un noir. L'usage des couleurs chaudes et du noir montre que Cézanne veut représenter l'objet, le retrouver derrière l'atmosphère. De même il renonce à la division du ton et la remplace par des mélanges gradués, par un déroulement de nuances chromatiques sur l'objet, par une modulation colorée qui suit la forme et la lumière reçue. La suppression des contours précis dans certains cas, la priorité de la couleur sur le dessin n'auront évidemment pas le même sens chez Cézanne et dans l'impressionnisme. L'objet n'est plus couvert de reflets, perdu dans ses rapports à l'air et aux autres objets, il est comme éclairé sourdement de l'intérieur, la lumière émane de lui, et il en résulte une impression de solidité et de matérialité. Cézanne ne renonce d'ailleurs pas à faire vibrer les couleurs chaudes, il obtient cette sensation colorante par l'emploi du bleu.

Il faudrait donc dire qu'il a voulu revenir à l'objet sans quitter l'esthétique impressionniste, qui prend modèle de la nature. Émile Bernard lui rappelait qu'un tableau, pour les classiques, exige circonscription par les contours, composition et distribution des lumières. Cézanne répond : « Ils faisaient le tableau et nous tentons un morceau de nature. » Il a dit des maîtres qu'ils « remplaçaient la réalité par l'imagination et par l'abstraction qui l'accompagne », — et de la nature qu'« il faut se plier à ce parfait ouvrage. De lui tout nous vient, par lui, nous existons, oublions tout le reste ». Il déclare avoir voulu faire de l'impressionnisme « quelque chose de solide comme l'art des musées ». Sa peinture serait un paradoxe : rechercher la réalité sans quitter la sensation, sans prendre d'autre guide que la nature dans l'impression immédiate, sans cerner les contours, sans encadrer la couleur par le dessin, sans composer la perspective ni le tableau. C'est là ce que Bernard appelle le suicide de Cézanne : il vise la réalité et s'interdit les moyens de l'atteindre. Là se trouverait la raison de ses difficultés et aussi des déformations que l'on trouve chez lui surtout entre 1870 et 1890. Les assiettes ou les coupes posées de profil sur une table devraient être des ellipses, mais les deux sommets de l'ellipse sont grossis et dilatés. La table de travail, dans le portrait de Gustave Geffroy, s'étale dans le bas du tableau contre les lois de la perspective. En quittant le dessin, Cézanne se serait livré au chaos des sensations. Or les sensations feraient chavirer les objets et suggéreraient constamment des illusions, comme elles le font quelquefois — par exemple l'illusion d'un mouvement des objets quand nous bougeons la tête —, si le jugement ne

17

redressait sans cesse les apparences. Cézanne aurait, dit Bernard, englouti « la peinture dans l'ignorance et son esprit dans les ténèbres ».

En réalité, on ne peut juger ainsi sa peinture qu'en laissant tomber la moitié de ce qu'il a dit et qu'en fermant les yeux à ce qu'il a peint.

Dans ses dialogues avec Émile Bernard, il est manifeste que Cézanne cherche toujours à échapper aux alternatives toutes faites qu'on lui propose — celle des sens ou de l'intelligence, du peintre qui voit et du peintre qui pense, de la nature et de la composition, du primitivisme et de la tradition. « Il faut se faire une optique », dit-il, mais « j'entends par optique une vision logique, c'est-à-dire sans rien d'absurde ». « S'agit-il de notre nature ? » demande Bernard. Cézanne répond : « Il s'agit des deux. » — « La nature et l'art ne sont-ils pas différents ? » — « Je voudrais les unir. L'art est une aperception personnelle. Je place cette aperception dans la sensation et je demande à l'intelligence de l'organiser en œuvre. » Mais même ces formules font trop de place aux notions ordinaires de « sensibilité » ou « sensation » et d'« intelligence », c'est pourquoi Cézanne ne pouvait persuader et c'est pourquoi il aimait mieux peindre. Au lieu d'appliquer à son œuvre des dichotomies, qui d'ailleurs appartiennent plus aux traditions d'école qu'aux fondateurs — philosophes ou peintres — de ces traditions, il vaudrait mieux être docile au sens propre de sa peinture qui est de les remettre en question. Cézanne n'a pas cru devoir choisir entre la sensation et la pensée, comme entre le chaos et l'ordre. Il ne veut pas séparer les choses fixes qui apparaissent sous notre regard et leur manière fuyante d'apparaître, il veut peindre la matière en train de se donner forme, l'ordre naissant par une organisation spontanée. Il ne met pas la coupure entre « les sens » et l'« intelligence », mais entre l'ordre spontané des choses perçues et l'ordre humain des idées et des sciences. Nous percevons des choses, nous nous entendons sur elles, nous sommes ancrés en elles et c'est sur ce socle de « nature » que nous construisons des sciences. C'est ce monde primordial que Cézanne a voulu peindre, et voilà pourquoi ses tableaux donnent l'impression de la nature à son origine, tandis que les photographies des mêmes paysages suggèrent les travaux des hommes, leurs commodités, leur présence imminente.

Cézanne n'a jamais voulu «peindre comme une brute», mais remettre l'intelligence, les idées, les sciences, la perspective, la tradition, au contact du monde naturel qu'elles sont destinées à comprendre, confronter avec la nature, comme il le dit, les sciences «qui sont sorties d'elle».

Les recherches de Cézanne dans la perspective découvrent par leur fidélité aux phénomènes ce que la psychologie récente devait formuler. La perspective vécue, celle de notre perception, n'est pas la perspective géométrique ou photographique : dans la perception, les objets proches paraissent plus petits, les objets éloignés plus grands, qu'ils ne le font sur une photographie, comme on le voit au cinéma quand un train approche et grandit beaucoup plus vite qu'un train réel dans les mêmes conditions. Dire qu'un cercle vu obliquement est vu comme une ellipse, c'est substituer à la perception effective le schéma de ce que nous devrions voir si nous étions des appareils photographiques : nous voyons en réalité une forme qui oscille autour de l'ellipse sans *être* une ellipse. Dans un portrait de Mme Cézanne, la frise de la tapisserie, de part et d'autre du corps, ne fait pas une ligne droite : mais on sait que si une ligne passe sous une large bande de papier, les deux tronçons visibles paraissent disloqués. La table de Gustave Geffroy s'étale dans le bas du tableau, mais, quand notre œil parcourt une large surface, les images qu'il obtient tour à tour sont prises de différents points de vue et la surface totale est gondolée. Il est vrai qu'en reportant sur la toile ces déformations, je les fige, j'arrête le mouvement spontané par lequel elles se tassent les unes sur les autres dans la perception et tendent vers la perspective géométrique. C'est aussi ce qui arrive à propos des couleurs. Une rose sur un papier gris colore en vert le fond. La peinture d'école peint le fond en gris, comptant que le tableau, comme l'objet réel, produira l'effet de contraste. La peinture impressionniste met du vert sur le fond, pour obtenir un contraste aussi vif que celui des objets de plein air. Ne fausse-t-elle pas ainsi le rapport des tons ? Elle le fausserait si elle s'en tenait là. Mais le propre du peintre est de faire que toutes les autres couleurs du tableau convenablement modifiées enlèvent au vert posé sur le fond son caractère de couleur réelle. De même le génie de Cézanne est de faire que les déformations perspectives, par l'arrangement d'ensemble du tableau, cessent d'être visibles

19

pour elles-mêmes quand on le regarde globalement, et contribuent seulement, comme elles le font dans la vision naturelle, à donner l'impression d'un ordre naissant, d'un objet en train d'apparaître, en train de s'agglomérer sous nos yeux. De la même façon le contour des objets, conçu comme une ligne qui les cerne, n'appartient pas au monde visible, mais à la géométrie. Si l'on marque d'un trait le contour d'une pomme, on en fait une chose, alors qu'il est la limite idéale vers laquelle les côtés de la pomme fuient en profondeur. Ne marquer aucun contour, ce serait enlever aux objets leur identité. En marquer un seul, ce serait sacrifier la profondeur, c'est-à-dire la dimension qui nous donne la chose, non comme étalée devant nous, mais comme pleine de réserves et comme une réalité inépuisable. C'est pourquoi Cézanne suivra dans une modulation colorée le renflement de l'objet et marquera en traits bleus *plusieurs* contours. Le regard renvoyé de l'un à l'autre saisit un contour naissant entre eux tous comme il le fait dans la perception. Il n'y a rien de moins arbitraire que ces célèbres déformations — que d'ailleurs Cézanne abandonnera dans sa dernière période, à partir de 1890, quand il ne remplira plus sa toile de couleurs et quittera la facture serrée des natures mortes.

Le dessin doit donc résulter de la couleur, si l'on veut que le monde soit rendu dans son épaisseur, car il est une masse sans lacunes, un organisme de couleurs, à travers lesquelles la fuite de la perspective, les contours, les droites, les courbes s'installent comme des lignes de force, le cadre d'espace se constitue en vibrant. «Le dessin et la couleur ne sont plus distincts; au fur et à mesure que l'on peint, on dessine; plus la couleur s'harmonise, plus le dessin se précise... Quand la couleur est à sa richesse, la forme est à sa plénitude.» Cézanne ne cherche pas à *suggérer* par la couleur les sensations tactiles qui donneraient la forme et la profondeur. Dans la perception primordiale, ces distinctions du toucher et de la vue sont inconnues. C'est la science du corps humain qui nous apprend ensuite à distinguer nos sens. La chose vécue n'est pas retrouvée ou construite à partir des données des sens, mais s'offre d'emblée comme le centre d'où elles rayonnent. Nous *voyons* la profondeur, le velouté, la mollesse, la dureté des objets — Cézanne disait même: leur odeur. Si le peintre veut exprimer le monde, il faut que l'arrangement des couleurs porte en lui ce Tout indivisible ; autrement sa peinture sera une allusion aux choses et ne les donnera pas dans l'unité impérieuse, dans la présence, dans la plénitude insurpassable qui est pour nous tous la définition du réel. C'est pourquoi chaque touche donnée doit satisfaire à une infinité de conditions, c'est pourquoi Cézanne méditait quelquefois pendant une heure avant de la poser, elle doit, comme le dit Bernard, « contenir l'air, la lumière, l'objet, le plan, le caractère, le dessin, le style ». L'expression de ce qui *existe* est une tâche infinie.

Pas davantage Cézanne n'a négligé la physionomie des objets et des visages, il voulait seulement la saisir quand elle émerge de la couleur. Peindre un visage « comme un objet », ce n'est pas le dépouiller de sa « pensée ». « J'entends que le peintre l'interprète », dit Cézanne, « le peintre n'est pas un imbécile ». Mais cette interprétation ne doit pas être une pensée séparée de la vision. « Si je peins tous les petits bleus et tous les petits marrons, je le fais regarder comme il regarde... Au diable s'ils se doutent comment, en mariant un vert nuancé à un rouge, on attriste une bouche ou on fait sourire une joue. » L'esprit se voit et se lit dans les regards, qui ne sont pourtant que des ensembles colorés. Les autres esprits ne s'offrent à nous qu'incarnés, adhérents à un visage et à des gestes. Il ne sert à rien d'opposer ici les distinctions de l'âme et du corps, de la pensée et de la vision, puisque Cézanne revient justement à l'expérience primordiale d'où ces notions sont tirées et qui nous les donne inséparables. Le peintre qui pense et qui cherche l'expression d'abord manque le mystère, renouvelé chaque fois que nous regardons quelqu'un, de son apparition dans la nature. Balzac décrit dans *La Peau de chagrin* une « nappe blanche comme une couche de neige fraîchement tombée et sur laquelle s'élevaient symétriquement les couverts couronnés de petits pains blonds ». « Toute ma jeunesse, disait Cézanne, j'ai voulu peindre ça, cette nappe de neige fraîche... Je sais maintenant qu'il ne faut *vouloir* peindre que : s'élevaient symétriquement les couverts, et : de petits pains blonds. Si je peins « couronnés », je suis foutu, comprenez-vous ? Et si vraiment j'équilibre et je nuance mes couverts et mes pains comme sur nature, soyez sûrs que les couronnes, la neige et tout le tremblement y seront. »

Nous vivons dans un milieu d'objets construits par les

hommes, entre des ustensiles, dans des maisons, des rues, des villes et la plupart du temps nous ne les voyons qu'à travers les actions humaines dont ils peuvent être les points d'application. Nous nous habituons à penser que tout cela existe nécessairement et est inébranlable. La peinture de Cézanne met en suspens ces habitudes et révèle le fond de nature inhumaine sur lequel l'homme s'installe. C'est pourquoi ses personnages sont étranges et comme vus par un être d'une autre espèce. La nature elle-même est dépouillée des attributs qui la préparent pour des communions animistes : le paysage est sans vent, l'eau du lac d'Annecy sans mouvement, les objets gelés hésitants comme à l'origine de la terre. C'est un monde sans familiarité, où l'on n'est pas bien, qui interdit toute effusion humaine. Si l'on va voir d'autres peintres en quittant les tableaux de Cézanne, une détente se produit, comme après un deuil les conversations renouées masquent cette nouveauté absolue et rendent leur solidité aux vivants. Mais seul un homme justement est capable de cette vision qui va jusqu'aux racines, en deçà de l'humanité constituée. Tout montre que les animaux ne savent pas *regarder*, s'enfoncer dans les choses sans en rien attendre que la vérité. En disant que le peintre des réalités est un singe, Émile Bernard dit donc exactement le contraire de ce qui est vrai, et l'on comprend comment Cézanne pouvait reprendre la définition classique de l'art : l'homme ajouté à la nature.

Sa peinture ne nie pas la science et ne nie pas la tradition. À Paris, Cézanne allait chaque jour au Louvre. Il pensait qu'on apprend à peindre, que l'étude géométrique des plans et des formes est nécessaire. Il se renseignait sur la structure géologique des paysages. Ces relations abstraites devaient opérer dans l'acte du peintre, mais réglées sur le monde visible. L'anatomie et le dessin sont présents, quand il pose une touche, comme les règles du jeu dans une partie de tennis. Ce qui motive un geste du peintre, ce ne peut jamais être la perspective seule ou la géométrie seule ou les lois de la décomposition des couleurs ou quelque connaissance que ce soit. Pour tous les gestes qui peu à peu font un tableau, il n'y a qu'un seul motif, c'est le paysage dans sa totalité et dans sa plénitude absolue — que justement Cézanne appelait un «motif». Il commençait par découvrir les assises géologiques. Puis il ne bougeait plus et regardait, l'œil dilaté, disait

Mme Cézanne. Il «germinait» avec le paysage. Il s'agissait, toute science oubliée, de ressaisir, *au moyen* de ces sciences, la constitution du paysage comme organisme naissant. Il fallait souder les unes aux autres toutes les vues partielles que le regard prenait, réunir ce qui se disperse par la versatilité des yeux, «joindre les mains errantes de la nature», dit Gasquet. «Il y a une minute du monde qui passe, il faut la peindre dans sa réalité.» La méditation s'achevait tout d'un coup. «Je tiens mon motif», disait Cézanne, et il expliquait que le paysage doit être ceinturé ni trop haut ni trop bas, ou encore ramené vivant dans un filet qui ne laisse rien passer. Alors il attaquait son tableau par tous les côtés à la fois, cernait de taches colorées le premier trait de fusain, le squelette géologique. L'image se saturait, se liait, se dessinait, s'équilibrait, tout à la fois venait à maturité. Le paysage, disait-il, se pense en moi et je suis sa conscience. Rien n'est plus éloigné du naturalisme que cette science intuitive. L'art n'est ni une imitation, ni d'ailleurs une fabrication suivant les vœux de l'instinct ou du bon goût. C'est une opération d'expression. Comme la parole nomme, c'est-à-dire saisit dans sa nature et place devant nous à titre d'objet reconnaissable ce qui apparaissait confusément, le peintre, dit Gasquet, «objective», «projette», «fixe». Comme la parole ne *ressemble* pas à ce qu'elle désigne, la peinture n'est pas un trompe-l'œil; Cézanne, selon ses propres paroles «écrit en peintre ce qui n'est pas encore peint et le rend peinture absolument». Nous oublions les apparences visqueuses, équivoques et à travers elles nous allons droit aux choses qu'elles présentent. Le peintre reprend et convertit justement en objet visible ce qui sans lui reste enfermé dans la vie séparée de chaque conscience : la vibration des apparences qui est le berceau des choses. Pour ce peintre-là, une seule émotion est possible : le sentiment d'étrangeté, un seul lyrisme : celui de l'existence toujours recommencée.

Léonard de Vinci avait pris pour devise la rigueur obstinée, tous les arts poétiques classiques disent que l'œuvre est difficile. Les difficultés de Cézanne — comme celles de Balzac ou de Mallarmé — ne sont pas de même nature. Balzac imagine, sans doute sur les indications de Delacroix, un peintre qui veut exprimer la vie même par les couleurs seules et garde caché son chef-d'œuvre. Quand Frenhofer meurt, ses amis ne trouvent qu'un chaos de couleurs, de lignes insaisissables, une muraille de peinture. Cézanne fut ému jusqu'aux larmes en lisant le *Chef-d'œuvre inconnu* et déclara qu'il était lui-même Frenhofer. L'effort de Balzac, lui aussi obsédé par la «réalisation», fait comprendre celui de Cézanne. Il parle, dans *La Peau de chagrin*, d'une «pensée à exprimer», d'un «système à bâtir», d'une «science à expliquer». Il fait dire à Louis Lambert, un des génies manqués de *La Comédie humaine* : «... Je marche à certaines découvertes... ; mais quel nom donner à la puissance qui me lie les mains, me ferme la bouche et m'entraîne en sens contraire à ma vocation ?» Il ne suffit pas de dire que Balzac s'est proposé de comprendre la société de son temps. Décrire le type du commis-voyageur, faire une «anatomie des corps enseignants» ou même fonder une sociologie, ce n'était pas une tâche surhumaine. Une fois nommées les forces visibles, comme l'argent et les passions, et une fois décrit le fonctionnement manifeste, Balzac se demande à quoi va tout cela, quelle en est la raison d'être, ce que *veut dire* par exemple cette Europe «dont tous les efforts tendent à je ne sais quel mystère de civilisation», ce qui maintient intérieurement le monde, et fait pulluler les formes visibles. Pour Frenhofer, le sens de la peinture est le même : «... Une main ne tient pas seulement au corps, elle exprime et continue une pensée qu'il faut saisir et rendre... La véritable lutte est là ! Beaucoup de peintres triomphent instinctivement sans connaître ce thème de l'art. Vous dessinez une femme, mais vous ne la voyez pas.» L'artiste est celui qui fixe et rend accessible aux plus «humains» des hommes le spectacle dont ils font partie sans le voir.

Il n'y a donc pas d'art d'agrément. On peut fabriquer des objets qui font plaisir en liant autrement des idées déjà prêtes et en présentant des formes déjà vues. Cette peinture ou cette parole seconde est ce qu'on entend généralement par culture. L'artiste selon Balzac ou selon Cézanne ne se contente pas d'être un animal cultivé, il assume la culture depuis son début et la fonde à nouveau, il parle comme le premier homme a parlé et peint comme si l'on n'avait jamais peint. L'expression ne peut alors pas être la traduction d'une pensée déjà claire, puisque les pensées claires sont celles qui ont déjà été dites en nous-mêmes ou par les autres. La «conception» ne peut pas précéder l'«exécution». Avant l'expression, il n'y a rien qu'une fièvre vague et seule l'œuvre faite et comprise prouvera qu'on devait trouver là *quelque chose* plutôt que *rien*. Parce qu'il est revenu pour en prendre conscience au fonds d'expérience muette et solitaire sur lequel sont bâtis la culture et l'échange des idées, l'artiste lance son œuvre comme un homme a lancé la première parole, sans savoir si elle sera autre chose qu'un cri, si elle pourra se détacher du flux de vie individuelle où elle naît et présenter, soit à cette même vie dans son avenir, soit aux monades qui coexistent avec elle, soit à la communauté ouverte des monades futures, l'existence indépendante d'un *sens* identifiable. Le sens de ce que va dire l'artiste *n'est* nulle part, ni dans les choses, qui ne sont pas encore sens, ni en lui-même, dans sa vie informulée. Il appelle de la raison déjà constituée, et dans laquelle s'enferment les «hommes cultivés», à une raison qui embrasserait ses propres origines. Comme Bernard voulait le ramener à l'intelligence humaine, Cézanne répond: «Je me tourne vers l'intelligence du *Pater Omnipotens*.» Il se tourne en tout cas vers l'idée ou le projet d'un Logos infini. L'incertitude et la solitude de Cézanne ne s'expliquent pas, pour l'essentiel, par sa constitution nerveuse, mais par l'intention de son œuvre. L'hérédité avait pu lui donner des sensations riches, des émotions prenantes, un vague sentiment d'angoisse ou de mystère qui désorganisaient sa vie volontaire et le coupaient des hommes ; mais ces dons ne font une œuvre que par l'acte d'expression et ne sont pour rien dans les difficultés comme dans les vertus de cet acte. Les difficultés de Cézanne sont celles de la première parole. Il s'est cru impuissant parce qu'il n'était pas omnipotent, parce qu'il n'était pas Dieu et qu'il voulait pourtant peindre le monde, le convertir entièrement en spectacle, faire *voir* comment il nous *touche*. Une théorie physique nouvelle peut se prouver parce que l'idée ou le sens est relié par le calcul à des mesures qui sont d'un domaine déjà commun à tous les hommes. Un peintre comme Cézanne, un artiste, un philosophe doivent non seulement créer et exprimer une idée, mais encore réveiller les expériences qui l'enracineront dans les autres consciences. Si l'œuvre est réussie, elle a le pouvoir étrange de s'enseigner elle-même. En suivant les indications du tableau ou du livre, en établissant des recoupements, en heurtant de côté et d'autre, guidés par la clarté confuse d'un style, le lecteur ou le spectateur finissent par retrouver ce qu'on a voulu leur communiquer. Le peintre n'a pu que construire une image. Il faut attendre que cette image s'anime pour les autres. Alors l'œuvre d'art aura joint ces vies séparées, elle n'existera plus seulement en l'une d'elles comme un rêve tenace ou un délire persistant, ou dans l'espace comme une toile coloriée, elle habitera indivise dans plusieurs esprits, présomptivement dans tout esprit possible, comme une acquisition pour toujours.

Ainsi les «hérédités», les «influences» — les accidents de Cézanne — sont le texte que la nature et l'histoire lui ont donné pour sa part à déchiffrer. Elles ne fournissent que le sens littéral de son œuvre. Les créations de l'artiste, comme d'ailleurs les décisions libres de l'homme, imposent à ce donné un sens figuré qui n'existait pas avant elles. S'il nous semble que la vie de Cézanne portait en germe son œuvre, c'est parce que nous connaissons l'œuvre d'abord et que nous voyons à travers elle les circonstances de la vie en les chargeant d'un sens que nous empruntons à l'œuvre. Les données de Cézanne que nous énumérons et dont nous parlons comme de conditions pressantes, si elles devaient figurer dans le tissu de projets qu'il était, ne pouvaient le faire qu'en se proposant à lui comme ce qu'il avait à vivre et en laissant indéterminée la manière de le vivre. Thème obligé au départ, elles ne sont, replacées dans l'existence qui les embrasse, que le monogramme et l'emblème d'une vie qui s'interprète elle-même librement.

Mais comprenons bien cette liberté. Gardons-nous d'imaginer quelque force abstraite qui superposerait ses effets aux «données» de la vie ou qui introduirait des coupures dans le développement. Il est certain que la vie n'*explique* pas l'œuvre, mais certain aussi qu'elles communiquent. La vérité est que *cette œuvre à faire exigeait cette vie*. Dès son début, la vie de Cézanne ne trouvait d'équilibre qu'en s'appuyant à l'œuvre encore future, elle en était le projet, et l'œuvre s'y annonçait par des signes prémonitoires que nous aurions tort de prendre pour des causes, mais qui font de l'œuvre et de la vie une seule aventure. Il n'y a plus ici de causes ni d'effets, ils se rassemblent dans la simultanéité d'un Cézanne éternel qui est la formule à la fois de ce qu'il a voulu être et de ce qu'il a voulu faire. Il y a un rapport entre la constitution schizoïde et l'œuvre de Cézanne parce que l'œuvre révèle un sens métaphysique de la maladie — la schizoïdie comme réduction du monde à la totalité des apparences figées et mise en suspens des valeurs expressives —, que la maladie cesse alors d'être un fait absurde et un destin pour devenir une possibilité générale de l'existence humaine quand elle affronte avec conséquence un de ses paradoxes — le phénomène d'expression —, et qu'enfin c'est la même chose en ce sens-là d'être Cézanne et d'être schizoïde. On ne saurait donc séparer la liberté créatrice des comportements les moins délibérés qui s'indiquaient déjà dans les premiers gestes de Cézanne enfant et dans la manière dont les choses le touchaient. Le sens que Cézanne dans ses tableaux donnera aux choses et aux visages se proposait à lui dans le monde même qui lui apparaissait, Cézanne l'a seulement délivré, ce sont les choses mêmes et les visages mêmes tels qu'il les voyait qui demandaient à être peints ainsi, et Cézanne a seulement dit ce qu'ils *voulaient* dire. Mais alors où est la liberté? Il est vrai, des conditions d'existence ne peuvent déterminer une conscience que par le détour des raisons d'être et des justifications qu'elle se donne, nous ne pouvons voir que devant nous et sous l'aspect de fins ce qui est nous-mêmes, de sorte que notre vie a toujours la forme du projet ou du choix et nous apparaît ainsi comme spontanée. Mais dire que nous sommes d'emblée la visée d'un avenir, c'est dire aussi que notre projet est déjà arrêté avec nos premières manières d'être, que le choix est déjà fait à notre premier souffle. Si rien ne nous contraint du dehors, c'est parce que nous sommes tout notre extérieur. Ce Cézanne éternel que nous voyons surgir d'abord, qui a attiré sur l'homme Cézanne les événements et les influences que l'on croit extérieurs à lui, et qui dessinait tout ce qui lui est advenu — cette attitude envers les hommes et envers le monde qui n'avait pas été délibérée, libre à l'égard des causes externes, est-elle libre à l'égard d'elle-même? Le choix n'est-il pas repoussé en deçà de la vie, et y a-t-il choix là où il n'y a pas encore un champ de possibles clairement articulé, mais un seul probable et comme une seule tentation? Si je suis dès ma naissance projet, impossible de distinguer en moi du donné et du créé, impossible donc de désigner un seul geste qui ne soit qu'héréditaire ou inné et qui ne soit pas spontané — mais aussi un seul geste qui soit absolument neuf à l'égard de cette manière d'être au monde qui est moi depuis le début. C'est la même chose de dire que notre vie est toute construite ou qu'elle est toute donnée. S'il y a une liberté vraie, ce ne peut être qu'au cours de la vie, par le dépassement de notre situation de départ, et cependant sans que nous cessions d'être le même — tel est le problème. Deux choses sont sûres à propos de la liberté : que nous ne sommes jamais déterminés, et que nous ne changeons jamais, que, rétrospectivement, nous pourrons toujours trouver dans notre passé l'annonce de ce que nous sommes devenus. C'est à nous de comprendre les deux choses à la fois et comment la liberté se fait jour en nous sans rompre nos liens avec le monde.

Il y a toujours des liens, même et surtout quand nous refusons d'en convenir. Valéry a décrit d'après les tableaux de Vinci un monstre de liberté pure, sans maîtresses, sans créancier, sans anecdotes, sans aventures. Aucun rêve ne lui masque les choses mêmes, aucun sous-entendu ne porte ses certitudes et il ne lit pas son destin dans quelque image favorite comme l'abîme de Pascal. Il n'a pas lutté contre les monstres, il en a compris les ressorts, il les a désarmés par l'attention et les a réduits à la condition de choses connues. «Rien de plus libre, c'est-à-dire rien de moins humain que ses jugements sur l'amour, sur la mort. Il nous les donne à deviner par quelques fragments dans ses cahiers. "L'amour dans sa fureur (dit-il à peu près), est chose si laide que la race humaine s'éteindrait — *la natura si perderebbe* — si ceux qui le font se voyaient." Ce mépris est accusé par divers croquis, car le comble du mépris pour certaines choses est enfin de les examiner à loisir. Il dessine donc çà et là des unions anatomiques, coupes effroyables à même l'amour[1]», il est maître de ses moyens, il fait ce qu'il veut, il passe à son gré de la connaissance à la vie avec une élégance supérieure. Il n'a rien fait que sachant ce qu'il faisait et l'opération de l'art comme l'acte de respirer ou de vivre ne dépasse pas sa connaissance. Il a trouvé l'«attitude centrale» à partir de laquelle il est également possible de connaître, d'agir et de créer, parce que l'action et la vie, devenues des exercices, ne sont pas contraires au détachement de la connaissance.

1. P. Valéry, «Introduction à la méthode de Léonard de Vinci», *Variété*, Gallimard, 1926, p. 185.

Il est une «puissance intellectuelle», il est l'«homme de l'esprit».

Regardons mieux. Pas de révélation pour Léonard. Pas d'abîme ouvert à sa droite, dit Valéry. Sans doute. Mais il y a dans *Sainte Anne, La Vierge et l'Enfant* ce manteau de la vierge qui dessine un vautour et s'achève contre le visage de l'Enfant. Il y a ce fragment sur le vol des oiseaux où Vinci s'interrompt soudain pour suivre un souvenir d'enfance : «Je semble avoir été destiné à m'occuper tout particulièrement du vautour, car un de mes premiers souvenirs d'enfance est que, comme j'étais encore au berceau, un vautour vint à moi, m'ouvrit la bouche avec sa queue et plusieurs fois me frappa avec cette queue entre les lèvres[1].» Ainsi même cette conscience transparente a son énigme — vrai souvenir d'enfance ou fantasme de l'âge mûr. Elle ne partait pas de rien, elle ne se nourrissait pas d'elle-même. Nous voilà engagés dans une histoire secrète et dans une forêt de symboles. Si Freud veut déchiffrer l'énigme d'après ce qu'on sait sur la signification du vol des oiseaux, sur les fantasmes de *fellatio* et leur rapport au temps de l'allaitement, on protestera sans doute. Mais c'est du moins un fait que les Égyptiens faisaient du vautour le symbole de la maternité, parce que, croyaient-ils, tous les vautours sont femelles et sont fécondés par le vent. C'est un fait aussi que les Pères de l'Église se servaient de cette légende pour réfuter par l'histoire naturelle ceux qui ne voulaient pas croire à la maternité d'une vierge, et c'est une probabilité que, dans ses lectures infinies, Léonard ait rencontré cette légende. Il y trouvait le symbole de son propre sort. Il était le fils naturel d'un riche notaire qui épousa, l'année même de sa naissance, la noble dona Albiere dont il n'eut pas d'enfant, et recueillit à son foyer Léonard, alors âgé de cinq ans. Ses quatre premières années, Léonard les a donc passées avec sa mère, la paysanne abandonnée, il a été un enfant sans père et il a appris le monde dans la seule compagnie de cette grande maman malheureuse qui paraissait l'avoir miraculeusement créé. Si maintenant nous nous rappelons qu'on ne lui connaît aucune maîtresse et même aucune passion, qu'il fut accusé de sodomie, mais acquitté,

---

1. S. FREUD, *Un souvenir d'enfance de Léonard de Vinci*, Gallimard, 1927, trad. Marie Bonaparte, p. 65.

que son journal, muet sur beaucoup d'autres dépenses plus coûteuses, note avec un détail méticuleux les frais pour l'enterrement de sa mère, mais aussi les frais de linge et de vêtements qu'il fit pour deux de ses élèves, on ne s'avancera pas beaucoup en disant que Léonard n'aima qu'une seule femme, sa mère, et que cet amour ne laissa place qu'à des tendresses platoniques pour les jeunes garçons qui l'entouraient. Dans les quatre années décisives de son enfance, il avait noué un attachement fondamental auquel il lui fallut renoncer quand il fut rappelé au foyer de son père et où il mit toutes ses ressources d'amour et tout son pouvoir d'abandon. Sa soif de vivre, il ne lui restait plus qu'à l'employer dans l'investigation et la connaissance du monde, et, puisqu'on l'avait *détaché*, il lui fallait devenir cette puissance intellectuelle, cet homme de l'esprit, cet étranger parmi les hommes, cet indifférent, incapable d'indignation, d'amour ou de haine immédiats, qui laissait inachevés ses tableaux pour donner son temps à de bizarres expériences, et en qui ses contemporains ont pressenti un mystère. Tout se passe comme si Léonard n'avait jamais tout à fait mûri, comme si toutes les places de son cœur avaient été d'avance occupées, comme si l'esprit d'investigation avait été pour lui un moyen de fuir la vie, comme s'il avait investi dans ses premières années tout son pouvoir d'assentiment, et comme s'il était resté jusqu'à la fin fidèle à son enfance. Il jouait comme un enfant. Vasari raconte qu'«il confectionna une pâte de cire, et, tandis qu'il se promenait, il en formait des animaux très délicats, creux et remplis d'air ; soufflait-il dedans, ils volaient ; l'air en sortait-il, ils retombaient à terre. Le vigneron du Belvédère ayant trouvé un lézard très curieux, Léonard lui fit des ailes avec la peau prise à d'autres lézards et il les remplit de vif-argent, de sorte qu'elles s'agitaient et frémissaient dès que se mouvait le lézard ; il lui fit aussi, de la même manière, des yeux, une barbe et des cornes, il l'apprivoisa, le mit dans une boîte et effarouchait, avec ce lézard, tous ses amis[1]». Il laissait ses œuvres inachevées, comme son père l'avait abandonné. Il ignorait l'autorité, et en matière de connaissance, ne se fiait qu'à la nature et à son jugement propre, comme le font souvent ceux qui n'ont pas été élevés dans l'intimidation et la

---

1. *Un souvenir d'enfance de Léonard de Vinci*, op. cit., p. 189.

puissance protectrice du père. Ainsi même ce pur pouvoir d'examen, cette solitude, cette curiosité qui définissent l'esprit ne se sont établis chez Vinci qu'en rapport avec son histoire. Au comble de la liberté, il est, *en cela même*, l'enfant qu'il a été, il n'est détaché d'un côté que parce qu'il est attaché ailleurs. Devenir une conscience pure, c'est encore une manière de prendre position à l'égard du monde et des autres, et cette manière, Vinci l'a apprise en assumant la situation qui lui était faite par sa naissance et par son enfance. Il n'y a pas de conscience qui ne soit portée par son engagement primordial dans la vie et par le mode de cet engagement.

Ce qu'il peut y avoir d'arbitraire dans les *explications* de Freud ne saurait ici discréditer l'*intuition psychanalytique*. Plus d'une fois, le lecteur est arrêté par l'insuffisance des preuves. Pourquoi ceci et non pas autre chose? La question semble s'imposer d'autant plus que Freud donne souvent plusieurs interprétations, chaque symptôme, selon lui, étant «surdéterminé». Enfin il est bien clair qu'une doctrine qui fait intervenir la sexualité partout ne saurait, selon les règles de la logique inductive, en établir l'efficace nulle part, puisqu'elle se prive de toute contre-épreuve en excluant d'avance tout cas différentiel. C'est ainsi qu'on triomphe de la psychanalyse, mais sur le papier seulement. Car les suggestions du psychanalyste, si elles ne peuvent jamais être prouvées, ne peuvent pas davantage être éliminées: comment imputer au hasard les convenances complexes que le psychanalyste découvre entre l'enfant et l'adulte? Comment nier que la psychanalyse nous a appris à percevoir, d'un moment à l'autre d'une vie, des échos, des allusions, des reprises, un enchaînement que nous ne songerions pas à mettre en doute si Freud en avait fait correctement la théorie? La psychanalyse n'est pas faite pour nous donner, comme les sciences de la nature, des rapports nécessaires de cause à effet, mais pour nous indiquer des rapports de motivation qui, par principe, sont simplement possibles. Ne nous figurons pas le fantasme du vautour chez Léonard, avec le passé infantile qu'il recouvre, comme une force qui déterminât son avenir. C'est plutôt, comme la parole de l'augure, un symbole ambigu qui s'applique d'avance à plusieurs lignes d'événements possibles. Plus précisément: la naissance et le passé

31

définissent pour chaque vie des catégories ou des dimensions fondamentales qui n'imposent aucun acte en particulier, mais qui se lisent ou se retrouvent en tous. Soit que Léonard cède à son enfance, soit qu'il veuille la fuir, il ne manquera jamais d'être ce qu'il a été. Les décisions mêmes qui nous transforment sont toujours prises à l'égard d'une situation de fait, et une situation de fait peut bien être acceptée ou refusée, mais ne peut en tout cas manquer de nous fournir notre élan et d'être elle-même pour nous, comme situation «à accepter» ou «à refuser», l'incarnation de la valeur que nous lui donnons. Si l'objet de la psychanalyse est de décrire cet échange entre l'avenir et le passé et de montrer comment chaque vie rêve sur des énigmes dont le sens final n'est d'avance inscrit nulle part, on n'a pas à exiger d'elle la rigueur inductive. La rêverie herméneutique du psychanalyste, qui multiplie les communications de nous à nous-mêmes, prend la sexualité pour symbole de l'existence et l'existence pour symbole de la sexualité, cherche le sens de l'avenir dans le passé et le sens du passé dans l'avenir est, mieux qu'une induction rigoureuse, adaptée au mouvement circulaire de notre vie, qui appuie son avenir à son passé, son passé à son avenir, et où tout symbolise tout. La psychanalyse ne rend pas impossible la liberté, elle nous apprend à la concevoir concrètement, comme une reprise créatrice de nous-mêmes, après coup toujours fidèle à nous-mêmes.

Il est donc vrai à la fois que la vie d'un auteur ne nous apprend rien et que, si nous savions la lire, nous y trouverions tout, puisqu'elle est ouverte sur l'œuvre. Comme nous observons les mouvements de quelque animal inconnu sans comprendre la loi qui les habite et les gouverne, ainsi les témoins de Cézanne ne devinent pas les transmutations qu'il fait subir aux événements et aux expériences, ils sont aveugles pour *sa* signification, pour cette lueur venue de nulle part qui l'enveloppe par moments. Mais lui-même n'est jamais au centre de lui-même, neuf jours sur dix il ne voit autour de lui que la misère de sa vie empirique et de ses essais manqués, restes d'une fête inconnue. C'est dans le monde encore, sur une toile, avec des couleurs, qu'il lui faut réaliser sa liberté. C'est des autres, de leur assentiment qu'il doit attendre la preuve de sa valeur. Voilà pourquoi il interroge ce tableau qui naît sous sa main, il guette les regards des autres posés sur sa toile. Voilà pourquoi il n'a jamais fini de travailler. Nous ne quittons jamais notre vie. Nous ne voyons jamais l'idée ni la liberté face à face.

Le roman et la métaphysique

— Ce qui me surprend, c'est que tu sois touchée
d'une manière si concrète par une situation métaphysique.
— Mais c'est du concret, dit Françoise, tout le sens
de ma vie se trouve mis en jeu.
— Je ne dis pas, dit Pierre. C'est quand même excep-
tionnel ce pouvoir que tu as de vivre une idée corps
et âme.

S. DE BEAUVOIR,
L'Invitée.

I

L'œuvre d'un grand romancier est toujours portée par deux
ou trois idées philosophiques. Soit par exemple le Moi et la
Liberté chez Stendhal, chez Balzac le mystère de l'histoire
comme apparition d'un sens dans le hasard des événements,
chez Proust l'enveloppement du passé dans le présent et la
présence du temps perdu. La fonction du romancier n'est pas
de thématiser ces idées, elle est de les faire exister devant nous
à la manière des choses. Ce n'est pas le rôle de Stendhal de
discourir sur la subjectivité, il lui suffit de la rendre présente[1].

1. Comme il le fait dans *Le Rouge et le Noir*: «Moi seul je sais ce que
j'aurais pu faire... pour les autres je ne suis tout au plus qu'un PEUT-ÊTRE.»
«Si, ce matin, dans le moment où la mort me paraissait si laide, on m'eût
averti pour l'exécution, l'œil du public eût été un aiguillon de gloire...
Quelques gens clairvoyants, s'il en est parmi ces provinciaux, eussent pu
deviner ma faiblesse... Mais personne ne l'*eût vue*.»

34

Mais il est tout de même surprenant que, lorsqu'ils s'intéressent délibérément aux philosophies, les écrivains reconnaissent si mal leurs parentés : Stendhal fait l'éloge des idéologues, Balzac compromet ses vues sur les relations expressives de l'âme et du corps, de l'économie et de la civilisation, en les formulant dans le langage du spiritisme. Proust traduit son intuition du temps tantôt dans une philosophie relativiste et sceptique, tantôt dans des espérances d'immortalité qui la déforment également. Valéry désavoue les philosophes qui voulaient annexer au moins l'*Introduction à la méthode de Léonard de Vinci*. Tout s'est passé longtemps comme s'il existait entre la philosophie et la littérature, non seulement des différences techniques touchant le mode d'expression, mais encore une différence d'objet.

Pourtant, depuis la fin du xixe siècle, elles nouent des relations de plus en plus étroites. Le premier signe de ce rapprochement est l'apparition de modes d'expression hybrides qui tiennent du journal intime, du traité de philosophie et du dialogue, et dont l'œuvre de Péguy est un bon exemple. Pourquoi un écrivain, désormais, a-t-il besoin pour s'exprimer de références philosophiques, politiques et littéraires à la fois ? C'est qu'une nouvelle dimension de recherche s'est ouverte. «Tout le monde a une métaphysique, patente ou latente, ou alors on n'existe pas[1].» Il s'est toujours agi dans les ouvrages de l'esprit, mais il s'agit désormais expressément, de fixer une certaine position à l'égard du monde dont la littérature et la philosophie comme la politique ne sont que différentes expressions. On n'a pas attendu l'introduction en France de la philosophie existentielle pour définir toute vie comme une métaphysique latente et toute métaphysique comme une explicitation de la vie humaine.

Cela même atteste la nécessité et l'importance historiques de cette philosophie. Elle est la prise de conscience d'un mouvement plus vieux qu'elle dont elle révèle le sens et dont elle accélère la cadence. La métaphysique classique a pu passer pour une spécialité où la littérature n'avait que faire, parce qu'elle a fonctionné sur un fond de rationalisme incontesté et qu'elle était persuadée de pouvoir faire comprendre le monde et la vie humaine par un agencement de concepts. Il s'agissait

---

1. C. PÉGUY, *Notre jeunesse*, Gallimard, 1948.

moins d'une explicitation que d'une explication de la vie ou d'une réflexion sur elle. Ce que Platon dit du *même* et de *l'autre* s'applique sans doute aux relations du moi et d'autrui, ce que Descartes dit de Dieu comme identité de l'essence et de l'existence concerne, d'une certaine manière, l'homme, concerne en tout cas ce fond de la subjectivité où la reconnaissance de Dieu et celle de la pensée par elle-même ne se distinguent pas. Ce que Kant dit de la Conscience nous atteint encore plus directement. Mais enfin, c'est du *même* et de *l'autre* que Platon parle, c'est de Dieu que Descartes finit par parler, c'est de la conscience que Kant parle, et non pas de cet autre qui existe en face de moi ni de ce moi que je suis. Malgré les commencements les plus audacieux (par exemple chez Descartes) les philosophes finissaient toujours par se représenter leur propre existence ou bien sur un théâtre transcendant, ou bien comme moment d'une dialectique, ou bien dans des concepts, comme les primitifs se la représentent et la projettent dans des mythes. Le métaphysique dans l'homme se superposait à une robuste nature humaine que l'on gouvernait selon des recettes éprouvées et qui n'était jamais mise en question dans les drames tout abstraits de la réflexion.

Tout change lorsqu'une philosophie phénoménologique ou existentielle se donne pour tâche, non pas d'expliquer le monde ou d'en découvrir les «conditions de possibilité», mais de formuler une expérience du monde, un contact avec le monde qui précède toute pensée *sur* le monde. Désormais ce qu'il y a de métaphysique dans l'homme ne peut plus être rapporté à quelque au-delà de son être empirique — à Dieu, à la Conscience —, c'est dans son être même, dans ses amours, dans ses haines, dans son histoire individuelle ou collective que l'homme est métaphysique, et la métaphysique n'est plus, comme disait Descartes, l'affaire de quelques heures par mois ; elle est présente, comme le pensait Pascal, dans le moindre mouvement du cœur.

Dès lors la tâche de la littérature et celle de la philosophie ne peuvent plus être séparées. Quand il s'agit de faire parler l'expérience du monde et de montrer comment la conscience s'échappe dans le monde, on ne peut plus se flatter de parvenir à une transparence parfaite de l'expression. L'expression philosophique assume les mêmes ambiguïtés que l'expression littéraire, si le monde est fait de telle sorte qu'il ne puisse être exprimé que dans des «histoires» et comme montré du doigt. On ne verra plus seulement paraître des modes d'expression hybrides, mais le roman ou le théâtre seront de part en part métaphysiques, même s'ils n'emploient pas un seul mot du vocabulaire philosophique. D'autre part, une littérature métaphysique sera nécessairement, dans un certain sens, une littérature amorale. Car il n'y a plus de nature humaine sur laquelle on puisse se reposer. Dans chacune des conduites de l'homme, l'invasion du métaphysique fait exploser ce qui n'était qu'une «vieille coutume».

Le développement d'une littérature métaphysique, la fin d'une littérature «morale», voilà ce que signifie par exemple *L'Invitée* de Simone de Beauvoir. Sur cet exemple examinons de plus près le phénomène, et puisque les personnages du livre ont soulevé, de la part des critiques littéraires, des reproches d'immoralité, voyons s'il n'y a pas une «vraie morale» par-delà la «morale» dont ils se moquent.

II

Il y a dans la condition d'être conscient un perpétuel malaise. Au moment où je perçois une chose, j'éprouve qu'elle était déjà là avant moi, au-delà de mon champ de vision. Un horizon infini de choses à prendre entoure le petit nombre de celles que je peux prendre pour de bon. Un cri de locomotive dans la nuit, la salle de théâtre vide où je pénètre font apparaître, le temps d'un éclair, ces choses de toutes parts prêtes pour la perception, des spectacles donnés à personne, des ténèbres bourrées d'êtres. Même les choses qui m'entourent me dépassent à condition que j'interrompe mon commerce habituel avec elles et que je les retrouve, en deçà du monde humain ou même vivant, sous leur aspect de choses naturelles. Un vieux veston posé sur une chaise dans le silence d'une maison de campagne, une fois la porte fermée sur les odeurs du maquis et les cris des oiseaux, si je le prends comme il se présente, ce sera déjà une énigme. Il est là, aveugle et borné, il ne sait pas qu'il y est, il se contente d'occuper ce morceau d'espace, mais il l'occupe comme jamais je ne pourrai occuper aucun lieu. Il ne fait pas de tous côtés comme une conscience, il demeure pesamment ce qu'il est, il est en soi. Chaque chose n'affirme son être qu'en me dépossédant du mien, et je sais toujours sourdement qu'il y a au monde autre chose que moi et mes spectacles. Mais d'ordinaire je ne retiens de ce savoir que ce qu'il faut pour me rassurer. Je remarque que la chose, après tout, a besoin de moi pour exister. Quand je découvre un paysage jusque-là caché par une colline, c'est alors seulement qu'il devient pleinement paysage et l'on ne peut pas concevoir ce que serait une chose sans l'imminence ou la possibilité de mon regard sur elle. Ce monde qui avait l'air d'être sans moi, de m'envelopper et de me dépasser, c'est moi qui le fais être. Je suis donc une conscience, une présence immédiate au monde, et il n'est rien qui puisse prétendre à être sans être pris de quelque façon dans le tissu de mon expérience. Je ne suis pas cette personne, ce visage, cet être fini, mais un pur témoin, sans lieu et sans âge, qui peut égaler en puissance l'infinité du monde.

C'est ainsi que l'on surmonte, ou plutôt que l'on sublime, l'expérience de l'Autre. Tant qu'il ne s'agit que des choses, nous nous sauvons facilement de la transcendance. Celle d'autrui est plus résistante. Car si autrui existe, s'il est lui aussi une conscience, je dois consentir à n'être pour lui qu'un objet fini, déterminé, *visible* en un certain lieu du monde. S'il est conscience, il faut que je cesse de l'être. Or, comment pourrais-je oublier cette attestation intime de mon existence, ce contact de moi avec moi, plus sûr qu'aucun témoignage extérieur et condition préalable pour tous ? Nous essayons donc de mettre en sommeil l'inquiétante existence d'autrui. «Leurs pensées, dit Françoise dans *L'Invitée*, ça me fait juste comme leurs paroles et leurs visages : des objets qui sont dans mon monde à moi.» Je demeure le centre du monde. Je suis cet être agile qui circule à travers le monde et l'anime de part en part. Je ne peux pas sérieusement me confondre avec cette apparence que j'offre aux autres. Je n'ai pas de corps. «Françoise sourit : elle n'était pas belle, mais elle aimait bien sa figure, ça lui faisait toujours une surprise agréable quand elle la rencontrait dans un miroir. D'ordinaire, elle ne pensait pas qu'elle en avait une.» Tout ce qui arrive n'est que spectacle pour ce spectateur indestructible, impartial et généreux, tout n'est que pour elle, non qu'elle fasse servir les autres et les choses à sa satisfaction privée, mais parce que, au contraire, elle n'a pas de vie privée et qu'en elle coexistent tous les autres et le monde entier. «Au centre du dancing, impersonnelle et libre, moi je suis là. Je contemple à la fois toutes ces vies, tous ces visages. Si je me détournais d'eux ils se déferaient aussitôt comme un paysage délaissé. »

Ce qui fortifie la certitude de Françoise, c'est que, par une chance extraordinaire, l'amour même ne lui a pas fait toucher ses limites. Sans doute Pierre n'est plus pour elle un objet dans son propre monde, un décor de sa vie, comme le sont les autres hommes. Mais il n'est pas davantage un Autre. Françoise et Pierre ont établi entre eux une telle sincérité et construit une telle machine de langage qu'ils peuvent demeurer ensemble même dans ce qu'ils vivent séparément, rester libres dans leur union: «Il n'y avait qu'une vie et au centre un être dont on ne pouvait dire ni lui, ni moi, mais seulement nous. » Chaque pensée, chaque épisode de la journée étant communiqué et partagé, chaque sentiment aussitôt interprété et mis en dialogue, l'être à deux se nourrit de tout ce qui arrive à chacun. Pierre n'est pas pour Françoise un être opaque et qui masque tout le reste, il n'est qu'une conduite aussi claire pour elle que pour lui-même, en rapport avec un monde qui n'est pas son monde privé, mais aussi bien celui de Françoise.

À vrai dire, il y a dès le début des fissures dans cette construction. Simone de Beauvoir en indique quelques-unes : le livre commence par un sacrifice de Françoise. «Françoise regarda les beaux yeux verts sous les cils recourbés, la bouche attentive : — Si j'avais voulu... Il n'était peut-être pas trop tard. Mais que pouvait-elle vouloir ? » La consolation est commode. Je ne perds rien, se dit Françoise, puisque je *suis* mon amour pour Pierre. Elle ne l'est pourtant pas au point de ne pas voir Gerbert, de ne pas penser à un amour avec lui, et de déclarer aussitôt à Pierre ces premières pensées privées. L'ailleurs et l'autre ne sont pas supprimés, ils ne sont que refoulés. Françoise est-elle tout entière dans l'être à deux qu'ils ont construit ? Ce monde commun que leurs conversations inlassables recréent et agrandissent chaque jour, est-ce bien le monde lui-même, ou bien n'est-ce pas un milieu factice, et n'ont-ils pas échangé les complaisances de la vie intérieure pour celles de la vie à deux ? Chacun se met en question, devant l'autre, mais devant qui seront-ils ensemble mis en question ? Françoise déclare ingénument que le centre de Paris est toujours où elle est. Cela fait penser aux enfants qui, eux aussi, « n'ont pas de vie intérieure » et croient toujours être en plein monde puisqu'ils y projettent jusqu'à leurs rêves, mais qui n'en demeurent pas moins en pleine subjectivité, puisqu'ils ne les distinguent pas des choses vraies. Comme les enfants, justement, Françoise a toujours un mouvement de recul devant les choses nouvelles parce qu'elles risquent de bouleverser le milieu qu'elle s'est construit. Le monde vrai, avec toutes ses aspérités, n'admet pas tant de précaution. Si Françoise et Pierre suscitent autour d'eux tant d'envies et même de haines, n'est-ce pas que les autres se sentent exclus par ce prodige à deux têtes, jamais accueillis par eux, mais toujours trahis par Françoise avec Pierre, par Pierre avec Françoise ? Élisabeth et bientôt Xavière se sentent vidées de leur substance et ne reçoivent en échange que des bienfaits strictement mesurés. Cet amour de Pierre et de Françoise dans l'éternel, il tient bien sa place dans le temps. S'il n'est pas menacé par les autres amours de Pierre, c'est à condition que Pierre les raconte à Françoise, qu'elles deviennent des objets dont on parle, de simples provinces dans leur monde à deux, et que Pierre ne s'y engage jamais pour de bon. Il se trouve que Pierre souscrit de lui-même à ces conditions : « Tu sais bien, dit-il, que je ne me sens jamais compromis par ce qui se passe en moi. » Pour lui, aimer, c'est vouloir exister et compter pour l'autre. « Me faire aimer d'elle, c'est m'imposer à elle, c'est m'introduire dans son monde et y triompher d'après ses propres valeurs... Tu sais bien que c'est le genre de triomphe dont j'ai un besoin maniaque. » Mais les femmes qu'il « aime » existent-elles jamais absolument pour lui ? Ses « histoires » ne sont pas son histoire vraie, qui n'est vécue qu'avec Françoise. Son besoin d'autres amours, c'est une inquiétude de l'autre, le souci de faire reconnaître sa maîtrise et une manière brève de vérifier l'universalité de sa vie. Puisque Françoise ne se sent pas libre d'aimer Gerbert, comment pourrait-elle laisser Pierre libre d'aimer d'autres femmes ? Quoi qu'elle dise, elle n'aime pas la liberté *effective* de Pierre, elle n'aime pas Pierre aimant pour de bon une autre femme, elle ne l'aime dans sa liberté que s'il s'agit d'une liberté d'indifférence qui ne s'engage nulle part. Françoise comme Pierre demeure libre d'être aimée, mais non pas d'aimer, ils sont confisqués l'un par l'autre, et c'est pourquoi Françoise recule devant un amour avec Gerbert, qui la mettrait en jeu, et recherche la tendresse de Xavière, qui, elle le croit du moins, la confirmera en elle-même : « Ce qui l'enchantait surtout c'était d'avoir annexé à sa vie cette petite existence triste... ; rien ne donnait jamais à Françoise des joies si fortes que cette espèce de possession ; les gestes de Xavière, sa figure, sa vie même avaient besoin de Françoise pour exister. » Comme les peuples de l'Europe sentaient, sous la politique « universaliste » de la Convention, l'impérialisme français, les autres ne peuvent manquer de se sentir frustrés s'ils ne sont que des annexes dans le monde de Pierre et de Françoise, et de deviner sous leur générosité une entreprise très calculée. L'autre n'est jamais admis entre eux qu'avec circonspection et à titre d'invité. Se contentera-t-il de ce rôle ?

La présence de Xavière révèle brusquement le drame métaphysique que Pierre et Françoise avaient réussi à oublier à force de générosité. Ils ont obtenu, chacun à sa façon, l'apparence du bonheur et de la plénitude par une renonciation générale. « Moi, dit Xavière, je ne suis pas née résignée. » Ils ont cru surmonter la jalousie par la toute-puissance du langage. Quand Xavière est priée à son tour de mettre en paroles sa vie, « je n'ai pas une âme publique », répond-elle, et il ne faut pas s'y tromper : le silence qu'elle réclame, c'est peut-être celui des équivoques et des sentiments louches, mais peut-être aussi celui où se fait, par-delà tous les arguments et tous les motifs, l'adhésion véritable. « Cette nuit... dit-elle à Pierre, elle eut un rictus presque douloureux, vous aviez l'air de vivre les choses pour une fois, et pas seulement de les parler. » Xavière remet en question toutes les conventions par lesquelles Françoise et Pierre avaient cru rendre leur amour invulnérable.

On pourrait exposer le drame de *L'Invitée* en termes psychologiques : Xavière est *coquette*, Pierre la *désire* et Françoise est *jalouse*. Ce ne serait pas faux. Ce serait seulement superficiel. Qu'est-ce que la coquetterie, sinon le besoin de valoir pour autrui avec la peur de s'engager ? Qu'est-ce que le désir ? On ne désire pas seulement un corps, on désire un être pour l'occuper et régner sur lui. Le désir de Pierre se confond

41

avec la conscience qu'il a de Xavière comme être précieux, et son prix vient de ce qu'elle est complètement ce qu'elle éprouve, comme le montrent ses gestes et son visage à chaque moment. Enfin, dire que Françoise est jalouse, ce n'est qu'une manière de dire que Pierre s'est *tourné* vers Xavière, que pour une fois il vit un amour, et qu'aucune communication verbale, aucune fidélité aux conventions établies entre Françoise et lui ne peut réintégrer cet amour à l'univers de Françoise. Le drame n'est donc pas psychologique, il est métaphysique : Françoise a cru pouvoir se lier à Pierre en le laissant libre, ne pas distinguer entre elle-même et lui, se vouloir en le voulant comme chacun veut autrui dans le règne des fins kantien. L'apparition de Xavière leur révèle non seulement un être d'où leurs valeurs sont exclues, mais encore qu'ils sont exclus l'un de l'autre et chacun de soi-même. Entre consciences kantiennes, l'accord va toujours de soi ; ils découvrent l'inhérence individuelle, le soi hégélien qui poursuit la mort de l'autre.

Les pages où Françoise assiste à la ruine de son monde factice sont peut-être les plus belles du livre. Elle n'est plus comme par un privilège naturel au cœur des choses : il y a un centre du monde d'où elle est exclue, c'est l'endroit où Pierre et Xavière doivent se retrouver. Avec les autres les choses reculent hors de ses prises et deviennent les débris étranges d'un monde dont elle n'a plus la clef. L'avenir cesse d'être le prolongement naturel du présent, le temps se fragmente, Françoise n'est plus qu'un être anonyme, sans histoire, une masse de chair transie. Elle sait maintenant qu'il y a des situations incommunicables et qu'on ne peut comprendre qu'en les occupant. Il y a une pulsation unique qui projetait devant elle un présent vivant, un avenir, un monde, qui animait pour elle le langage — et cette pulsation a cessé. Faut-il même dire que Pierre aime Xavière ? Un sentiment, c'est un nom que l'on donne par convention à une série d'instants, et la vie, lucidement considérée, se réduit à ce grouillement d'instants qui n'ont un sens commun que par hasard. En tout cas, l'amour de Pierre et de Françoise ne semblait défier le temps que dans la mesure où il avait perdu sa réalité. On n'échappe à l'émiettement du temps que par un acte de foi qui apparaît maintenant à Françoise comme une illusion volontaire. Tout amour est une construction verbale, ou tout au plus une scolastique d'où la vie s'est retirée. Il leur a plu de croire qu'ils n'avaient pas de vie intérieure, qu'ils vivaient vraiment une vie commune. Mais enfin s'il est vrai que Pierre n'accepte avec personne de complicité contre Françoise, n'est-il pas au moins en complicité avec lui-même, et à chaque moment n'est-ce pas à partir de sa solitude où il la juge qu'il se précipite de nouveau dans l'intermonde qu'ils ont construit ? Dès lors, Françoise ne peut plus se connaître par le seul témoignage intérieur, elle ne peut plus douter d'être, sous les regards de ce couple, un véritable objet, et, pour la première fois, dans leurs yeux elle se voit de l'extérieur. Qu'est-elle donc ? Une femme de trente ans, une femme faite, à qui déjà beaucoup de choses sont impossibles irrévocablement, qui, par exemple, ne saura jamais bien danser. Pour la première fois elle a le sentiment d'être son corps, alors qu'elle se croyait une conscience. Elle a tout sacrifié à ce mythe, elle est devenue incapable de tirer d'elle-même un acte qui fût sien, de vivre dans l'intimité de ses désirs, et c'est pourquoi elle a cessé d'être précieuse à Pierre, comme Xavière sait si bien l'être. Cette pureté, ce désintéressement, cette moralité qu'on admirait, elle en vient à les haïr, parce qu'ils faisaient partie de la même fiction. Pierre et elle croyaient avoir dépassé l'individualité, elle croyait avoir dépassé la jalousie et l'égoïsme. Comment savoir ? Quand elle a reconnu pour de bon l'existence d'autrui et accepté la figure objective de sa vie qu'elle voit dans le regard des autres, comment Françoise pourrait-elle tenir pour indubitable le sentiment qu'elle a d'elle-même ? À quoi reconnaître une réalité intérieure ? Pierre a-t-il cessé de l'aimer ? Ou bien Françoise est-elle jalouse ? Méprise-t-elle vraiment la jalousie ? Le doute même qu'elle fait porter sur ce mépris n'est-il pas une construction ? Une conscience aliénée ne peut plus se croire elle-même. Au moment où tout projet se défait ainsi et même la prise du moi sur lui-même, la mort, que les projets traversaient jusqu'à présent sans même la soupçonner, devient la seule vérité, puisque c'est en elle que se consomme la pulvérisation du temps et de la vie. Françoise est rejetée de la vie.

La maladie qui survient est une sorte de solution provisoire. Dans la clinique où on l'a transportée, elle ne se pose plus de questions, elle ne se sent plus abandonnée parce qu'elle a rompu avec sa vie. Le centre du monde est pour le moment dans cette chambre, la grande affaire de la journée, c'est la température, l'examen radioscopique, le premier repas qu'on va lui donner. Tous les objets ont repris mystérieusement leur valeur; cette carafe d'orangeade sur la table, ce mur ripoliné sont intéressants par eux-mêmes, chaque instant qui passe est plein et se suffit, et quand ses amis surgissent de Paris, ils émergent du néant à chaque apparition, ils sont intermittents comme des personnages de théâtre. Leurs menues discussions qu'ils apportent auprès de son lit sont sans réalité auprès de sa solitude qui n'est plus un isolement. Elle s'est repliée de son monde humain où elle souffrait dans le monde naturel où elle trouve une paix glacée. Comme on dit si bien, elle a vraiment *fait* une maladie. Ou peut-être la crise qui est en train de se dénouer n'était-elle si violente qu'à cause de la fatigue et de la maladie qui commençait? Françoise elle-même ne le saura jamais. Décidément, toute vie est ambiguë et il n'y a aucun moyen de savoir le sens vrai de ce que l'on fait, peut-être même n'y a-t-il pas un sens vrai de nos actions.

De la même façon, quand Françoise reprend sa place entre Pierre et Xavière avec des forces neuves, on ne peut pas savoir si les décisions auxquelles elle s'arrête contiennent en elles-mêmes plus de vérité, ou si elles expriment seulement le bien-être et l'optimisme de la guérison. Pendant sa retraite, Xavière et Pierre se sont rapprochés, ils ont fini par convenir qu'ils s'aimaient. Cette fois, il ne faut pas céder à la souffrance louche. Peut-être après tout Françoise ne s'est-elle sentie abandonnée que parce qu'elle se tenait à l'écart. Peut-être pourra-t-elle rejoindre ce couple qui s'est déjà formé sans elle, peut-être pourront-ils tous trois vivre la même vie, si seulement Françoise prend aussi à son compte l'entreprise du trio. Elle sait désormais qu'il y a une solitude, que chacun décide pour soi, que chacun est condamné à des actes siens, elle a perdu l'illusion de la communication sans obstacles, celle du bonheur donné et celle de la pureté. Mais si justement les obstacles n'étaient venus que de son refus, si le bonheur pouvait être *fait*, si la liberté consistait, non pas à se retrancher de toutes les inhérences terrestres, mais à les dépasser en les acceptant, si Xavière les avait délivrés de la scolastique où leur amour était en train de mourir, «si elle se décidait enfin à se jeter en avant de toutes ses forces, au lieu de rester sur place, les bras ballants et vides». «C'était tellement simple; cet amour qui soudain lui gonflait le cœur de douceur, il avait toujours été à portée de sa main: il fallait seulement la tendre, cette main peureuse et avare.»

Elle tendra donc la main. Elle réussira à rester auprès de Pierre dans sa passion jalouse pour Xavière et jusqu'au moment même où il l'épie par un trou de serrure. Et pourtant le trio échouera. Parce que c'est un trio? Il est vrai que l'entreprise est étrange. Il est essentiel à l'amour d'être total, puisque celui qui aime aime *quelqu'un*, et non pas des *qualités*, et que l'être aimé veut se sentir justifié dans son existence même. La présence d'un tiers, même et justement s'il est aimé lui aussi, introduit une arrière-pensée dans l'amour de chacun pour chaque autre. Le trio n'existerait vraiment que si l'on ne pouvait plus y distinguer deux couples d'amants et un couple d'amies, si chacun aimait les deux autres *du même cœur* et en retour attendait d'eux comme son bien, non seulement l'amour qu'ils lui portent, mais encore l'amour qu'ils se portent l'un à l'autre — si enfin ils vivaient à trois au lieu de vivre deux à deux dans des complicités alternées, avec, de temps à autre, une réunion plénière. Cela est impossible — pas beaucoup plus qu'un couple après tout, car dans le couple chacun reste en complicité avec soi-même, l'amour que l'on reçoit n'est pas le même amour que l'on donne. Même à deux, l'unité des vies immédiates n'est pas possible, ce sont les tâches, les projets communs qui font le couple. Pas plus que le trio, le couple humain n'est une réalité *naturelle*; l'échec du trio (comme le succès d'un couple) ne peut pas être mis au compte de quelque prédisposition naturelle. Faut-il donc l'attribuer aux défauts de Xavière? Elle est jalouse de Pierre, jalouse de Françoise, jalouse des égards qu'ils ont pour leurs amis. Elle est perverse et bouscule toute cette diplomatie pour «voir ce qui arrivera». Elle est égoïste, c'est-à-dire qu'elle ne se quitte jamais elle-même et ne vit jamais en autrui: «Xavière ne cherchait pas le plaisir d'autrui; elle s'enchantait égoïstement du plaisir de faire plaisir.» Elle ne se prête ou ne se donne jamais à aucun projet, elle n'accepte pas de travailler pour devenir comédienne, de traverser Paris pour voir un film, elle ne sacrifie jamais l'immédiat, elle ne sort jamais de l'instant, elle adhère toujours à ce qu'elle éprouve. Il y a donc un genre d'intimité auquel elle se déro-bera toujours ; on vit à côté d'elle, on ne vit pas avec elle. Elle demeure fixée sur elle-même, enfermée dans des états d'âme dont on n'est jamais sûr de tenir la vérité, dont il n'y a même peut-être aucune vérité. Mais qu'en sait-on ? Sait-on ce que serait Xavière *dans une autre situation* ? Ici comme partout le jugement moral ne va pas loin. L'amour de Françoise pour Pierre réussit à accepter celui de Pierre pour Xavière parce qu'il est plus profond et plus ancien. Mais, justement pour la même raison, Xavière ne peut accepter l'amour de Pierre et de Françoise. Elle les sent d'accord par-dessus sa tête, ils ont vécu, avant de la rencontrer, tout un amour à deux, plus essentiel que le goût qu'ils ont d'elle. N'est-ce pas justement la torture du trio qui la rend incapable d'aimer Pierre ou d'aimer Françoise pour de bon ?

Ce n'est pas « la faute de Xavière », ni de Françoise, ni de Pierre, et c'est la faute de chacun. Chacun est totalement res-ponsable, puisque, s'il avait agi autrement, les autres, à leur tour, l'auraient traité autrement, et chacun peut se sentir innocent puisque la liberté des autres était invisible pour lui et qu'ils lui présentaient un visage figé comme le destin. Il est impossible de faire le compte de ce qui revient à chacun dans le drame, d'évaluer les responsabilités, de donner une version vraie de l'histoire, de mettre en perspective les événements. Il n'y a pas de Jugement dernier. Non seulement nous ne connaissons pas la vérité du drame, mais encore il n'y en a pas, pas d'envers des choses où le vrai et le faux, le juste et l'injuste soient départagés. Nous sommes mêlés au monde et aux autres dans une confusion inextricable.

Xavière voit Françoise comme une femme délaissée, jalouse, « armée d'une aigre patience ». De ce jugement qui indigne si fort Françoise, il n'y a pas un mot qu'elle n'ait elle-même dit tout bas. Il est bien vrai qu'elle s'est sentie isolée, qu'elle a souhaité d'être aimée comme Xavière l'était, et qu'elle a, non pas voulu, mais supporté l'amour de Pierre pour Xavière. Ceci ne veut pas dire que Xavière *ait raison* ; si Françoise avait été délaissée, Xavière n'aurait pas senti si bien comme elle comptait pour Pierre, — si elle avait été jalouse, elle n'aurait pas souffert avec lui quand il était lui-même jaloux de Xavière, elle aimait Pierre dans sa liberté. On pourrait répondre, il est vrai, que Françoise cesse d'être jalouse dans l'exacte mesure où l'amour de Pierre pour Xavière cesse d'être heureux. Et ainsi de suite sans fin. La vérité est que nos actions n'admettent pas un seul motif et une seule explication, et qu'elles sont, comme Freud le dit avec profondeur, «surdéterminées». «Vous étiez jalouse de moi, dit Xavière à Françoise, parce que Labrousse m'aimait. Vous l'avez dégoûté de moi et, pour mieux vous venger, vous m'avez pris Gerbert.» Est-ce vrai, est-ce faux? Où est Françoise? Est-elle dans ce qu'elle pense d'elle-même ou bien dans ce que Xavière pense d'elle? Françoise ne s'est pas *proposé* de faire souffrir Xavière. Elle a enfin cédé à sa tendresse pour Gerbert parce qu'elle avait compris que chacun a sa vie et qu'après tant d'années de renonciation elle voulait vérifier sa propre existence. Mais le sens de nos actes est-il dans nos intentions ou dans les effets qu'ils produisent au-dehors? Davantage: ces effets sont-ils jamais tout à fait ignorés de nous et ne sont-ils pas voulus eux aussi? Cet amour secret pour Gerbert devait apparaître à Xavière comme une vengeance; cela, Françoise pouvait le deviner, et, en aimant Gerbert, elle a implicitement accepté cette conséquence. Faut-il même dire implicitement? «Rigide comme une consigne. Austère et pure comme un glaçon. Dévouée, dédaignée, butée dans des morales creuses. Et elle avait dit: Non!» Françoise a voulu briser l'image d'elle-même qu'elle avait vue dans les yeux de Xavière. N'est-ce pas, dans son langage à elle, la manière d'exprimer qu'elle a voulu se venger de Xavière? Ce n'est pas d'un inconscient qu'il faut ici parler. Xavière et l'histoire du trio sont très expressément à l'origine de l'aventure avec Gerbert. Simplement toutes nos actions ont plusieurs sens, en particulier celui qu'elles offrent aux témoins extérieurs, et nous les assumons tous en agissant, puisque les autres sont les coordonnées permanentes de notre vie. À partir du moment où nous sentons leur existence, nous nous engageons à être entre autres choses ce qu'ils pensent de nous, puisque nous leur reconnaissons le pouvoir exorbitant de *nous voir*. Françoise sera ce que Xavière pense d'elle, sans recours, tant que Xavière existera. De là le crime qui termine le livre, et qui n'est pas une solution, puisque Xavière morte éternisera l'image de Françoise qu'elle portait en elle au moment de mourir.

Y avait-il une solution? On peut imaginer Xavière, repentie

ou malade, appelant auprès d'elle Françoise pour lui faire l'aveu de sa fourberie. Françoise aurait été bien frivole de s'en aller en paix. L'exaltation du repentir ou celle des derniers moments ne possèdent aucun privilège. On peut bien avoir le sentiment de conclure sa vie, de la dominer, et distribuer solennellement les pardons et les malédictions. Rien ne prouve que le converti ou le mourant comprenne autrui et soi-même mieux qu'il ne l'a fait auparavant. À chaque moment nous n'avons d'autre ressource que d'agir selon les jugements que nous avons formés avec toute l'honnêteté et l'intelligence dont nous sommes capables, comme s'ils étaient incontestables. Mais il serait malhonnête et sot de nous sentir jamais acquittés par le jugement d'autrui. Un moment du temps ne peut effacer l'autre, l'aveu de Xavière ne pourrait effacer la haine de Xavière, comme le retour de Pierre auprès de Françoise n'annule pas les moments où il aimait Xavière plus que tout.

III

Il n'y a pas d'innocence absolue et, pour la même raison, pas de culpabilité absolue. Toute action répond à une situation de fait que nous n'avons pas entièrement choisie et dont, en ce sens, nous ne sommes pas absolument responsables. Est-ce la faute de Pierre et de Françoise s'ils ont tous deux trente ans et Xavière vingt? Est-ce leur faute encore si, par leur seule présence, ils condamnent Élisabeth à se sentir frustrée et aliénée? Est-ce leur faute s'ils sont nés? Comment pourrions-nous jamais nous sentir absolument solidaires d'aucune de nos actions, même de celles que nous avons délibérément choisies, puisque au moins la nécessité d'un choix nous a été imposée du dehors et qu'on nous a jetés au monde sans nous consulter? La culpabilité générale et originelle dont le sort nous charge en nous faisant naître dans un certain temps, dans un certain milieu, avec un certain visage, conditionne et déborde toute culpabilité particulière, et si, quoi que nous fassions, nous ne pouvons jamais nous sentir justifiés, notre conduite ne devient-elle pas indifférente? Le monde est fait de telle sorte que nos actions changent de sens en sortant de nous et en se déployant au-dehors. Françoise peut bien chercher dans ses souvenirs : les moments qu'elle a passés avec Gerbert dans cette auberge de campagne ne contiennent rien que de rayonnant et de pur. Le même amour montre à Xavière un visage ignoble. Comme il en est toujours ainsi, comme c'est pour nous un destin inévitable d'être vus autrement que nous nous voyons, nous avons à bon droit le sentiment que les accusations qui viennent du dehors ne nous concernent pas tout à fait, la contingence fondamentale de notre vie fait que nous nous sentons *étrangers* au *procès* que nous font les autres. Toute conduite sera toujours absurde dans un monde absurde, et nous pourrons toujours en décliner la responsabilité puisque, par le centre de nous-mêmes, «nous ne sommes pas au monde» (Rimbaud).

Il est vrai que nous demeurons libres d'accepter et de refuser la vie ; en l'acceptant nous assumons les situations de fait — notre corps, notre visage, nos manières d'être —, nous prenons nos responsabilités, nous signons un contrat avec le monde et avec les hommes. Mais cette liberté, qui est la condition de toute moralité, fonde en même temps un immoralisme absolu, puisqu'elle reste entière, en moi comme en autrui, après chaque faute, et qu'elle fait de nous des êtres neufs à chaque instant. Quelle conduite, quelles relations pourraient donc être préférables pour des libertés que rien ne peut mettre en danger ? Qu'on insiste sur le conditionnement de notre existence ou au contraire sur notre absolue liberté, il n'y a pas de valeur intrinsèque et objective de nos actions, dans le premier cas parce qu'il n'y a pas de degrés dans l'absurde et qu'aucune conduite ne peut nous sauver du gâchis, dans le second cas, parce qu'il n'y a pas de degrés dans la liberté et qu'aucune conduite ne peut perdre personne.

Le fait est que les personnages de *L'Invitée* sont dépourvus de «sens moral». Ils ne trouvent pas le bien et le mal dans les choses, ils ne croient pas que la vie humaine ait, par elle-même, des exigences définies et porte en elle-même sa règle comme celle des arbres ou celle des abeilles. Ils prennent le monde (y compris la société et leur propre corps) comme un «ouvrage inachevé», selon le mot profond de Malebranche, ils l'interrogent curieusement, ils le traitent de diverses façons... Ce qu'on leur reproche, ce n'est pas tant leurs actes : car après tout l'adultère, les perversions, le crime remplissent tous les livres, et les critiques littéraires en ont vu d'autres. La moindre sous-préfecture connaît plus d'un ménage à trois. Mais un ménage à trois est encore un ménage. Le moyen d'admettre au contraire que Pierre, Françoise et Xavière ignorent si complètement la sainte loi naturelle du couple et (d'ailleurs sans ombre de complicité sexuelle) essaient honnêtement de former un trio? Même dans les sociétés les plus strictes, le pécheur est toujours admis parce qu'il fait partie du système et que, comme pécheur, il ne met pas en question les principes. Ce qu'on ne supporte pas chez Pierre et chez Françoise, c'est un désaveu aussi ingénu de la morale, c'est cet air de franchise et de jeunesse, ce manque absolu d'importance, de vertige et de remords, c'est, en un mot, qu'ils pensent comme ils agissent et agissent comme ils pensent.

Ces qualités ne s'acquièrent-elles que par le scepticisme et voulons-nous dire que l'immoralisme absolu soit le dernier mot d'une philosophie «existentielle»? Pas du tout. Il y a un existentialisme de nuance sceptique qui n'est certainement pas celui de *L'Invitée*. Sous prétexte que toute opération rationnelle ou linguistique condense une certaine épaisseur d'existence et est obscure pour elle-même, on en conclut que rien ne peut être dit avec certitude. Sous prétexte que les actes des hommes perdent tout sens si on les détache de leur contexte et si on les décompose en leurs éléments matériels — comme les gestes d'un homme que je vois sans l'entendre à travers la vitre d'une cabine téléphonique —, on conclut que toute conduite est insensée. Il est facile d'ôter tout sens au langage et aux actions et de les faire apparaître comme absurdes si on les regarde d'assez loin. C'était le procédé de Voltaire dans *Micromégas*. Reste à comprendre cette autre merveille que, dans un monde absurde, le langage et les conduites ont un sens pour ceux qui parlent et agissent. L'existentialisme entre les mains des écrivains français est toujours menacé de retomber à cette analyse «isolante» qui fragmente le temps en instants discontinus, ramène la vie à une collection d'états de conscience[1].

En ce qui concerne Simone de Beauvoir, elle n'est pas exposée à ce reproche. Son livre montre l'existence comprise entre deux limites, d'un côté l'immédiat fermé sur lui-même,

1. C'est le reproche que faisait J.-P. Sartre à Camus à propos de - *L'Étranger*.

50

en deçà de toute parole et de tout engagement — c'est Xavière —, de l'autre une confiance absolue dans le langage et dans les décisions rationnelles, une existence qui se vide à force de se transcender, c'est Françoise au début du livre[1]. Entre ce temps morcelé et cette éternité qui croit faussement transcender le temps, se trouve l'existence effective, qui se déploie en cycles de conduite, s'organise à la façon d'une mélodie et par ses projets traverse le temps sans le quitter. Sans doute il n'y a pas de *solution* aux problèmes humains : aucun moyen d'éliminer la transcendance du temps, la séparation des consciences, qui peuvent toujours reparaître et menacer nos engagements, aucun moyen de vérifier l'authenticité de ces engagements, qui peuvent toujours, dans un moment de fatigue, nous apparaître comme des conventions factices. Mais entre ces deux limites où elle périt, l'existence totale est la décision par laquelle nous entrons dans le temps pour y créer notre vie. Tout projet humain est contradictoire, puisqu'il appelle et repousse à la fois sa réalisation. On ne chercherait jamais rien si ce n'était pour l'obtenir, et pourtant, si ce que je recherche aujourd'hui doit être un jour atteint, c'est-à-dire dépassé, pourquoi le rechercher ? Il faut le rechercher parce que aujourd'hui est aujourd'hui et demain, demain. Je ne peux pas plus regarder mon présent du point de vue de l'avenir que la Terre du point de vue de Sirius[2]. Je n'aimerais pas quelqu'un si ce n'était avec l'espoir d'être reconnu de lui, et pourtant cette reconnaissance ne compte que si elle est toujours libre, c'est-à-dire jamais acquise. Mais en fait, il y a l'amour. Entre les moments de mon temps, comme entre mon temps et celui des autres, et en dépit de la concurrence qui les oppose, il y a une communication, si je veux, si je ne m'y dérobe pas par la mauvaise foi, si je suis de bonne volonté, si je m'enfonce dans le temps qui nous sépare et nous relie comme le chrétien s'enfonce en Dieu. La vraie morale ne consiste pas à suivre des règles extérieures ni à respecter des valeurs objectives : il n'y a pas de moyens d'*être* juste et d'*être* sauvé. Mais plutôt que la situation insolite des

---

1. On sent vivement comme il est regrettable d'écrire ce pesant commentaire en marge d'un roman. Mais le roman a gagné sa cause devant le public et n'a rien à craindre ni à espérer de nos commentaires.
2. Cette idée est développée dans l'essai de Simone de Beauvoir, *Pyrrhus et Cinéas* (Gallimard).

trois personnages de *L'Invitée*, on ferait bien de remarquer la bonne foi, la fidélité aux promesses, le respect d'autrui, la générosité, le sérieux des deux principaux. Car la valeur est là. Elle consiste à être activement ce que nous sommes par hasard, à établir cette communication avec autrui et avec nous-mêmes dont notre structure temporelle nous offre la chance et dont notre liberté n'est que l'ébauche.

Un auteur scandaleux

Pour ceux qui connaissent Sartre, sa destinée littéraire offre à première vue un mystère : il n'y a pas d'homme moins provocant et cependant, comme auteur, il fait scandale. Je l'ai connu il y a vingt ans, un jour que l'École Normale se déchaînait contre un de mes camarades et moi parce que nous avions sifflé les chansons traditionnelles, trop grossières à notre gré. Il se glissa entre nos persécuteurs et nous, et, dans la situation héroïque et ridicule où nous nous étions mis, nous ménagea une sortie sans concessions et sans dommages. Dans le camp de prisonniers où il a séjourné un an, cet antéchrist avait noué des relations cordiales avec un grand nombre de prêtres et de jésuites qui le consultaient comme un homme de sens sur certains points de la théologie mariale. Des confrères en littérature qui n'aiment pas ses idées l'abordent quelquefois avec l'intention de le mettre en colère, et lui proposent les thèses, croient-ils, les plus contraires aux siennes. Il réfléchit, hoche la tête, se déclare d'accord et donne à ses interlocuteurs cent bonnes raisons de persévérer dans leur sens. Ce corrupteur de la jeunesse enseigne à ceux qui le consultent sur quelque problème personnel que leur situation est singulière, que personne ne peut décider à leur place et qu'il leur faut juger selon eux-mêmes. Ce génie de la publicité prête des manuscrits encore inédits à des amis qui les perdent ou à d'obscurs personnages qui les emportent à l'étranger. Il éconduit de jeunes flatteurs, parce qu'ils ont le temps d'apprendre la vie, il écoute des vieillards ennuyeux, parce que ce sont des vieillards. On n'a jamais vu ce romancier « démoniaque » (Claudel) manquer de tact envers les

53

pires solliciteurs, pourvu qu'ils soient simples comme lui. «L'enfer, c'est les autres» ne veut pas dire: «Le ciel, c'est moi.» Si les autres sont l'instrument de notre supplice, c'est parce qu'ils sont d'abord indispensables à notre salut. Nous sommes mêlés à eux de telle façon qu'il nous faut, tant bien que mal, établir l'ordre dans ce chaos. Sartre a mis Garcin en enfer, non parce qu'il a été peut-être lâche, mais parce qu'il a fait souffrir sa femme. Cet auteur sans respect observe scrupuleusement envers les autres la règle stendhalienne qui condamne le «manque d'égards».

Cette sorte de bonté passe dans les personnages de ses romans. Mathieu, dans *L'Âge de raison*, accepte d'être mari et père. Marcelle n'a qu'un mot à dire. S'il ne séduit pas Ivitch, c'est qu'il méprise la cérémonie de séduction — paroles à contresens des actes, obstination, moyens obliques, conduite menteuse —, c'est finalement parce qu'il ne se reconnaît pas de droits sur elle, qu'il la respecte et la veut libre. On ne trouvera pas dans les romans de Sartre, sinon côté enfer, de ces mots-poignards qui enchantent les critiques de Bernstein. On n'y trouvera pas, sinon à titre de satire et chez les personnages sacrifiés, le clair-obscur, la complaisance à soi, la sensualité. Les personnages favoris de Sartre ont une bonne volonté et une propreté peu communes. D'où vient donc que la critique des journaux presque unanime ait parlé de boue, d'immoralité, de veulerie? Il faut que les vertus mêmes de ses héros aient quelque chose qui les rend ou invisibles ou même odieuses au sens commun. Essayons de déchiffrer l'énigme.

Les griefs qu'on lui fait le plus souvent sont révélateurs. Ses livres, dit-on, sont remplis de laideurs. Émile Henriot, qui a bien l'air d'être un *homme de goût*, a cité comme horrible l'épisode de *L'Âge de raison* où Ivitch boit sottement, se rend malade, et qui se termine par deux lignes sacrilèges, en passe de devenir célèbres: «Une aigre petite odeur de vomi s'échappait de sa bouche si pure. Mathieu respira passionnément cette odeur.» Le même auteur ou un autre dénonçait comme intolérable le chapitre du *Sursis* où sont racontés les débuts d'un amour chez deux malades de Berck, avec toutes les humiliations qui résultent pour eux de leur état de malades. Les critiques croient avoir tout dit quand ils ont prouvé chez Sartre une certaine prédilection pour l'horrible.

La vraie question est de savoir quelle est, dans les ouvrages de Sartre, la fonction et la signification de l'horrible. C'est une habitude — mais ce n'est peut-être rien de plus — de définir l'art par la beauté de ses objets. Hegel ne trouvait là que la formule d'un art classique disparu depuis l'aube du christianisme. L'art romantique, qui apparaît alors, ne représente pas l'harmonie de l'esprit et des apparences, qui fait la beauté du dieu grec, mais au contraire leur désaccord. « L'art romantique n'aspire plus à reproduire la vie dans son état de sérénité infinie… : il tourne au contraire le dos à ce sommet de la beauté, il fait participer l'intériorité de tout l'accidentel des formations extérieures et accorde une place illimitée aux traits marqués de ce qui est l'antithèse du beau. » Le laid ou l'horrible, c'est la discordance fondamentale de l'intérieur et de l'extérieur. L'esprit paraissant dans les choses est un scandale parmi elles et inversement les choses dans leur existence nue sont scandaleuses pour l'esprit. L'art romantique « imprime aussi bien au-dehors qu'au-dedans un caractère accidentel, établit entre ces deux aspects une séparation qui signifie la négation même de l'art, et fait ressortir la nécessité pour la conscience de découvrir, pour l'appréhension de la vérité, des formes plus élevées que celles fournies par l'art[1] ». Si l'intérieur rejoint l'extérieur, ce ne sera pas dans l'harmonie ou dans la beauté, mais par la violence du sublime.

Or, sans hausser le ton et sans chercher le paradoxe, on peut trouver dans la phrase de *L'Âge de raison* qui choque si fort Émile Henriot comme un *petit sublime*, sans éloquence et sans illusions, qui est, je crois, une invention de notre temps. Voilà longtemps qu'on parle de l'homme comme ange et bête à la fois, mais la plupart des critiques sont moins hardis que Pascal. Ils répugnent à mélanger l'angélique et l'animal dans l'homme. Il leur faut un au-delà du désordre humain, et, s'ils ne le trouvent pas dans la religion, ils le cherchent dans une religion du beau.

Le grief de laideur ici en rejoint un autre, plus général. Quand Sartre a écrit que toute œuvre d'art exprimait une prise de position à l'égard des problèmes de la vie humaine (y compris la vie politique) et quand dernièrement il a cherché à retrouver la décision vitale par laquelle Baudelaire s'est

1. HEGEL, *Esthétique*, Aubier-Montaigne, 1944, II, trad. S. Jankélévitch, p. 254.

donné les thèmes de ses souffrances et de sa poésie, on a constaté le même malaise ou la même colère, cette fois chez des écrivains considérables. «Vous nous ramenez à la barbarie», disait à peu près Gide. Et ceux qui ne souffrent pas qu'on interroge Flaubert ou Baudelaire sur l'usage qu'ils ont fait de leur vie vont répétant pour se consoler que *Sartre n'est pas artiste.*

Si la religion de l'art n'admet pas d'être mêlée à l'à peu près de la vie, elle risque de devenir une technique du joli. «En art, il n'est pas de problèmes, dit Gide dans une phrase elle-même trop jolie, dont l'œuvre d'art ne soit une suffisante solution.» Sartre moins que personne ne conteste que l'œuvre d'art appartienne à l'imaginaire, qu'en ce sens elle transforme la prose de la vie et que l'expression pose des problèmes. Il croit seulement que la vie imaginaire de l'écrivain et sa vie effective forment un ensemble ou encore viennent d'une seule source : la manière qu'il a choisie de traiter le monde, autrui, la mort et le temps. Pas d'écrivain moins biographique que Sartre, il n'a jamais livré ses idées que dans des ouvrages, et nous n'avons jusqu'ici de lui aucun journal intime. Personne donc n'est moins porté que lui à expliquer les idées ou les œuvres par les circonstances de la vie. Il s'agit de tout autre chose : de remonter jusqu'au choix indivis qui est choix simultanément d'une vie et d'un certain genre d'art. Il interroge l'artiste comme tout autre homme sur sa décision fondamentale, non que l'opération de l'art soit réduite aux proportions du langage de tous les jours, mais inversement parce qu'il croit trouver en tout homme le moment de l'expression ou de la création de soi. Tout se passe au niveau de la vie parce que la vie est métaphysique.

Le malentendu de Sartre et des «artistes» tient à ceci qu'ils ne mettent pas assez en question l'art et la culture comme domaines séparés, qu'ils gardent la nostalgie de l'ordre et de la perfection comme attributs de l'homme. Après la défaite de 1940, Gide lit et relit, il s'attaque à *Alexandre*, il reprend *Hermann et Dorothée*, il discute des assonances et de l'emploi des conjonctions, il s'amuse à découvrir dans Hugo un hémistiche de Mallarmé. Il vit dans le monde de la culture et de l'«exquis». On croirait que tous les hommes, et Gide lui-même, ne sont au monde que pour rendre possibles les œuvres d'art et la beauté, comme la plante pour pousser ses fleurs. Mais c'est ici Gide qu'il faut invoquer contre Gide. Qu'une rencontre, un incident se produisent, l'occasion le trouve toujours sensible et attentif et l'humanité concrète fait irruption dans le *Journal*. Alors Gide regrette de n'avoir pas vu la guerre de plus près, de n'avoir pas eu plus d'aventure. Alors le contact est repris avec la vie brute, alors reparaît cette admirable intelligence d'autrui qui, comme passion fondamentale, alterne dans l'esprit de Gide avec la religion de l'art. Alors l'homme n'est plus le simple porteur des œuvres d'art, son existence nue et fortuite vaut par elle-même absolument, et, quand il arrive au problème du fondement dernier, Gide fait à la question une réponse qui est à peu près celle de Sartre. «Plus on y réfléchit... plus on est pénétré de cette vérité évidente: ça ne rime à rien (Antoine Thibault). Mais à quoi diable souhaitiez-vous que cela rimât? L'homme est un miracle sans intérêt (Jean Rostand). Mais qu'est-ce au monde qu'il faudrait pour que ce miracle prît à vos yeux de l'importance, pour que vous le jugiez digne d'intérêt[1]?» Par-delà la sérénité de l'œuvre d'art, ce qui est intéressant, c'est l'existence injustifiée de l'homme.

Peut-être Sartre est-il scandaleux comme Gide l'a été: parce qu'il met la valeur de l'homme dans son imperfection. «Je n'aime pas l'homme, disait Gide, j'aime ce qui le dévore.» La liberté de Sartre dévore l'homme constitué. La matière, le ciel, les moissons, les animaux sont beaux. Les attitudes, le vêtement même de l'homme attestent qu'il ne relève pas de cet ordre. Il est à la lettre un défaut dans le diamant du monde. Au regard de cet être qui n'est pas un être, qui n'a ni instincts fixes, ni point d'équilibre et de repos, les choses perdent leur suffisance et leur évidence, et, par un renversement soudain, apparaissent arbitraires et de trop, — cependant que lui-même dans le monde des choses est aussi de trop. La laideur est la collision de l'homme en tant qu'il n'est rien ou qu'il est libre et de la nature comme plénitude et destin.

Si l'humanisme est la religion de l'homme comme espèce naturelle ou la religion de l'homme achevé, Sartre en est aujourd'hui aussi loin que jamais. Rien n'est pur ou absolument vénérable de ce que font les hommes, pas même et surtout pas les «moments parfaits» qu'ils se ménagent dans la

---

1. A. GIDE, *Journal*, 1939-1942, Paris, Gallimard, 1946.

vie ou dans l'art. À la fin de *La Nausée* un air de musique offrait enfin quelque chose d'incontestable. Mais ce n'est pas par hasard que Sartre avait choisi *Some of these days* pour cette élévation finale. Il déclinait ainsi par avance la religion de l'art et ses consolations. L'homme peut dépasser sa contingence dans ce qu'il crée, mais toute expression, au même titre que le Grand Art, est un acte de naissance de l'homme. Le miracle se passe partout et à ras de terre, non dans le ciel privilégié des beaux-arts. Le principe de l'ordre et celui du désordre sont un seul principe, la contingence des choses et notre liberté qui la domine sont faites d'une même étoffe. Quand Sartre, aujourd'hui, se dit humaniste, ce n'est pas qu'il ait changé d'avis, car ce qu'il respecte dans l'homme, c'est cette imperfection fondamentale par laquelle il est et est seul capable de se faire. La sauvagerie de *La Nausée* est toujours là. Simplement, Sartre s'est avisé que, dans le moment même où il les jugeait durement, les hommes lui tenaient à cœur. «J'ai beau faire, disait-il un jour devant la gare du Luxembourg bondée, ces bonshommes m'intéressent.» Il s'est aperçu que toute tentative pour vivre à l'écart était hypocrite, parce que nous sommes mystérieusement apparentés, que les autres nous voient, qu'ils deviennent ainsi une dimension inaliénable de notre vie, qu'ils deviennent nous-mêmes. Les liens du sang ou de l'espèce ne seraient rien : chacun de nous est générique en ce qu'il a de plus propre, puisque sa liberté attend la reconnaissance des autres et a besoin d'eux pour devenir ce qu'elle est. La menace de la guerre et l'expérience de l'occupation ont fait apparaître la valeur positive qui se cachait sous les sarcasmes de *La Nausée*. Sartre disait, il y a quinze ans, que la politique est impensable (comme en général autrui, c'est-à-dire une conscience vue du dehors). Il a découvert depuis qu'il faut bien la penser puisque nous la vivons, et qu'il doit y avoir du valable puisque nous y avons fait l'expérience d'un mal absolu. Il s'agit de faire passer dans les relations des hommes et de transmuer en histoire cette liberté radicale qui est la négation de l'humanité comme espèce donnée et l'appel à une humanité qui se crée.

On peut prédire à Sartre que ce nouveau langage ne lui conciliera personne. Du côté chrétien comme du côté marxiste, il semble qu'on soit pressé d'oublier ce qu'il y avait d'âpre et de sauvage à l'origine des deux traditions. Mathieu, dans *L'Âge de raison*, peut bien être de bonne volonté et prêt à sacrifier ses goûts propres, cela ne lui sera pas compté, ce n'est pas là ce qu'on lui demande, on voudrait qu'il le fît au nom d'une loi naturelle. Il s'étonne d'être homme, d'être père, prêt d'ailleurs à accepter les conséquences de cette situation. On voudrait qu'il l'eût en révérence et qu'il en tirât gloire. Dans la décadence où menace de tomber la pensée religieuse, toute description un peu violente du paradoxe de l'humanité choque et passe pour diabolique. Comme si le christianisme avait quelque chose à voir avec le fétichisme de la nature, comme s'il n'avait pas détruit les liens du sang et de la famille pour créer les liens de l'esprit. Il y a cinquante ans, les chrétiens trouvaient en face d'eux un rationalisme sommaire au regard duquel la religion n'était qu'absurdité pure. Mais les rationalistes de la vieille école ne mettaient pas en question les coutumes de l'humanité constituée, ils se bornaient à les fonder sur la raison, leur liberté était une liberté de bonne compagnie. Voilà pourquoi, après avoir longtemps polémiqué contre eux, les catholiques semblent aujourd'hui les regretter et réservent leur sévérité pour Sartre.

Du côté marxiste, un phénomène analogue se produit. On semble généralement plus curieux du XVIIIᵉ siècle que de Hegel ou de Marx. On parle beaucoup moins de la dialectique que de la science (qui, transportée en politique, donne Comte et, par lui, Maurras). On rivalise de méfiance envers le sujet, au point même d'exposer Descartes sans dire un mot du *cogito*. Alors que le marxisme est tout entier construit sur l'idée qu'il n'y a pas de destin, que les «lois» de la sociologie ne sont valables que dans le cadre d'un certain état historique de la société, qu'il appartient à l'homme de reprendre en main l'appareil social et de transformer l'histoire subie en histoire voulue, alors qu'il suppose, en conséquence, une vue de l'histoire comme histoire ouverte, de l'homme comme créateur de son sort et devrait se trouver en sympathie avec toutes les formes de critique radicale, on constate au contraire, chez la plupart des marxistes, une étonnante timidité. Leur critique n'est plus une critique qui dépasse et conquiert, c'est une critique qui met en garde, retient et morigène. La vertu maîtresse n'en est plus l'audace, c'est la prudence. On se demande doctement si la liberté de l'artiste est compatible avec la morale et avec le fonctionnement de la société...

Il est douteux que la morale de Sartre, quand il la publiera, désarme la critique. Quand même il fonderait à sa manière une objectivité des valeurs, quand même il admettrait qu'elles sont offertes par notre situation en même temps qu'inventées par nous, on lui reprochera toujours de les soumettre à notre reconnaissance et à notre assentiment inconditionnés, ce que faisait pourtant, en des temps moins timides, un philosophe comme Lagneau. Or, il ne cédera rien là-dessus. «Quand on me parle de la liberté, disait-il autrefois, c'est comme si l'on me parlait de moi.» Il se confond avec cette transparence ou cette agilité qui n'est pas du monde et qui rend, comme il l'a écrit, la liberté «mortelle». Il y a là une intuition que l'on peut dépasser, mais d'où l'on ne peut revenir et qui déplaira toujours à ceux qui veulent dormir. On raconte qu'un journaliste français, ayant envoyé à un critique soviétique une conférence de Sartre récemment publiée, en s'excusant d'avance de ce qu'il y avait d'arriéré, eut la surprise de recevoir en réponse un éloge de l'ouvrage. «Il y a là, disait à peu près le critique, une étincelle dont nous avons besoin.» Ce Soviétique avait raison. Mais sera-t-il entendu? La même vertu cartésienne de générosité qui rend humaine et rassurante la conduite de Sartre rendra toujours inquiétants ses livres, parce qu'ils en font voir la racine préhumaine. Les mêmes raisons font l'homme conciliant et l'auteur scandaleux.

Il ira donc son chemin, entre l'estime entière des uns et la colère des autres. Il n'y a pas à craindre que l'étincelle s'éteigne. Comme les journalistes lui attachaient au dos l'étiquette de l'«existentialisme», Sartre protesta d'abord. Puis il se dit un jour qu'après tout il n'avait pas le droit de refuser l'étiquette, qui est ce que les autres voient de lui. Il prit donc bravement le parti de l'existentialisme. Mais ceux qui lui supposent du dogmatisme le connaissent mal. Même quand il s'applique aux travaux que le sort lui propose, ce n'est jamais sans sourire. On peut souhaiter que cette liberté se réalise en images littéraires plus lourdes, mais on n'en saurait dire trop de bien, elle est vraiment le sel de la terre. Il n'y a pas d'apparence que les dormeurs et les valets viennent à manquer. Il est bon qu'il y ait, de temps à autre, un homme libre.

Le cinéma
et la nouvelle psychologie [1]

La psychologie classique considère notre champ visuel comme une somme ou une mosaïque de sensations dont chacune dépendrait strictement de l'excitation rétinienne locale qui lui correspond. La nouvelle psychologie fait voir d'abord que, même à considérer nos sensations les plus simples et les plus immédiates, nous ne pouvons admettre ce parallélisme entre elles et le phénomène nerveux qui les conditionne. Notre rétine est bien loin d'être homogène, en certaines de ses parties elle est aveugle par exemple pour le bleu ou pour le rouge, et cependant, quand je regarde une surface bleue ou rouge, je n'y vois aucune zone décolorée. C'est que, dès le niveau de la simple vision des couleurs, ma perception ne se borne pas à enregistrer ce qui lui est prescrit par les excitations rétiniennes, mais les réorganise de manière à rétablir l'homogénéité du champ. D'une manière générale, nous devons la concevoir, non comme une mosaïque, mais comme un système de configurations. Ce qui est premier et vient d'abord dans notre perception, ce ne sont pas des éléments juxtaposés, mais des ensembles. Nous groupons les étoiles en constellations comme le faisaient déjà les anciens, et pourtant beaucoup d'autres tracés de la carte céleste sont, *a priori*, possibles. Si l'on nous présente la série :

a b   c d   e f   g h   i j

. . . .

nous accouplons toujours les points selon la formule a-b, c-d,

---

1. Conférence faite le 13 mars 1945 à l'Institut des hautes études cinématographiques.

61

e-f, etc., alors que le groupement b-c, d-e, f-g, etc., est en principe également probable. Le malade qui contemple la tapisserie de sa chambre la voit soudain se transformer si le dessin et la figure deviennent fond, pendant que ce qui est vu d'ordinaire comme fond devient figure. L'aspect du monde pour nous serait bouleversé si nous réussissions à voir comme *choses* les intervalles entre les choses — par exemple l'espace entre les arbres sur le boulevard — et réciproquement comme fond les choses elles-mêmes — les arbres du boulevard. C'est ce qui arrive dans les devinettes : le lapin ou le chasseur n'étaient pas visibles, parce que les éléments de ces figures étaient disloqués et intégrés à d'autres formes : par exemple ce qui sera l'oreille du lapin n'était encore que l'intervalle vide entre deux arbres de la forêt. Le lapin et le chasseur apparaissent par une nouvelle ségrégation du champ, par une nouvelle organisation du tout. Le camouflage est l'art de masquer une forme en introduisant les lignes principales qui la définissent dans d'autres formes plus impérieuses.

Nous pouvons appliquer le même genre d'analyse aux perceptions de l'ouïe. Simplement, il ne s'agira plus maintenant de formes dans l'espace, mais de formes temporelles. Par exemple, une mélodie est une figure sonore, elle ne se mêle pas aux bruits de fond qui peuvent l'accompagner, comme le bruit d'un klaxon que l'on entend au loin pendant un concert. La mélodie n'est pas une somme de notes : chaque note ne compte que par la fonction qu'elle exerce dans l'ensemble, et c'est pourquoi la mélodie n'est pas sensiblement changée si on la transpose, c'est-à-dire si l'on change toutes les notes qui la composent, en respectant les rapports et la structure de l'ensemble. Par contre un seul changement dans ces rapports suffit à modifier la physionomie totale de la mélodie. Cette perception de l'ensemble est plus naturelle et plus primitive que celle des éléments isolés : dans les expériences sur le réflexe conditionné où l'on dresse des chiens à répondre par une sécrétion salivaire à une lumière ou à un son, en associant fréquemment cette lumière ou ce son à la présentation d'un morceau de viande, on constate que le dressage acquis à l'égard d'une certaine suite de notes est acquis du même coup à l'égard de toute mélodie de même structure. La perception analytique, qui nous donne la valeur absolue des éléments isolés, correspond donc à une attitude tardive et exceptionnelle, c'est celle du savant qui observe ou du philosophe qui réfléchit, la perception des formes, au sens très général de : structure, ensemble ou configuration, doit être considérée comme notre mode de perception spontané.

Sur un autre point encore, la psychologie moderne renverse les préjugés de la physiologie et de la psychologie classiques. C'est un lieu commun de dire que nous avons cinq sens et, à première vue, chacun d'eux est comme un monde sans communication avec les autres. La lumière ou les couleurs qui agissent sur l'œil n'agissent pas sur les oreilles ni sur le toucher. Et cependant on sait depuis longtemps que certains aveugles arrivent à se représenter les couleurs qu'ils ne voient pas par le moyen des sons qu'ils entendent. Par exemple un aveugle disait que le rouge devait être quelque chose comme un coup de trompette. Mais on a longtemps pensé qu'il s'agissait là de phénomènes exceptionnels. En réalité le phénomène est général. Dans l'intoxication par la mescaline, les sons sont régulièrement accompagnés par des taches de couleur dont la nuance, la forme et la hauteur varient avec le timbre, l'intensité et la hauteur des sons. Même les sujets normaux parlent de couleurs chaudes, froides, criardes ou dures, de sons clairs, aigus, éclatants, rugueux ou moelleux, de bruits mous, de parfums pénétrants. Cézanne disait qu'on voit le velouté, la dureté, la mollesse, et même l'odeur des objets. Ma perception n'est donc pas une somme de données visuelles, tactiles, auditives, je perçois d'une manière indivise avec mon être total, je saisis une structure unique de la chose, une unique manière d'exister qui parle à la fois à tous mes sens.

Naturellement la psychologie classique savait bien qu'il y a des relations entre les différentes parties de mon champ visuel comme entre les données de mes différents sens. Mais pour elle cette unité était construite, elle la rapportait à l'intelligence et à la mémoire. Je dis que je vois des hommes passer dans la rue, écrit Descartes dans un célèbre passage des *Méditations*, mais en réalité que vois-je au juste ? Je ne vois que des chapeaux et des manteaux, qui pourraient aussi bien recouvrir des poupées qui ne se remuent que par ressorts, et si je dis que je vois des hommes, c'est que je saisis «par une inspection de l'esprit ce que je croyais voir de mes yeux». Je suis persuadé que les objets continuent d'exister quand je ne les vois pas, et par exemple derrière mon dos. Mais de toute évidence, pour la pensée classique, ces objets invisibles ne subsistent pour moi que parce que mon jugement les maintient présents. Même les objets devant moi ne sont pas proprement vus, mais seulement pensés. Ainsi je ne saurais *voir* un cube, c'est-à-dire un solide formé de six faces et de douze arêtes égales, je ne vois jamais qu'une figure perspective dans laquelle les faces latérales sont déformées et la face dorsale complètement cachée. Si je parle de cubes, c'est que mon esprit redresse ces apparences, restitue la face cachée. Je ne peux voir le cube selon sa définition géométrique, je ne puis que le penser. La perception du mouvement montre encore mieux à quel point l'intelligence intervient dans la prétendue vision. Au moment où mon train, arrêté en gare, se met en marche, il arrive souvent que je croie voir démarrer celui qui est arrêté à côté du mien. Les données sensorielles par elles-mêmes sont donc neutres et capables de recevoir différentes interprétations selon l'hypothèse à laquelle mon esprit s'arrêtera. D'une manière générale, la psychologie classique fait donc de la perception un véritable déchiffrage par l'intelligence des données sensibles et comme un commencement de science. Des signes me sont donnés, et il faut que j'en dégage la signification, un texte m'est offert et il faut que je le lise ou l'interprète. Même quand elle tient compte de l'unité du champ perceptif, la psychologie classique reste encore fidèle à la notion de sensation, qui fournit le point de départ de l'analyse ; c'est parce qu'elle a d'abord conçu les données visuelles comme une mosaïque de sensations qu'elle a besoin de fonder l'unité du champ perceptif sur une opération de l'intelligence. Que nous apporte sur ce point la théorie de la Forme ? En rejetant résolument la notion de sensation, elle nous apprend à ne plus distinguer les signes et leur signification, ce qui est senti et ce qui est jugé. Comment pourrions-nous définir exactement la couleur d'un objet sans mentionner la substance dont il est fait, par exemple la couleur bleue de ce tapis sans dire que c'est un « bleu laineux » ? Cézanne avait posé la question : comment distinguer dans les choses leur couleur et leur dessin ? Il ne saurait être question de comprendre la perception comme l'imposition d'une certaine signification à certains signes sensibles, puisque ces signes ne sauraient être décrits dans leur texture sensible la plus immédiate sans référence à l'objet qu'ils signifient. Si nous reconnaissons sous un éclairage changeant un objet défini par des propriétés constantes, ce n'est pas que l'intelligence fasse entrer en compte la nature de la lumière incidente et en déduise la couleur réelle de l'objet, c'est que la lumière dominante du milieu, agissant comme *éclairage*, assigne immédiatement à l'objet sa vraie couleur. Si nous regardons deux assiettes inégalement éclairées, elles nous paraissent également blanches et inégalement éclairées tant que le faisceau de lumière qui vient de la fenêtre figure dans notre champ visuel. Si, au contraire, nous observons les mêmes assiettes à travers un écran percé d'un trou, aussitôt l'une d'elles nous paraît grise et l'autre blanche, et même si nous *savons* que ce n'est là qu'un effet d'éclairage, aucune analyse intellectuelle des apparences ne nous fera voir la vraie couleur des deux assiettes. La permanence des couleurs et des objets n'est donc pas construite par l'intelligence, mais saisie par le regard en tant qu'il épouse ou adopte l'organisation du champ visuel. Quand nous allumons à la tombée du jour, la lumière électrique nous paraît d'abord jaune, un moment plus tard elle tend à perdre toute couleur définie, et corrélativement les objets, qui d'abord étaient sensiblement modifiés dans leur couleur, reprennent un aspect comparable à celui qu'ils ont pendant la journée. Les objets et l'éclairage forment un système qui tend vers une certaine constance et vers un certain niveau stable, non par l'opération de l'intelligence, mais par la configuration même du champ. Quand je perçois, je ne pense pas le monde, il s'organise devant moi. Quand je perçois un cube, ce n'est pas que ma raison redresse les apparences perspectives et pense à propos d'elles la définition géométrique du cube. Loin que je les corrige, je ne remarque pas même les déformations perspectives, à travers ce que je vois je suis au cube lui-même dans son évidence. Et de même les objets derrière mon dos ne me sont pas représentés par quelque opération de la mémoire ou du jugement, ils me sont présents, ils *comptent* pour moi, comme le fond que je ne vois pas n'en continue pas moins d'être présent sous la figure qui le masque en partie. Même la perception du mouvement, qui d'abord paraît dépendre directement du point de repère que l'intelligence choisit, n'est à son tour qu'un élément dans l'organisation globale du champ. Car s'il est vrai que mon train et le train voisin peuvent tour à tour m'apparaître en mouvement au moment où l'un d'eux démarre, il faut remarquer que l'illusion n'est pas arbitraire et que je ne puis la provoquer à volonté par le choix tout intellectuel et désintéressé d'un point de repère. Si je joue aux cartes dans mon compartiment, c'est le train voisin qui démarre. Si, au contraire, je cherche des yeux quelqu'un dans le train voisin, c'est alors le mien qui démarre. À chaque fois nous apparaît fixe celui des deux où nous avons élu domicile et qui est notre milieu du moment. Le mouvement et le repos se distribuent pour nous dans notre entourage, non pas selon les hypothèses qu'il plaît à notre intelligence de construire, mais selon la manière dont nous nous fixons dans le monde et selon la situation que notre corps y assume. Tantôt je vois le clocher immobile dans le ciel et les nuages qui volent au-dessus de lui, tantôt au contraire les nuages semblent immobiles et le clocher tombe à travers l'espace, mais ici encore le choix du point fixe n'est pas le fait de l'intelligence : l'objet que je regarde et où je jette l'ancre m'apparaît toujours fixe et je ne puis lui ôter cette signification qu'en regardant ailleurs. Je ne la lui donne donc pas non plus par la pensée. La perception n'est pas une sorte de science commençante, et un premier exercice de l'intelligence, il nous faut retrouver un commerce avec le monde et une présence au monde plus vieux que l'intelligence.

Enfin la nouvelle psychologie apporte aussi une conception neuve de la perception d'autrui. La psychologie classique acceptait sans discussion la distinction de l'observation intérieure ou introspection et de l'observation extérieure. Les «faits psychiques» — la colère, la peur par exemple — ne pouvaient être directement connus que du dedans et par celui qui les éprouvait. On tenait pour évident que je ne puis, du dehors, saisir que les *signes* corporels de la colère ou de la peur, et que, pour interpréter ces signes, je dois recourir à la connaissance que j'ai de la colère ou de la peur en moi-même et par introspection. Les psychologues d'aujourd'hui font remarquer que l'introspection, en réalité, ne me donne presque rien. Si j'essaye d'étudier l'amour ou la haine par la pure observation intérieure, je ne trouve que peu de choses à décrire : quelques angoisses, quelques palpitations de cœur, en somme des troubles banaux qui ne me révèlent pas l'essence de l'amour ni de la haine. Chaque fois que j'arrive à des remarques intéressantes, c'est que je ne me suis pas contenté de coïncider avec mon sentiment, c'est que j'ai réussi à l'étudier comme un comportement, comme une modification de mes rapports avec autrui et avec le monde, c'est que je suis parvenu à le penser comme je pense le comportement d'une autre personne dont je me trouve être témoin. En fait les jeunes enfants comprennent les gestes et les expressions de physionomie bien avant d'être capables de les reproduire pour leur compte, il faut donc que le sens de ces conduites leur soit pour ainsi dire adhérent. Il nous faut rejeter ici ce préjugé qui fait de l'amour, de la haine ou de la colère des «réalités intérieures» accessibles à un seul témoin, celui qui les éprouve. Colère, honte, haine, amour ne sont pas des faits psychiques cachés au plus profond de la conscience d'autrui, ce sont des types de comportement ou des styles de conduite visibles du dehors. Ils sont sur ce visage ou *dans* ces gestes et non pas cachés derrière eux. La psychologie n'a commencé de se développer que le jour où elle a renoncé à distinguer le corps et l'esprit, où elle a abandonné les deux méthodes corrélatives de l'observation intérieure et de la psychologie physiologique. On ne nous apprenait rien sur l'émotion tant qu'on se bornait à mesurer la vitesse de la respiration ou celle des battements du cœur dans la colère — et on ne nous apprenait rien non plus sur la colère quand on essayait de rendre la nuance qualitative et indicible de la colère vécue. Faire la psychologie de la colère, c'est chercher à fixer le *sens* de la colère, c'est se demander quelle en est la fonction dans une vie humaine et en quelque sorte à quoi elle sert. On trouve ainsi que l'émotion est, comme dit Janet, une réaction de désorganisation qui intervient lorsque nous sommes engagés dans une impasse — plus profondément, on trouve, comme l'a montré Sartre, que la colère est une conduite magique par laquelle, renonçant à l'action efficace dans le monde, nous nous donnons dans l'imaginaire une satisfaction toute symbolique, comme celui qui, dans une conversation, ne pouvant convaincre son interlocuteur, en vient aux injures qui ne prouvent rien, ou comme celui qui, n'osant pas frapper son ennemi, se contente de lui montrer le poing de loin. Puisque l'émotion n'est pas un fait psychique et interne, mais une variation de nos rapports avec autrui et avec le monde lisible dans notre attitude corporelle, il ne faut pas dire que seuls les signes de la colère ou de l'amour sont donnés au spectateur étranger et qu'autrui est saisi indirectement et par une interprétation de ces signes, il faut dire qu'autrui m'est donné avec évidence comme comportement. Notre science du comportement va beaucoup plus loin que nous le croyons. Si l'on présente à des sujets non prévenus la photographie de plusieurs visages, de plusieurs silhouettes, la reproduction de plusieurs écritures et l'enregistrement de plusieurs voix, et si on leur demande d'assembler un visage, une silhouette, une voix, une écriture, on constate que, d'une manière générale, l'assemblage est fait correctement ou qu'en tout cas le nombre des assortiments corrects l'emporte de beaucoup sur celui des assortiments erronés. L'écriture de Michel-Ange est attribuée à Raphaël dans 36 cas, mais elle est correctement identifiée dans 221 cas. C'est donc que nous reconnaissons une certaine structure commune à la voix, à la physionomie, aux gestes et à l'allure de chaque personne, chaque personne n'est rien d'autre pour nous que cette structure ou cette manière d'être au monde. On entrevoit comment ces remarques pourraient être appliquées à la psychologie du langage : de même que le corps et l'«âme» d'un homme ne sont que deux aspects de sa manière d'être au monde, de même le mot et la pensée qu'il désigne ne doivent pas être considérés comme deux termes extérieurs et le mot porte sa signification comme le corps est l'incarnation d'un comportement.

D'une manière générale, la nouvelle psychologie nous fait voir dans l'homme, non pas un entendement qui construit le monde, mais un être qui y est jeté et qui y est attaché comme par un lien naturel. Par suite elle nous réapprend à voir ce monde avec lequel nous sommes en contact par toute la surface de notre être, tandis que la psychologie classique délaissait le monde vécu pour celui que l'intelligence scientifique réussit à construire.

*

Si maintenant nous considérons le film comme un objet à percevoir, nous pouvons appliquer à la perception du film tout ce qui vient d'être dit de la perception en général. Et l'on va voir que, de ce point de vue, la nature et la signification du film s'éclairent et que la nouvelle psychologie nous conduit précisément aux remarques les meilleures des esthéticiens du cinéma.

Disons d'abord qu'un film n'est pas une somme d'images mais une *forme* temporelle. C'est le moment de rappeler la fameuse expérience de Poudovkine qui met en évidence l'unité mélodique du film. Poudovkine prit un jour un gros plan de Mosjoukine impassible, et le projeta précédé d'abord d'une assiette de potage, ensuite d'une jeune femme morte dans son cercueil et enfin d'un enfant jouant avec un ourson de peluche. On s'aperçut d'abord que Mosjoukine avait l'air de regarder l'assiette, la jeune femme et l'enfant, et ensuite qu'il regardait l'assiette d'un air pensif, la femme avec douleur, l'enfant avec un lumineux sourire, et le public fut émerveillé par la variété de ses expressions, alors qu'en réalité la même vue avait servi trois fois et qu'elle était remarquablement inexpressive. Le sens d'une image dépend donc de celles qui la précèdent dans le film, et leur succession crée une réalité nouvelle qui n'est pas la simple somme des éléments employés. R. Leenhardt ajoutait, dans un excellent article[1], qu'il fallait encore faire intervenir la durée de chaque image : une courte durée convient au sourire amusé, une durée moyenne au visage indifférent, une longue durée à l'expression douloureuse. De là Leenhardt tirait cette définition du rythme cinématographique : « Un ordre des vues tel, et, pour chacune de ces vues ou "plans", une durée telle que l'ensemble produise l'impression cherchée avec le maximum d'effet. » Il y a donc une véritable métrique cinématographique dont l'exigence est très précise et très impérieuse. « Voyant un film, essayez-vous à deviner l'instant où une image ayant donné son plein, elle va, elle doit finir, être remplacée (que ce soit changement d'angle, de distance ou de champ). Vous apprendrez à connaître ce malaise à la poitrine que produit une vue trop longue qui "freine" le mouvement ou ce délicieux acquiescement intime lorsqu'un plan "passe" exactement... » (Leenhardt.) Comme il y a dans le film, outre la sélection des vues (ou plans), de leur ordre et de leur durée, qui constitue le montage, une sélection des scènes ou séquences, de leur ordre et de leur durée, qui constitue le découpage, le film apparaît comme une forme extrêmement complexe à l'intérieur de laquelle des actions et des réactions extrêmement nombreuses s'exercent à chaque moment, dont

1. *Esprit*, année 1936.

les lois restent à découvrir et n'ont été jusqu'ici que devinées par le flair ou le tact du metteur en scène qui manie le langage cinématographique comme l'homme parlant manie la syntaxe, sans y penser expressément, et sans être toujours en mesure de formuler les règles qu'il observe spontanément.

Ce que nous venons de dire du film visuel s'applique aussi au film sonore, qui n'est pas une somme de mots ou de bruits, mais lui aussi une forme. Il y a un rythme du son comme de l'image. Il y a un montage des bruits et des sons, dont Leenhardt trouvait un exemple dans un vieux film sonore *Broadway Melody*. «Deux acteurs sont en scène. Du haut des galeries on les entend déclamer. Puis immédiatement, gros plan, timbre de chuchotement, on perçoit un mot qu'ils échangent à voix basse...» La force expressive de ce montage consiste en ce qu'il nous fait sentir la coexistence, la simultanéité des vies dans le même monde, les acteurs pour nous et pour eux-mêmes — comme tout à l'heure le montage visuel de Poudovkine liait l'homme et son regard aux spectacles qui l'entourent. Comme le film visuel n'est pas la simple photographie en mouvement d'un drame, et comme le choix et l'assemblage des images constituent pour le cinéma un moyen d'expression original, de même le son au cinéma n'est pas la simple reproduction phonographique des bruits et des paroles, mais comporte une certaine organisation interne que le créateur du film doit inventer. Le véritable ancêtre du son cinématographique n'est pas le phonographe, mais le montage radiophonique.

Ce n'est pas tout. Nous venons de considérer l'image et le son tour à tour. Mais en réalité leur assemblage fait encore une fois un tout nouveau et irréductible aux éléments qui entrent dans sa composition. Un film sonore n'est pas un film muet agrémenté de sons et de paroles qui ne seraient destinés qu'à compléter l'illusion cinématographique. Le lien du son et de l'image est beaucoup plus étroit et l'image est transformée par le voisinage du son. Nous nous en apercevons bien à la projection d'un film doublé où l'on fait parler des maigres avec des voix de gras, des jeunes avec des voix de vieux, des grands avec des voix de minuscules, ce qui est absurde, si, comme nous l'avons dit, la voix, la silhouette et le caractère forment un tout indécomposable. Mais l'union du son et de l'image ne se fait pas seulement dans chaque personnage, elle se fait dans le film entier. Ce n'est pas par hasard qu'à tel moment les personnages se taisent et qu'à tel autre moment ils parlent. L'alternance des paroles et du silence est ménagée pour le plus grand effet de l'image. Comme le disait Malraux (*Verve*, 1940), il y a trois sortes de dialogues. D'abord le dialogue d'exposition, destiné à faire connaître les circonstances de l'action dramatique. Le roman et le cinéma l'évitent d'un commun accord. Ensuite le dialogue de *ton* qui nous donne l'accent de chaque personnage, et qui domine, par exemple, chez Proust, dont les personnages se voient très mal et par contre se reconnaissent admirablement dès qu'ils commencent à parler. La prodigalité ou l'avarice des mots, la plénitude ou le creux des paroles, leur exactitude ou leur affectation font sentir l'essence d'un personnage plus sûrement que beaucoup de descriptions. Il n'y a guère de dialogue de ton au cinéma, la présence visible de l'acteur avec son comportement propre ne s'y prête qu'exceptionnellement. Enfin il y a un dialogue de scène, qui nous présente le débat et la confrontation des personnages, c'est le principal du dialogue au cinéma. Or, il est loin d'être constant. Au théâtre on parle sans cesse, mais non au cinéma. « Dans les derniers films, disait Malraux, le metteur en scène *passe au dialogue* après de grandes parties de muet exactement comme un romancier passe au dialogue après de grandes parties de récit. » La répartition des silences et du dialogue constitue donc, par-delà la métrique visuelle et la métrique sonore, une métrique plus complexe qui superpose ses exigences à celles des deux premières. Encore faudrait-il, pour être complet, analyser le rôle de la musique à l'intérieur de cet ensemble. Disons seulement qu'elle doit s'y incorporer et non pas s'y juxtaposer. Elle ne devra donc pas servir à boucher les trous sonores, ni à commenter d'une manière tout extérieure les sentiments et les images, comme il arrive dans tant de films où l'orage de la colère déclenche l'orage des cuivres et où la musique imite laborieusement un bruit de pas ou la chute d'une pièce de monnaie sur le sol. Elle interviendra pour marquer un changement de style du film, par exemple le passage d'une scène d'action à l'« intérieur » du personnage, à un rappel de scènes antérieures ou à la description d'un paysage ; d'une manière générale elle accompagne et elle contribue à réaliser, comme

71

disait Jaubert[1], une «rupture d'équilibre sensoriel». Enfin, il ne faut pas qu'elle soit un autre moyen d'expression juxtaposé à l'expression visuelle, mais que «par des moyens rigoureusement musicaux — rythme, forme, instrumentation, — elle recrée, sous la matière plastique de l'image, une matière sonore, par une mystérieuse alchimie de correspondances qui devrait être le fondement même du métier de compositeur de film; qu'elle nous rende enfin physiquement sensible le rythme interne de l'image sans pour cela s'efforcer d'en traduire le contenu sentimental, dramatique on poétique» (Jaubert). La parole, au cinéma, n'est pas chargée d'ajouter des idées aux images, ni la musique des sentiments. L'ensemble nous dit quelque chose de très précis qui n'est ni une pensée, ni un rappel des sentiments de la vie.

Que *signifie*, que veut donc dire le film? Chaque film raconte une *histoire*, c'est-à-dire un certain nombre d'événements qui mettent aux prises des personnages et qui peuvent être aussi racontés en prose, comme ils le sont effectivement dans le scénario d'après lequel le film est fait. Le cinéma parlant, avec son dialogue souvent envahissant, complète notre illusion. On conçoit donc souvent le film comme la représentation visuelle et sonore, la reproduction aussi fidèle que possible d'un drame que la littérature ne pourrait évoquer qu'avec des mots et que le cinéma a la bonne fortune de pouvoir photographier. Ce qui entretient l'équivoque, c'est qu'il y a en effet un réalisme fondamental du cinéma: les acteurs doivent jouer naturel, la mise en scène doit être aussi vraisemblable que possible car «la puissance de réalité que dégage l'écran, dit Leenhardt, est telle que la moindre stylisation détonnerait». Mais cela ne veut pas dire que le film soit destiné à nous faire voir et entendre ce que nous verrions et entendrions si nous assistions dans la vie à l'histoire qu'il nous raconte, ni d'ailleurs à nous suggérer comme une histoire édifiante quelque conception générale de la vie. Le problème que nous rencontrons ici, l'esthétique l'a déjà rencontré à propos de la poésie ou du roman. Il y a toujours, dans un roman, une idée qui peut se résumer en quelques mots, un scénario qui tient en quelques lignes. Il y a toujours dans un poème allusion à des choses ou à des idées. Et cepen-

1. *Esprit*, année 1936.

dant le roman pur, la poésie pure n'ont pas simplement pour fonction de nous signifier ces faits, ces idées ou ces choses, car alors le poème pourrait se traduire exactement en prose et le roman ne perdrait rien à être résumé. Les idées et les faits ne sont que les matériaux de l'art et l'art du roman consiste dans le choix de ce que l'on dit et de ce que l'on tait, dans le choix des perspectives (tel chapitre sera écrit du point de vue de tel personnage, tel autre du point de vue d'un autre), dans le tempo variable du récit ; l'art de la poésie ne consiste pas à décrire didactiquement des choses ou à exposer des idées, mais à créer une machine de langage qui, d'une manière presque infaillible, place le lecteur dans un certain état poétique. De la même manière, il y a toujours dans un film une histoire, et souvent une idée (par exemple, dans l'*Étrange sursis* : la mort n'est terrible que pour qui n'y a pas consenti), mais la fonction du film n'est pas de nous *faire connaître* les faits ou l'idée. Kant dit avec profondeur que dans la connaissance l'imagination travaille au profit de l'entendement, tandis que dans l'art l'entendement travaille au profit de l'imagination. C'est-à-dire : l'idée ou les faits prosaïques ne sont là que pour donner au créateur l'occasion de leur chercher des emblèmes sensibles et d'en tracer le monogramme visible et sonore. Le sens du film est incorporé à son rythme comme le sens d'un geste est immédiatement lisible dans le geste, et le film ne veut rien dire que lui-même. L'idée est ici rendue à l'état naissant, elle émerge de la structure temporelle du film, comme dans un tableau de la coexistence de ses parties. C'est le bonheur de l'art de montrer comment quelque chose se met à signifier, non par allusion à des idées déjà formées et acquises, mais par l'arrangement temporel ou spatial des éléments. Un film signifie comme nous avons vu plus haut qu'une chose signifie : l'un et l'autre ne parlent pas à un entendement séparé, mais s'adressent à notre pouvoir de déchiffrer tacitement le monde ou les hommes et de coexister avec eux. Il est vrai que, dans l'ordinaire de la vie, nous perdons de vue cette valeur esthétique de la moindre chose perçue. Il est vrai aussi que jamais dans le réel la forme perçue n'est parfaite, il y a toujours du *bougé*, des bavures et comme un excès de matière. Le drame cinématographique a, pour ainsi dire, un grain plus serré que les drames de la vie réelle, il se passe dans un monde plus exact que le monde réel. Mais enfin c'est par la perception que nous pouvons comprendre la signification du cinéma : le film ne se pense pas, il se perçoit.

Voilà pourquoi l'expression de l'homme peut être au cinéma si saisissante : le cinéma ne nous donne pas, comme le roman l'a fait longtemps, les *pensées* de l'homme, il nous donne sa conduite ou son comportement, il nous offre directement cette manière spéciale d'être au monde, de traiter les choses et les autres, qui est pour nous visible dans les gestes, le regard, la mimique, et qui définit avec évidence chaque personne que nous connaissons. Si le cinéma veut nous montrer un personnage qui a le vertige, il ne devra pas essayer de rendre le paysage intérieur du vertige, comme Daquin dans *Premier de Cordée* et Malraux dans *Sierra de Terruel* ont voulu le faire. Nous sentirons beaucoup mieux le vertige en le voyant de l'extérieur, en contemplant ce corps déséquilibré qui se tord sur un rocher, ou cette marche vacillante qui tente de s'adapter à on ne sait quel bouleversement de l'espace. Pour le cinéma comme pour la psychologie moderne, le vertige, le plaisir, la douleur, l'amour, la haine sont des conduites.

*

Cette psychologie et les philosophies contemporaines ont pour commun caractère de nous présenter, non pas, comme les philosophies classiques, l'esprit *et* le monde, chaque conscience *et* les autres, mais la conscience jetée dans le monde, soumise au regard des autres et apprenant d'eux ce qu'elle est. Une bonne part de la philosophie phénoménologique ou existentielle consiste à s'étonner de cette inhérence du moi au monde et du moi à autrui, à nous décrire ce paradoxe et cette confusion, à faire *voir* le lien du sujet et du monde, du sujet et des autres, au lieu de *l'expliquer*, comme le faisaient les classiques, par quelques recours à l'esprit absolu. Or, le cinéma est particulièrement apte à faire paraître l'union de l'esprit et du corps, de l'esprit et du monde et l'expression de l'un dans l'autre. Voilà pourquoi il n'est pas surprenant que le critique puisse, à propos d'un film, évoquer la philosophie. Dans un compte rendu du *Défunt récalcitrant*, Astruc raconte le film en termes sartriens : ce mort qui survit à son corps et est obligé d'en habiter un autre, il demeure le même *pour soi*, mais il est autre *pour autrui* et ne saurait demeurer en repos jusqu'à ce que l'amour d'une jeune fille le reconnaisse à travers sa nouvelle enveloppe et que soit rétablie la concordance du pour soi et du pour autrui. Là-dessus *Le Canard enchaîné* se fâche et veut renvoyer Astruc à ses recherches philosophiques. La vérité est qu'ils ont tous deux raison : l'un parce que l'art n'est pas fait pour exposer des idées, et l'autre parce que la philosophie contemporaine ne consiste pas à enchaîner des concepts, mais à décrire le mélange de la conscience avec le monde, son engagement dans un corps, sa coexistence avec les autres, et que ce sujet-là est cinématographique par excellence.

Si enfin nous nous demandons pourquoi cette philosophie s'est développée justement à l'âge du cinéma, nous ne devrons évidemment pas dire que le cinéma vient d'elle. Le cinéma est d'abord une invention technique où la philosophie n'est pour rien. Mais nous ne devrons pas dire davantage que cette philosophie vient du cinéma et le traduit sur le plan des idées. Car on peut mal user du cinéma, et l'instrument technique une fois inventé doit être repris par une volonté artistique et comme inventé une seconde fois, avant que l'on parvienne à faire de véritables films. Si donc la philosophie et le cinéma sont d'accord, si la réflexion et le travail technique vont dans le même sens, c'est parce que le philosophe et le cinéaste ont en commun une certaine manière d'être, une certaine vue du monde qui est celle d'une génération. Encore une occasion de vérifier que la pensée et les techniques se correspondent et que, selon le mot de Goethe, « ce qui est au-dedans est aussi au-dehors ».

II

IDÉES

L'existentialisme chez Hegel [1]

Jean Hyppolite, qui s'est fait connaître par sa traduction commentée de la *Phénoménologie de l'esprit*, a publié depuis une *Genèse et structure de la «Phénoménologie de l'esprit»*, qui fera sûrement faire un pas décisif aux études hégéliennes en France. Hegel est à l'origine de tout ce qui s'est fait de grand en philosophie depuis un siècle, par exemple du marxisme, de Nietzsche, de la phénoménologie et de l'existentialisme allemand, de la psychanalyse; il inaugure la tentative pour explorer l'irrationnel et l'intégrer à une raison élargie qui reste la tâche de notre siècle. Il est l'inventeur de cette Raison plus compréhensive que l'entendement, qui, capable de respecter la variété et la singularité des psychismes, des civilisations, des méthodes de pensée, et la contingence de l'histoire, ne renonce pas cependant à les dominer pour les conduire à leur propre vérité. Mais il se trouve que les successeurs de Hegel ont insisté, plutôt que sur ce qu'ils lui devaient, sur ce qu'ils refusaient de son héritage. Si nous ne renonçons pas à l'espoir d'une *vérité*, par-delà les prises de position divergentes, et si, avec le sentiment le plus vif de la subjectivité, nous gardons le vœu d'un nouveau classicisme et d'une civilisation organique, il n'y a pas, dans l'ordre de la culture, de tâche plus urgente que de relier à leur origine hégélienne les doctrines ingrates qui cherchent à l'oublier. C'est là qu'un langage commun pourra être trouvé pour elles et qu'une confrontation décisive pourra se faire. Non que Hegel soit lui-

1. À propos d'une conférence de J. Hyppolite, donnée sous ce titre le 16 février 1947 à l'Institut d'études germaniques.

même la vérité que nous cherchons (il y a plusieurs Hegel et l'historien le plus objectif est amené à se demander lequel a été le plus loin), mais justement parce que dans cette seule vie et dans cette seule œuvre nous trouvons toutes nos oppositions. On pourrait dire sans paradoxe que donner une interprétation de Hegel, c'est prendre position sur tous les problèmes philosophiques, politiques et religieux de notre siècle. La conférence de J. Hyppolite avait l'extrême intérêt d'amorcer, en ce qui concerne l'existentialisme, cette traduction en langage hégélien qui éclaircirait les discussions de notre temps. Comme il est naturel, l'historien modérait à chaque pas le philosophe. Puisque notre objet à nous n'est pas historique, suivons cette conférence, non pas textuellement, mais librement, pour la discuter quelquefois et la commenter toujours.

Kierkegaard, qui a le premier employé le mot d'existence dans son sens moderne, s'est délibérément opposé à Hegel. Le Hegel auquel il pense, c'est celui de la fin, qui traite l'histoire comme le développement visible d'une logique, qui cherche dans les rapports entre idées l'explication dernière des événements et chez qui l'expérience individuelle de la vie est subordonnée comme à un destin à la vie propre des idées. Ce Hegel de 1827 ne nous offre donc, selon le mot de Kierkegaard, qu'un «palais d'idées», où toutes les oppositions de l'histoire sont surmontées, mais par la pensée seulement. Contre lui Kierkegaard a raison de dire que l'individu ne peut pas surmonter par la pensée seule les contradictions devant lesquelles il se trouve, qu'il est astreint à des dilemmes dont aucun terme n'est satisfaisant. Le Hegel de la fin a tout compris, sauf sa propre situation historique ; il a tenu compte de tout, sauf de sa propre existence, et la synthèse qu'il nous offre n'est pas une vraie synthèse, justement parce qu'elle affecte d'ignorer qu'elle est le fait d'un certain individu et d'un certain temps. L'objection de Kierkegaard — qui, profondément, est d'accord avec celle de Marx — consiste à rappeler le philosophe à la conscience de son inhérence historique ; vous qui jugez le développement du monde et le déclarez achevé dans l'État prussien, d'où parlez-vous et comment pouvez-vous feindre de vous placer hors de toute situation ? Le rappel à la subjectivité et à l'existence propre du penseur se confond ici avec le rappel à l'histoire.

Mais si le Hegel de 1827 est sujet au reproche d'idéalisme, on n'en peut dire autant du Hegel de 1807. La *Phénoménologie de l'esprit* n'est pas une histoire des idées seulement, c'est une histoire de toutes les manifestations de l'esprit qui réside aussi bien dans les mœurs, dans les structures économiques, dans les institutions juridiques que dans les ouvrages de philosophie. Il s'agit de ressaisir le sens de l'histoire totale, de décrire le mouvement interne de la substance sociale, et non pas d'expliquer par les débats des philosophes les aventures de l'humanité. Le *savoir absolu* qui termine l'évolution de l'esprit-phénomène, où la conscience s'égale enfin à sa vie spontanée et reprend possession de soi, ce n'est peut-être pas une philosophie, c'est peut-être une manière de vivre. La *Phénoménologie de l'esprit*, c'est la philosophie militante, non pas encore triomphante. (Et d'ailleurs, jusque dans les *Principes de la philosophie du droit*, Hegel a clairement dit que les philosophes ne font pas l'histoire, qu'ils expriment toujours une situation du monde acquise avant eux.) Le vrai débat entre Marx et Hegel ne concerne pas le rapport des idées et de l'histoire, il concerne bien plutôt la conception du mouvement historique, qui s'achève pour le Hegel de 1827 en une société hiérarchisée dont le philosophe seul pense la signification — qui s'achevait peut-être pour le Hegel de 1807 dans une vraie réconciliation de l'homme avec l'homme.

Ce qui est sûr en tout cas, c'est que la *Phénoménologie de l'esprit* ne cherche pas à faire entrer l'histoire totale dans les cadres d'une logique préétablie, mais à revivre chaque doctrine, chaque époque, et se laisse conduire par leur logique interne avec tant d'impartialité que tout souci de système semble oublié. Le philosophe, dit l'Introduction, ne doit pas se substituer aux expériences de l'homme; il n'a qu'à les recueillir et les déchiffrer telles que l'histoire nous les livre. On peut parler d'un existentialisme de Hegel en ce sens d'abord qu'il ne se propose pas d'enchaîner des concepts, mais de révéler la logique immanente de l'expérience humaine dans tous ses secteurs. Il ne s'agit plus seulement, comme dans la *Critique de la raison pure théorique*, de savoir à quelle condition l'expérience scientifique est possible, mais de savoir d'une façon générale comment est possible l'expérience morale, esthétique, religieuse, de décrire la situation fondamentale de l'homme en face du monde et en face d'autrui et de

81

comprendre les religions, les morales, les œuvres d'art, les systèmes économiques et juridiques comme autant de manières pour l'homme de fuir les difficultés de sa condition ou de leur faire face. Ici l'expérience n'est plus seulement comme chez Kant notre contact tout contemplatif avec le monde sensible, le mot reprend la résonance tragique qu'il a dans le langage commun quand un homme parle de ce qu'il a vécu. Ce n'est plus l'expérience de laboratoire, c'est l'épreuve de la vie.

Plus précisément, il y a un existentialisme de Hegel en ce sens que pour lui, l'homme n'est pas d'emblée une conscience qui possède dans la clarté ses propres pensées, mais une vie donnée à elle-même qui cherche à se comprendre elle-même. Toute la *Phénoménologie de l'esprit* décrit cet effort que fait l'homme pour se ressaisir. À chaque âge historique, il part d'une «certitude» subjective, il agit selon les indications de cette certitude et il assiste aux conséquences surprenantes de sa première intention, il en découvre la «vérité» objective. Il modifie alors son projet, s'élance à nouveau, reconnaît encore ce qu'il y avait d'abstrait dans le nouveau projet, — jusqu'à ce que la certitude subjective soit enfin égale à la vérité objective et qu'il devienne consciemment ce qu'il était confusément. Tant que cette extrémité de l'histoire n'est pas atteinte — et au cas où elle le serait, l'homme, n'ayant plus de mouvement, serait comme un animal —, l'homme se définit, par opposition au caillou qui est ce qu'il est, comme le lieu d'une inquiétude *(Unruhe)*, comme un effort constant pour se rejoindre et en conséquence par le refus de se limiter à l'une quelconque de ses déterminations. «La conscience (...) est donc immédiatement l'acte d'outrepasser le limité, et, quand ce limité lui appartient, l'acte de s'outrepasser soi-même (...) La conscience subit donc cette violence venant d'elle-même, violence par laquelle elle se gâte toute satisfaction limitée. Dans le sentiment de cette violence, l'angoisse peut bien reculer devant la vérité, aspirer et tendre à conserver cela même dont la perte menace, mais cette angoisse ne peut s'apaiser: en vain elle veut se fixer dans une inertie sans pensée[1] (...).» Quels que soient les rapports constatables de la conscience avec le corps

1. HEGEL, *Phénoménologie de l'esprit*, Aubier, 1939, Introduction, p. 71, de la traduction Hyppolite.

et avec le cerveau, toutes les découvertes de la phrénologie ne peuvent pas faire que la conscience soit un *os*, car un os est encore une chose ou un être, et si le monde n'était fait que de choses ou d'êtres il n'y aurait pas, même à titre d'apparence, ce que nous appelons un homme, c'est-à-dire un être qui n'est pas, qui nie les choses, une existence sans essence.

L'idée est banale aujourd'hui. Elle reprend sa force si on l'applique, comme fait Hegel, aux rapports de la vie et de la conscience que nous en prenons. Bien entendu, tout ce que nous disons de la vie concerne en réalité la conscience de la vie, puisque nous qui en parlons sommes conscients. Cependant, la conscience ressaisit comme sa propre limite et sa propre origine ce que pourrait être la vie avant elle. Ce serait une force qui se disperse partout où elle agit. Ce serait un « meurs et deviens » qui ne se saisirait pas même comme tel. Pour qu'il y ait conscience de la vie, il faut qu'il y ait rupture avec cette dispersion, il faut qu'elle se totalise et s'aperçoive, et cela par principe est impossible à la vie elle-même. Il faut que vienne au monde une absence d'être d'où l'être sera visible, un néant. De sorte que la conscience de la vie est radicalement conscience de la mort. Même les doctrines qui voudront nous enfermer dans nos particularités raciales ou locales et nous masquer notre humanité ne peuvent le faire, puisque ce sont des doctrines et des propagandes, que parce qu'elles ont quitté la vie immédiate, que par un emprunt honteux à la conscience de la mort. Ce qu'il faut reprocher aux idéologies nazies, ce n'est pas d'avoir rappelé l'homme au tragique, c'est d'avoir utilisé le tragique et le vertige de la mort pour rendre un semblant de force à des instincts préhumains. C'est en somme d'avoir masqué la conscience de la mort. Avoir conscience de la mort et penser ou raisonner, c'est tout un, puisqu'on ne pense qu'en quittant les particularités de la vie, et donc en concevant la mort.

On ne fera pas que l'homme ignore la mort. On ne l'obtiendrait qu'en le ramenant à l'animalité ; encore serait-il un mauvais animal, s'il gardait conscience, puisque la conscience suppose le pouvoir de prendre recul à l'égard de toute chose donnée et de la nier. C'est l'animal qui peut paisiblement se satisfaire de la vie et chercher son salut dans la reproduction. L'homme ne peut accéder à l'universel que parce qu'il existe au lieu de vivre seulement. Il doit payer de ce prix son humanité. C'est pourquoi l'idée de l'homme sain est un mythe, proche parent des mythes nazis. «L'homme, c'est l'animal malade», disait Hegel dans un texte ancien de la *Realphiloso-phie* publié par Hoffmeister. La vie n'est pensable que comme offerte à une conscience de la vie qui la nie.

Toute conscience est donc malheureuse, puisqu'elle se sait vie seconde et regrette l'innocence d'où elle se sent issue. La mission historique du judaïsme a été de développer dans le monde entier cette conscience de la séparation et, comme Hyppolite le disait pendant la guerre à ses élèves, nous sommes tous des juifs dans la mesure où nous avons le souci de l'universel, où nous ne nous résignons pas à être seulement, et où nous voulons exister.

Mais la conscience de la mort n'est pas une impasse et un terme. Il y a deux méditations de la mort. L'une, pathétique et complaisante, qui bute sur notre fin et ne cherche en elle que le moyen d'exaspérer la violence, l'autre, sèche et résolue, qui assume la mort, en fait une conscience plus aiguë de la vie. Le jeune Hegel parlait plus volontiers de la mort. Hegel vieilli préférera parler de la négativité. Le Hegel de la *Phénoménolo-gie* juxtapose le vocabulaire logique et le vocabulaire pathé-tique, et nous fait comprendre la fonction qu'exerce la conscience de la mort dans l'avènement de l'humanité. La mort est la négation de tout être particulier donné, la conscience de la mort est synonyme de conscience de l'univer-sel, mais tant qu'on en reste là, il ne s'agit que d'un universel vide ou abstrait. En fait, nous ne pouvons concevoir le néant que sur un fond d'être (ou, comme dit Sartre, sur fond de monde). Toute notion de la mort qui prétendrait retenir notre attention est donc menteuse, puisqu'en fait elle utilise subrep-ticement notre conscience de l'être. Pour aller jusqu'au bout de notre conscience de la mort, il faut donc la transmuer en vie, il faut, comme dit Hegel, intérioriser la mort. Il faut rendre concret l'universel abstrait qui s'est d'abord opposé à la vie. Il n'y a d'être que pour un néant, mais il n'y a de néant qu'au creux de l'être. Il y a donc dans la conscience de la mort de quoi la dépasser.

La seule expérience qui me rapproche d'une conscience authentique de la mort, c'est l'expérience d'autrui, puisque sous son regard je ne suis qu'une chose, comme il n'est qu'un morceau du monde sous mon propre regard. Chaque conscience poursuit donc la mort de l'autre par qui elle se sent dépossédée de son néant constitutif. Mais je ne me sens menacé par autrui que si, dans le moment même où son regard me réduit en objet, je continue d'éprouver ma subjectivité ; je ne le réduis en esclavage que si, dans le moment même où je le regarde comme un objet, il me reste présent comme conscience et comme liberté. La conscience du conflit n'est possible que par celle d'une relation réciproque et d'une humanité qui nous est commune. Nous ne nous nions l'un l'autre qu'en nous reconnaissant l'un l'autre comme consciences. Cette négation de toute chose et d'autrui que je suis ne s'accomplit qu'en se redoublant d'une négation de moi par autrui. Et de même que la conscience de moi-même comme mort et néant est menteuse et renferme l'affirmation de ma vie et de mon être, de même ma conscience d'autrui comme ennemi renferme l'affirmation d'autrui comme égal. Si je suis négation, en suivant jusqu'au bout ce qu'implique cette négation universelle, je la vois se nier elle-même et se transformer en coexistence. Je ne puis être libre seul, conscience seul, homme seul, et cet autre en qui je voyais d'abord mon rival, il n'est mon rival que parce qu'il est moi-même. Je me trouve en autrui, comme je trouve la conscience de la vie dans la conscience de la mort. Parce que je suis depuis l'origine ce mélange de vie et de mort, de solitude et de communication qui va vers sa résolution.

Comme la conscience de la mort se dépasse, la maîtrise, le sadisme ou la violence se détruisent. Dans le duel des consciences ou des frères ennemis, si chacun réussissait à blesser l'autre à mort, il n'y aurait plus rien, il n'y aurait plus même place pour cette haine d'autrui et cette affirmation de soi qui est le principe de la lutte. Celui qui prend de la situation humaine la conscience la plus exacte, ce n'est donc pas le maître, puisqu'il feint d'ignorer le fond d'être et de communication sur lequel jouent son désespoir et son orgueil ; c'est l'esclave qui a vraiment eu peur, qui a renoncé à vaincre par les armes, et qui seul a l'expérience de la mort parce qu'il a seul l'amour de la vie. Le maître veut n'être que pour soi, mais en fait, il cherche à être reconnu maître par quelqu'un ; il est donc faible dans sa force ; l'esclave consent à n'être que pour autrui, mais c'est encore lui qui veut garder sa vie à ce prix ; il y a donc une force dans sa faiblesse. Parce qu'il a mieux connu que le maître les assises vitales de l'homme, c'est lui qui finalement réalisera la seule maîtrise possible : non pas aux dépens d'autrui, mais aux dépens de la nature. Plus franchement que le maître, il a établi sa vie dans le monde, et c'est justement pourquoi il sait mieux que le maître ce que signifie la mort : la «fluidification de tout ce qui était fixe», l'angoisse, il en a vraiment l'expérience. Par lui, l'existence humaine, qui était risque et culpabilité, devient histoire, et les décisions successives de l'homme pourront se concentrer en un acte unique par lequel la conscience se rejoint et, comme on voudra dire, Dieu se fait homme ou l'homme sc fait Dieu.

C'est ici que la pensée de Hegel quitte son pessimisme initial. La vérité de la mort et de la lutte, c'est la longue maturation par laquelle l'histoire surmonte ses contradictions pour réaliser dans le rapport vivant des hommes la promesse d'humanité qui paraissait dans la conscience de la mort et dans la lutte avec l'autre. C'est ici aussi, ajoute Hyppolite, que Hegel cesse d'être existentialiste. Tandis que chez Heidegger, nous sommes pour la mort et la conscience de la mort demeure le fondement de la philosophie comme de la conduite, Hegel transmue la mort en vie supérieure. Il passe donc de l'individu à l'histoire, tandis que les contradictions du Pour Soi et du Pour Autrui sont pour Sartre sans remède et que chez lui la dialectique est tronquée. En ce sens, on pourrait dire que la *Phénoménologie de l'esprit* rend possible une philosophie communiste du parti ou une philosophie de l'Église, plutôt qu'une philosophie de l'individu comme celle de l'existentialisme. Il est vrai, ajoute encore Hyppolite, que l'existentialisme peut être compris autrement. Cette dernière indication nous paraît la plus juste, car il est à remarquer que, même chez Heidegger, la conscience de la mort n'est pas la vie authentique, la seule attitude qui ne soit pas menteuse est celle qui assume aussi le fait de notre existence. La décision résolue est l'acceptation de la mort, mais indivisiblement la décision de vivre et de reprendre en main notre existence fortuite. Quant à l'existence d'autrui et à l'historicité qui en résulte, elle n'est pas niée par Heidegger. On paraît oublier que la dernière partie de *Sein und Zeit* est consacrée à la notion d'histoire. On pourrait même dire que ce qui manque dans Heidegger, ce n'est pas l'historicité, c'est, au contraire, l'affirmation de l'individu : il ne parle pas de cette lutte des consciences et de cette opposition des libertés sans lesquelles la coexistence tombe à l'anonymat et à la banalité quotidienne. Il est encore plus certain que les existentialistes français ne se sont pas attardés dans la conscience de la mort. «Ma mort n'arrête ma vie qu'une fois que je suis mort, et pour le regard d'autrui. Mais, pour moi vivant, ma mort n'est pas ; mon projet la traverse sans rencontrer d'obstacles. Il n'existe aucune barrière contre laquelle ma transcendance vienne buter en plein élan ; elle meurt d'elle-même, comme la mer qui vient battre une plage lisse, et qui s'arrête et ne va pas plus loin [1].» Je vis donc, non pour mourir, mais à jamais, et de la même façon, non pour moi seul, mais avec les autres. Plus complètement que par l'angoisse ou par les contradictions de la condition humaine, ce qu'on appelle l'existentialisme se définirait peut-être par l'idée d'une universalité que les hommes affirment ou impliquent du seul fait qu'ils sont et au moment même où ils s'opposent, d'une raison immanente à la déraison, d'une liberté qui devient ce qu'elle est en se donnant des liens, et dont la moindre perception, le moindre mouvement du cœur, la moindre action sont les témoignages incontestables.

---

1. Simone de BEAUVOIR. *Pyrrhus et Cinéas*, Gallimard, 1945, p. 61.

La querelle de l'existentialisme

Voilà deux ans que *L'Être et le Néant* de Jean-Paul Sartre a été publié. Sur ce livre de sept cents pages, un grand silence s'est d'abord établi. Les critiques tournaient-ils leur plume dans leur encrier ? Respectaient-ils l'union sacrée jusqu'en philosophie ? Attendaient-ils qu'une discussion libre fût de nouveau possible ? Toujours est-il que le silence est maintenant rompu. À gauche, les hebdomadaires et les revues sont assaillis d'articles critiques qu'ils publient ou ne publient pas. À droite les anathèmes se multiplient. Les jeunes filles dans les collèges sont mises en garde contre l'existentialisme comme contre le péché du siècle. *La Croix* du 3 juin parle d'un danger «plus grave que le rationalisme du XVIIIᵉ siècle et le positivisme du XIXᵉ siècle». Il est remarquable que, presque toujours, on remet à plus tard la discussion sur le fond. Les critiques prennent la forme d'avertissements aux fidèles, l'ouvrage de Sartre est désigné comme un poison dont il faut se garder, plutôt que comme une philosophie à discuter ; on le condamne sur ses conséquences horribles plutôt que sur sa fausseté intrinsèque. On va au plus pressé, et le plus pressé est d'établir un cordon sanitaire. Ce n'est pas une preuve de force, dans les doctrines établies, que de se refuser à la discussion. S'il est vrai que beaucoup de jeunes gens accueillent avec faveur la nouvelle philosophie, il faudrait pour les convaincre autre chose que ces critiques hargneuses qui ignorent délibérément la question posée par l'ouvrage de Sartre.

Cette question est celle du rapport entre l'homme et son entourage naturel ou social. Il y a là-dessus deux vues classiques. L'une consiste à traiter l'homme comme le résultat des influences physiques, physiologiques et sociologiques qui le détermineraient du dehors et feraient de lui une chose entre les choses. L'autre consiste à reconnaître dans l'homme, en tant qu'il est esprit et construit la représentation des causes mêmes qui sont censées agir sur lui, une liberté acosmique. D'un côté l'homme est une partie du monde, de l'autre il est conscience constituante du monde. Aucune de ces deux vues n'est satisfaisante. À la première on opposera toujours après Descartes que, si l'homme était une chose entre les choses, il ne saurait en connaître aucune, puisqu'il serait, comme cette chaise ou comme cette table, enfermé dans ses limites, *présent* en un certain lieu de l'espace et donc incapable de se les *repré-senter* tous. Il faut lui reconnaître une manière d'être très particulière, l'être intentionnel, qui consiste à viser toutes choses et à ne demeurer en aucune. Mais si l'on voulait conclure de là que, par notre fond, nous sommes esprit absolu, on rendrait incompréhensibles nos attaches corporelles et sociales, notre insertion dans le monde, on renoncerait à penser la condition humaine. Le mérite de la philosophie nouvelle est justement de chercher dans la notion d'existence le moyen de la penser. L'existence au sens moderne, c'est le mouvement par lequel l'homme est au monde, s'engage dans une situation physique et sociale qui devient son point de vue sur le monde. Tout engagement est ambigu, puisqu'il est à la fois l'affirmation et la restriction d'une liberté : je m'engage à rendre ce service, cela veut dire à la fois que je pourrais ne pas le rendre et que je décide d'exclure cette possibilité. De même mon engagement dans la nature et dans l'histoire est à la fois une limitation de mes vues sur le monde et ma seule manière d'y accéder, de connaître et de faire quelque chose. Le rapport du sujet et de l'objet n'est plus ce *rapport de connaissance* dont parlait l'idéalisme classique et dans lequel l'objet apparaît toujours comme construit par le sujet, mais un *rapport d'être* selon lequel paradoxalement le sujet *est* son corps, son monde et sa situation, et, en quelque sorte, *s'échange*.

Nous ne disons pas que ce paradoxe de la conscience et de l'action soit, dans *L'Être et le Néant*, entièrement élucidé. À notre sens, le livre reste trop exclusivement antithétique : l'antithèse de ma vue sur moi-même et de la vue d'autrui sur moi, l'antithèse du pour soi et de l'en soi font souvent figure d'alternatives, au lieu d'être décrites comme le lien vivant de l'un des termes à l'autre et comme leur communication. En ce qui concerne le sujet et la liberté, il est visible que l'auteur cherche d'abord à les présenter hors de tout compromis avec les choses, et qu'il se réserve d'étudier ailleurs la «réalisation» du néant dans l'être qui est l'action et qui rend possible la morale. *L'Être et le Néant* montre d'abord que le sujet est liberté, absence, négativité, et qu'en ce sens le néant est. Mais cela veut dire aussi que le sujet n'est *que* néant, qu'il a besoin d'être porté dans l'être, qu'il n'est pensable que sur le fond du monde, et enfin qu'il se nourrit de l'être comme les ombres, dans Homère, se nourrissent du sang des vivants. Nous pouvons donc attendre, après *L'Être et le Néant*, toutes sortes d'éclaircissements et de compléments. Mais ce qu'on ne peut nier, c'est que les descriptions de Sartre posent d'une manière aiguë et avec une profondeur nouvelle le problème central de la philosophie tel qu'il se présente après les acquisitions des derniers siècles. Après Descartes, on ne peut nier que l'existence comme conscience se distingue radicalement de l'existence comme chose et que le rapport de l'une à l'autre soit celui du vide au plein. Après le XIXᵉ siècle et tout ce qu'il nous a appris sur l'historicité de l'esprit, on ne peut nier que la conscience soit toujours en situation. C'est à nous de comprendre les deux choses à la fois. Ni pour un catholique, ni pour un marxiste la solution ne peut consister à reprendre simplement l'une des deux conceptions classiques. C'est impossible en soi, c'est impossible même selon la logique interne du christianisme et du marxisme.

*

C'est d'abord l'intuition de l'en soi que les critiques catholiques rejettent. Nous sommes au monde, c'est-à-dire : nos pensées, nos passions, nos inquiétudes tournent autour des choses perçues. Toute conscience est conscience de quelque chose, le mouvement vers les choses nous est essentiel et la conscience cherche en elles comme une stabilité qui lui manque. Nous nous connaissons à partir de nos actions, de l'entourage que nous nous sommes donné, et chacun de nous est pour lui-même un inconnu auquel les choses tendent leur miroir. Il est donc essentiel au sujet d'apercevoir l'objet comme plus vieux que lui, il se sent apparaître dans un monde qui n'était pas fait pour lui, qui aurait été plus parfait sans lui. Bien entendu cela n'est pas vrai à la rigueur, puisque la réflexion montre que l'être sans aucun témoin est inconcevable. Mais telle est bien notre situation de départ : nous nous sentons le corrélatif indispensable d'un être qui cependant repose en soi. Telle est la contradiction qui nous lie à l'objet. Nous ne pouvons nous empêcher d'envier cette plénitude de la nature, des moissons qui poussent, des saisons qui se succèdent selon leur loi perpétuelle. En regard de cet «ordre», l'homme est celui qui n'est jamais achevé, et comme un défaut dans la paix du monde. «Ne rejoint-on pas par là, se demande M. Gabriel Marcel, les conceptions épiphénoménistes pour lesquelles la conscience est liée à une adaptation imparfaite[1]?» Et il parle ailleurs du «fond crûment matérialiste de la doctrine[2]». Est-ce donc être matérialiste que de donner tout son sens au mot d'*être*? Une religion qui affirme l'incarnation de Dieu et la résurrection des corps peut-elle s'étonner que la conscience, dans tous les sens du mot, *tienne* au monde et que l'être du monde lui apparaisse toujours comme le type même de l'être?

Les critiques catholiques refusent corrélativement l'intuition du sujet comme néant. Puisqu'elle nous distingue radicalement des choses et nous arrache au repos qui les définit, la liberté, pense Sartre, est exactement un rien — un rien qui est tout. Elle est comme une malédiction et en même temps la source de toute grandeur humaine. Elle sera *indivisiblement* principe du chaos et principe de l'ordre humain. Si le sujet, pour pouvoir être sujet, doit se retrancher de l'ordre des choses, il n'y aura dans l'homme aucun «état de conscience», aucun «sentiment» qui ne participe à cette liberté dévorante et qui soit purement et simplement ce qu'il est, à la manière des choses. De là une analyse des conduites qui les montre toutes ambiguës. La mauvaise foi, l'inauthenticité sont essentielles à l'homme parce qu'elles sont inscrites dans la structure intentionnelle de la conscience, à la fois présence à soi et présence aux choses. La volonté même d'être bon falsifie la bonté, puisqu'elle nous tourne vers nous-mêmes au moment où il faudrait nous tourner vers autrui. La décision même de

1. G. MARCEL, *Homo viator*, Aubier, 1944, p. 249.
2. *Ibid.*, p. 248.

91

respecter autrui ramène l'égoïsme, puisque c'est encore à ma générosité qu'autrui doit d'être reconnu par moi, et que je m'en sais gré. «Donner, c'est asservir.» Il n'y a donc rien dans l'homme qui soit pur, pas un seul acte dont nous puissions nous satisfaire et où la belle âme ou la bonne conscience puissent trouver les consolations ou l'assurance qu'elles aiment. Ces propositions pessimistes comportent une réciproque optimiste : en tant que la liberté désintègre la nature, il n'y a pas un seul acte humain, pas une seule passion qui n'atteste l'humanité de l'homme. Pas un seul amour qui soit simple mécanisme corporel, qui ne prouve, même et surtout s'il s'attache follement à son objet, notre pouvoir de nous mettre en question, de nous vouer absolument, notre signification métaphysique. Le principe du bien et le principe du mal sont donc un seul principe. La misère de l'homme est visible dans sa grandeur et sa grandeur dans sa misère. Dans la philosophie de Sartre, écrit un autre critique «on a d'abord éteint l'esprit[1]». C'est tout le contraire : on l'a mis partout, parce que nous ne sommes pas esprit *et* corps, conscience *en face du* monde, mais esprit incarné, être-au-monde.

Au fond, on voit bien ce que voudraient les critiques catholiques. S'ils récusent ensemble l'intuition d'un être inerte et celle d'une agile liberté, c'est qu'ils voudraient que les choses fussent capables de dire la gloire de Dieu et que l'homme eût un destin comme une chose. Mais ici c'est d'abord à Pascal qu'ils se heurtent. «Le silence éternel de ces espaces infinis m'effraye» — entendons : il y a quelque chose d'horrible, de repoussant et d'irrécusable dans ces choses qui sont simplement et ne *veulent* rien *dire*. «Rien n'arrête la volubilité de notre esprit», entendons : l'esprit est ce qui ne saurait se reposer nulle part, en aucune preuve, en aucun destin préétabli, en aucun pharisaïsme. Avec Pascal, c'est la tradition cartésienne que les catholiques désavouent, la distinction de la *res extensa*, de la chose sans esprit, et de l'existence comme conscience, de l'esprit sans secours naturel. Malebranche parlait d'une première gloire de Dieu, qui lui vient de la perfection des choses, et distinguait cette «gloire de l'architecte» de celle que Dieu obtient par le libre sacrifice des hommes, quand ils le reconnaissent, lui rendent le monde, et apportent

---

1. J. MERCIER, «Le Ver dans le fruit», *Études*, février 1945, p. 240.

à la Création comme un concours indispensable. C'était distinguer en termes éclatants le Dieu des choses et le Dieu des hommes, c'était dire que l'ordre humain commence avec la liberté. Dans cette perspective, on aperçoit le fond du débat : ce n'est pas ici le christianisme et le matérialisme qui se heurtent, c'est Aristote et Descartes, ou c'est saint Thomas et Pascal. Les critiques catholiques voudraient qu'une orientation du monde vers Dieu fût lisible dans les choses, et que l'homme comme les choses ne fût rien d'autre qu'une nature qui va vers sa perfection. Ils voudraient mettre de l'esprit dans les choses et faire de l'esprit humain une chose. M. Gabriel Marcel fait appel au «sens commun» et à «une certaine sagesse séculaire» pour localiser dans certains actes privilégiés cette inquiétante liberté qui pénètre partout. Encore notre liberté ne consistera-t-elle qu'à nous replacer sous une loi qui nous habite déjà, à accomplir en acte ce que nous sommes en puissance : M. Marcel parle avec ferveur d'une «morale naturelle», d'une «certaine confiance, à la fois spontanée et métaphysique, dans l'ordre où s'insère notre existence», d'un «lien nuptial entre l'homme et la vie», enfin d'une «piété non pas chrétienne, mais préchrétienne ou plus exactement périchrétienne[1]». C'est donc bien l'idée, elle-même préchrétienne, d'une finalité naturelle de l'homme qui soutient sa critique de *L'Être et le Néant*. De même chez Mme J. Mercier, c'est l'idée aristotélicienne d'un Bien identique à l'être qui motive toute la polémique contre le néant sartrien et le reproche d'avoir décomposé les vertus en y glissant la liberté. Il y a une piété cartésienne et pascalienne, à laquelle nous devons les plus profondes descriptions de l'homme comme monstre incompréhensible et contradictoire, sans autre nature que les vieilles coutumes qu'il s'est données, comme grand par sa misère et misérable par sa grandeur. De cette philosophie-là, les critiques catholiques ne veulent plus. Ils lui préfèrent l'idée aristotélicienne d'un homme ordonné à sa fin comme la plante à la forme de la plante. On demande de quel côté est le «matérialisme».

S'il faut tout dire, peut-être après tout ont-ils raison. Peut-être le christianisme ne peut-il se maintenir comme théologie que sur une base thomiste, peut-être la conception pasca-

1. G. MARCEL, *Homo viator, op. cit.*, pp. 225-226.

lienne de l'être comme chose aveugle et de l'esprit comme volubilité ne laisse-t-elle place qu'à une action mystique sans aucun contenu dogmatique et qu'à une foi qui n'est foi à aucun être, comme celle de Kierkegaard ; peut-être finalement la religion du Dieu fait homme aboutit-elle par une dialectique inévitable à une anthropologie et non pas à une théologie. Sartre disait que la conscience qui, par le mouvement constant de l'intentionnalité, tend à être comme une chose sans jamais y parvenir, semblait témoigner d'une synthèse idéale entre elle-même et l'être, « non que l'intégration ait jamais eu lieu, mais précisément au contraire parce qu'elle est toujours indiquée et toujours impossible ». Absurdité pure, répond M. Gabriel Marcel : « Comment en effet pourrait-il y avoir désintégration réelle de quelque chose qui n'aurait jamais été réellement intégré ? » Mais quand, quelques lignes plus bas, M. Marcel donne sa propre solution, elle consiste à dire que la conscience « est amenée, en réfléchissant sur soi, à se regarder elle-même comme dégradée, sans qu'il lui soit d'ailleurs possible de penser concrètement le monde d'avant la chute[1] ». Or si, pour M. Marcel comme pour Sartre, l'intégration originelle est impensable, elle ne peut être affirmée que par un acte de foi sans contenu notionnel, et les deux conclusions ne se distinguent en somme que parce que M. Marcel, au lieu de constater la dialectique du pour soi et de l'en soi, la déclare intolérable et veut passer outre par l'action. Encore cette démarche n'est-elle pas interdite dans la perspective de Sartre, elle pourrait même y être le principe de la morale. Tout ceci ne fait ni une preuve, ni même une affirmation de Dieu, mais une affirmation de l'homme. Si l'on veut retenir le christianisme sur cette pente, c'est le point de départ qu'il faut refuser et la notion même de l'esprit comme négativité.

Mais un chrétien peut-il le faire ? Car enfin, même si la liberté, comme le veulent les thomistes, consiste pour l'homme à réaliser sa nature préétablie et sa forme, on est bien obligé d'admettre que cette réalisation est chez l'homme facultative, qu'elle dépend de lui, et d'introduire ainsi une seconde liberté, radicale celle-là, qui consiste dans le pouvoir absolu de dire oui ou non. Dès lors tout ce qu'on avait pu

1. *Homo viator, op. cit.*, p. 254.

faire pour ramener la liberté humaine sous une préordination divine se trouve remis en question. Si je peux dire oui ou non à ma destinée, c'est que le Bien n'est pas mon bien sans mon assentiment, qu'il n'y a pas de valeur en soi, et que, comme le pensait Descartes, la liberté de l'homme est en un sens égale à celle de Dieu. Le thomisme là-dessus est bien loin d'être la seule tradition chrétienne. Au temps de l'*Augustinus*, il était même quelque peu suspect, et les jésuites maintenaient ferme le pouvoir absolu de choisir en dépit de la prescience divine. La question est de savoir si l'on peut faire à la liberté sa part et lui donner quelque chose sans lui donner tout. Nous avons dit plus haut que *L'Être et le Néant* sur ce point nous paraît appeler une suite et qu'on attend de l'auteur une théorie de la passivité. Mais ce qui est sûr, c'est que le livre met cette question en pleine lumière et qu'on ne peut le dépasser qu'en la comprenant d'abord. Quand la critique catholique ignore le problème, elle se place délibérément au-dessous du niveau où elle s'établissait sans crainte il y a trois siècles, peut-être parce qu'on hésitait moins à affronter des difficultés fondamentales dans un temps où la croyance allait de soi.

*

Tandis que les catholiques accusent Sartre de matérialisme, un marxiste comme H. Lefebvre[1] n'est pas loin de lui reprocher un reste d'idéalisme. C'est déjà trop, selon Lefebvre, de s'attarder à décrire l'être et à fonder l'existence d'autrui. Ces vérités ne sont neuves que pour une conscience longtemps enfermée dans sa solitude. Oubliant que, selon Engels, « la grande question fondamentale de toute philosophie, et spécialement de la philosophie moderne, est celle des rapports de la pensée à l'être[2] », Lefebvre propose d'« admettre immédiatement » ce que Sartre redécouvre. En montrant que les problèmes de Sartre ont un sens pour le chrétien, n'avons-nous pas prouvé qu'ils n'en ont aucun pour le marxiste, et, si l'on justifie Sartre devant G. Marcel, ne le condamne-t-on pas devant Lefebvre ?

Il y a, c'est certain, un marxisme qui se place d'emblée, au-

---

1. H. LEFEBVRE, « "Existentialisme" et Marxisme », *Action*, 8 juin 1945.
2. ENGELS, *Ludwig Feuerbach*, Éditions sociales, 1945, p. 13.

delà des problèmes de Sartre, c'est celui qui nie absolument l'intérieur, qui traite la conscience comme une partie du monde, un reflet de l'objet, un sous-produit de l'être, et enfin, pour parler un langage qui n'a jamais été marxiste, comme un épiphénomène. Il y a, chez les plus grands écrivains marxistes, des formules qui vont dans ce sens. Quand Engels écrit que l'on doit considérer les idées «comme les reflets intellectuels des objets et des mouvements du monde réel[1]», quand il demande qu'on rétablisse «les véritables relations entre le monde réel et les idées produites par le cerveau humain, qui, après tout, n'est lui-même qu'un produit de ce monde réel[2]», quand Lénine écrit que «le tableau du monde est un tableau qui montre comment la matière se meut et comment la matière pense[3]» ou que «le cerveau est l'organe de la pensée[4]», on convient qu'il est difficile de jeter un pont entre ces formules et le *cogito* cartésien. Mais il faut ajouter que la plupart des marxistes les tiennent pour insuffisantes. Ils y trouvent à bon droit l'expression d'une philosophie métaphysique, qui rattache tous les phénomènes à une seule substance, la matière, et non pas celle d'une philosophie dialectique qui admet nécessairement des relations réciproques entre les différents ordres de phénomènes et l'émergence de relations ou de structures originales sur la base des phénomènes matériels.

Si l'on veut exclure, au nom du marxisme, les problèmes et jusqu'à la notion de la subjectivité, ce n'est pas sur ces restes de matérialisme métaphysique qu'il faut s'appuyer. En revanche, il y a dans le marxisme une raison beaucoup plus profonde de sortir du sujet et de se placer dans l'objet et dans l'histoire. C'est cette idée que nous n'avons pas le choix, que nous sommes de part en part historiques, et sans réserve jetés dans le monde, que la référence exclusive à l'intérieur, quelles qu'en soient les justifications subjectives, est objectivement une abstention et une manière d'éluder les tâches concrètes du dehors, en un mot que nous sommes engagés. Il

1. ENGELS, *Socialisme utopique et socialisme scientifique*, Éditions du Parti communiste, 1944, p. 13.
2. *Ibid.*
3. LÉNINE, *Œuvres*, Moscou, Éditions sociales, 1924 (édition russe), t. XII₁, p. 288.
4. *Ibid.*, p. 125.

serait conforme au plus pur marxisme de dire que toute philosophie est idéaliste, puisqu'elle suppose toujours réflexion, c'est-à-dire rupture avec l'immédiat, mais que là est la condamnation de la philosophie. Elle est un cas particulier de l'aliénation, un moyen de fuir au-delà — un refus d'être, une angoisse devant la révolution, une maladie de la conscience bourgeoise. Le philosophe qui prend conscience de lui-même comme néant et comme liberté donne la formule idéologique de son temps, il traduit en concepts cette phase de l'histoire où l'essence et l'existence de l'homme sont encore disjointes, où l'homme n'est pas lui-même parce qu'il est enlisé dans les contradictions du capitalisme. L'idée même d'une philosophie *spéculative*, qui chercherait à saisir une essence éternelle de l'homme et du monde, atteste chez le philosophe au-dessous des idées, le refus existentiel de travailler à la transformation du monde, l'angoisse devant la vraie humanité qui se *fait* par le travail et par la *praxis* et qui ne se définit pas pour toujours. La seule manière d'obtenir ce que la philosophie veut obtenir — une saisie complète du monde —, c'est de nous joindre à l'histoire au lieu de la contempler. Comme le dit Marx dans un texte célèbre, la seule manière de réaliser la philosophie est de la détruire.

L'argument le plus fort du marxisme contre une philosophie du sujet est donc un argument «existentiel». Il revient à dire que toute philosophie comme réflexion est inadéquate à ce qu'elle veut saisir, l'existence de l'homme, parce qu'elle est déjà une certaine manière d'exister à l'écart du monde et de l'histoire. «Les philosophes, dit Marx, n'ont fait qu'*interpréter* le monde de différentes manières, mais il s'agit de le *transformer*[1].» De même M. Gabriel Marcel reproche à Sartre de s'enfermer dans le cercle infernal de l'être et du néant. «Il n'y aurait guère de sens, ajoute-t-il, à alléguer que ce sont les données de fait ou les conditions structurales de notre existence qui l'y contraignent. La seule et authentique transcendance (mieux vaudrait sans doute dire: le seul et authentique transcendeur) n'est-elle pas l'acte par lequel, nous dégageant de ces données et de ces conditions, nous leur substituons des données et des conditions renouvelées?[2]» C'est donc bien de part

---

1. MARX et ENGELS, *Thèses sur Feuerbach*, in *Œuvres philosophiques*, A. Costes, 1937, t. VI, «XIe thèse», p. 144.
2. G. MARCEL, *Homo viator, op. cit.*, p. 255.

97

et d'autre le même appel à l'action comme moyen de dépasser les oppositions dialectiques (à ceci près que Marx ne prétend pas rejoindre par la praxis terrestre une synthèse déjà faite dans le ciel et place cette synthèse dans notre avenir au lieu de la mettre hors du temps). Ici se rejoignent les deux moitiés de la postérité hégélienne : Kierkegaard et Marx. Mais le rapprochement même montre assez que la praxis marxiste, si elle veut se distinguer d'une action mystique ou d'un pragmatisme, doit s'éclairer elle-même sur ses fins et sur ses moyens. C'est bien de nous inviter à être ce que nous sommes, à rejoindre consciemment le mouvement de l'histoire où nous sommes engagés de toute façon : encore faut-il savoir quel est ce mouvement de l'histoire, sur qui nous pouvons compter pour l'accomplir avec nous, encore faut-il savoir *que faire*. Or, dès qu'on pose ces questions, on invite l'individu à comprendre et à décider, on lui remet, en fin de compte, le gouvernement de sa vie, on convient que l'histoire aura pour lui le sens qu'il lui aura reconnu. Tout homme, même marxiste, est bien obligé de convenir avec Descartes que, si nous connaissons quelque réalité extérieure, c'est à condition de saisir en nous-mêmes cette opération de connaissance, qu'aucun en soi ne nous serait accessible s'il n'était au même moment pour nous et qu'enfin le sens que nous lui trouvons dépend de notre assentiment. Aucun homme ne peut refuser le *cogito* et nier la conscience, sous peine de ne plus savoir ce qu'il dit et de renoncer à tout énoncé, même matérialiste. Les écrivains marxistes ont dit souvent et à bon droit que le marxisme ne niait pas les conditions subjectives de l'histoire et qu'il n'est pas un fatalisme, que les hommes font leur histoire, que les idéologies, même si elles traduisent une situation économique et sociale définie, pèsent ensuite sur l'histoire. Mais c'est dire qu'ils n'éliminent pas le sujet comme facteur de l'histoire. À ceux que le mot même de subjectivité fait frémir, rappelons la fameuse phrase de Marx : « Le principal défaut de tout le matérialisme passé (...) est que l'objet, la réalité, le monde sensible n'y sont considérés que sous la forme d'*objet* ou d'intuition, mais non pas en tant qu'activité concrète humaine, en tant que *pratique*, pas de façon subjective[1]. »

La subjectivité, M. Lefebvre la vit comme tout le monde,

---

1. *Thèses sur Feuerbach*, « Première thèse », *op. cit.*, p. 141.

même s'il veut l'ignorer. Il doit bien lui arriver pendant quelques heures de ne plus penser à la politique, et d'y revenir ensuite comme à un devoir. Si sa vie a pour lui un sens politique, c'est à condition qu'il le lui rende par des décisions qui sont siennes. De même tous les prolétaires ne sont pas communistes. Cela veut dire que nous pouvons nous dérober à notre classe et à ce que nous sommes. La dialectique de l'être et du néant, elle n'a pas lieu seulement dans l'esprit de Sartre, elle a lieu aussi dans l'esprit de l'ouvrier découragé qui se retire de la lutte. Qui oserait exiger qu'aucun condamné ne connaisse l'angoisse de mourir, même s'il meurt pour sa classe et à travers elle pour l'avenir des hommes ? Dès qu'on introduit l'homme comme sujet de l'histoire — et le marxisme le fait expressément —, ce n'est pas seulement l'homme collectif ou la classe que l'on introduit, mais aussi l'homme individuel, qui garde le pouvoir de servir ou de trahir sa classe et en ce sens s'y intègre lui-même. Marx nous donne une définition objective de la classe par la position effective des individus dans le circuit de la production. Mais il nous dit par ailleurs que la classe ne saurait devenir un facteur historique et révolutionnaire décisif tant que les individus n'en prennent pas conscience. Il ajoute que cette prise de conscience a elle-même ses motifs sociaux et ainsi de suite. La classe comme facteur de l'histoire n'est donc ni un simple fait objectif, ni d'ailleurs une simple valeur arbitrairement choisie par des consciences solitaires, mais comme un fait-valeur, ou une valeur incarnée dont il reste à élaborer la théorie. Aujourd'hui, alors que les rapports de classe sont plus que jamais masqués par d'autres oppositions — oppositions nationales de l'Allemand et du Français, l'un et l'autre usés et privés de conscience sociale par l'hitlérisme et par le régime de Vichy, opposition du nouveau monde américain et du vieux monde occidental, des pays riches et des pays exsangues —, c'est un effort individuel qui est demandé à l'ouvrier français pour rejoindre l'ouvrier italien malgré l'agression fasciste de 1940, à l'ouvrier italien pour rejoindre l'ouvrier français, malgré les projets d'annexion du val d'Aoste, à l'ouvrier américain pour rejoindre l'ouvrier français, parent pauvre, à l'ouvrier français pour rejoindre l'ouvrier américain, cousin riche, et le rôle du sujet dans la constitution de la classe comme facteur historique est plus que jamais visible. Il faut analyser l'engagement, le moment où les conditions subjectives et les conditions objectives de l'histoire se nouent les unes sur les autres, le mode d'existence de la classe avant la prise de conscience, bref le statut du social et le phénomène de la coexistence. Cette théorie du social, *L'Être et le Néant* ne nous la donne pas encore. Mais il pose le problème des relations réciproques entre la conscience et le monde social de la manière la plus vigoureuse en refusant d'admettre une liberté sans situation et en faisant du sujet, non pas certes un reflet comme le veut l'épiphénoménisme, mais un «reflet-reflétant» comme le veut le marxisme.

Il faut dire plus. Non seulement le marxisme tolère la liberté et l'individu, mais encore, en tant que «matérialisme», il charge l'homme d'une responsabilité pour ainsi dire vertigineuse. Hegel, dans la mesure où il ramenait l'histoire à l'histoire de l'esprit, trouvait dans sa propre conscience, dans la certitude où il était d'avoir entièrement compris l'histoire et dans la réalisation même de sa philosophie, l'annonce et la garantie d'une synthèse finale. Comment n'aurait-il pas été optimiste, puisque l'histoire était le retour à soi de la conscience, et que la nécessité de ce retour, la possibilité de l'homme total et sans inquiétude était pour lui attestée par la logique interne de l'idée telle qu'il la vivait en lui-même? On peut interpréter autrement Hegel, c'est là le Hegel des manuels, on peut le faire (et selon nous il faut le faire) beaucoup plus marxiste, on peut fonder sa logique sur la phénoménologie et non pas sa phénoménologie sur sa logique. Mais, qu'elle porte le nom de Hegel ou celui de Marx, une philosophie qui renonce à l'Esprit absolu comme moteur de l'histoire, qui fait marcher l'histoire sur ses pieds et qui ne reconnaît dans les choses d'autre raison que celle qu'y font paraître leur rencontre et leur action réciproque, cette philosophie ne saurait affirmer *a priori* la possibilité de l'homme intégral, postuler une synthèse finale, où toutes les contradictions soient levées, ni en affirmer la réalisation inévitable. L'événement révolutionnaire reste pour elle contingent, pour elle la date de la révolution n'est inscrite nulle part, dans aucun ciel métaphysique. La décomposition du capitalisme peut conduire le monde, non pas à la révolution, mais au chaos, si les hommes ne comprennent pas la situation et ne veulent pas intervenir, comme un accouchement peut se terminer par la mort de la mère et de l'enfant si quelqu'un n'est pas là pour aider la nature. Si la synthèse est de droit chez Hegel, elle ne saurait être que de fait dans le marxisme. S'il y a un quiétisme hégélien, il y a nécessairement une inquiétude marxiste. Si Hegel peut s'en remettre aveuglément au cours des choses, parce qu'il reste chez lui un fond de théologie, la praxis marxiste n'a pas la même ressource, elle n'a pas d'autre support que la coexistence des hommes. Elle ne saurait assigner d'avance une fin de l'histoire, ni même affirmer en thèse dogmatique l'«homme total» avant que l'événement soit venu. Si toutes nos contradictions doivent être un jour supprimées, nous ne le saurons que ce jour-là. On admire Engels parlant doctement de la nécessité qui résorbe les hasards historiques : d'où sait-il que l'histoire est et sera rationnelle, puisqu'il n'est plus ni théiste, ni idéaliste ? Le *propre* du marxisme est de nous inviter à faire prévaloir, sans garantie métaphysique, la logique de l'histoire sur sa contingence.

On demandera peut-être pourquoi l'existentialisme tient tant à se rapprocher du marxisme. M. Lefebvre suppose aimablement que c'est pour mieux le manger. La vérité — plus candide, comme on va voir — est que beaucoup de lecteurs de Marx se sentent absolument d'accord avec des analyses comme celles du *XVIII Brumaire* par exemple, sans être satisfaits par certaines formules théoriques de Marx lui-même et surtout de ses commentateurs. Selon eux la découverte marxiste de l'existence sociale comme dimension de notre vie la plus «intérieure», de la dynamique des classes comme d'un processus intégral où les déterminations économiques et culturelles s'entrecroisent et s'entre-signifient sans fin, non seulement admet, mais encore exige sur le plan théorique une conception nouvelle de la conscience qui en fonde à la fois l'autonomie et la dépendance en la décrivant comme un néant qui vient au monde et ne saurait se maintenir dans sa liberté sans l'engager à chaque instant. Selon eux, c'est cette conception de la conscience que le marxisme a, sinon formulée théoriquement, du moins *pratiquée* dans ses analyses concrètes les plus fortes. Un marxisme vivant devrait «sauver» la recherche existentialiste et l'intégrer, au lieu de l'étouffer.

Le métaphysique dans l'homme

Il ne peut être question, dans les limites d'un article, de justifier une conception du monde. Par contre, ce que chacun peut dire brièvement, c'est de quelle signification peu à peu le mot de métaphysique s'est chargé pour lui, à quoi il l'oppose, à quelle intention il l'emploie. Un compte rendu de ce genre ne suffit pas à fonder le concept dont il ne donne, pour ainsi dire, que la valeur d'emploi. Il est légitime au moins comme contribution à la sociologie des idées, si la métaphysique latente qu'il découvre dans l'usage du mot est assez répandue.

Or la métaphysique, réduite par le kantisme au système des principes que la raison emploie dans la constitution de la science ou de l'univers moral, radicalement contestée, dans cette fonction directrice, par le positivisme, n'a pas cessé, cependant, de mener dans la littérature et dans la poésie comme une vie illégale, et les critiques l'y retrouvent aujourd'hui[1]. Dans les sciences mêmes elle reparaît, non pas pour en limiter le champ ou pour leur opposer des barrières, mais comme l'inventaire délibéré d'un type d'être que le scientisme ignorait et que les sciences ont peu à peu appris à reconnaître. C'est cette métaphysique en acte que nous nous proposons de circonscrire mieux, et d'abord de faire apparaître à l'horizon des sciences de l'homme.

*

1. Cf. par exemple ETIEMBLE et Y. GAUCLÈRE, *Rimbaud*, Gallimard, 1950, p. 234 : « La métaphysique n'est pas nécessairement l'association factice de noumènes, Rimbaud, plus vivement que quiconque, l'a senti, il a reconstitué une métaphysique du concret — il a *vu* les choses en soi, les fleurs en soi. »

Il semble difficile de contester que la psychologie de la forme bouleverse ce qu'on pourrait appeler l'ontologie implicite de la science et nous oblige à réviser notre conception des conditions et des limites d'un savoir scientifique. Soit l'idéal d'une psychologie objective des animaux. L'ouvrage de Koehler montre indissolublement que nous avons à reconstituer, par-delà l'univers de *notre* perception, celui de l'animal dans ce qu'il a d'original — avec ses connexions «irrationnelles», ses courts-circuits, ses lacunes —, et que, si nous y parvenons, ce ne peut être qu'à partir de notre expérience humaine de l'animal, en décrivant la courbe de sa conduite telle qu'elle *nous* apparaît, avec ses distinctions qualitatives de «fraîcheur» et «fatigue», «bonne solution» et «mauvaise solution», «continuité» et «discontinuité», «contact optique» et «connexion mécanique», si bien qu'enfin la recherche se conclut, non par des lois quantitatives du type stimulus-réponse, qui seraient applicables à toutes les espèces, mais par un tableau de l'élaboration que le chimpanzé fait subir aux stimuli donnés, de l'univers de comportement du chimpanzé tel qu'il se lit dans sa conduite méthodiquement interprétée. L'ouvrage prouve par le fait qu'une science descriptive est possible et met en évidence ce paradoxe que, pour devenir vraiment scientifique, la psychologie ne doit pas rejeter en bloc comme anthropomorphique notre expérience humaine de l'animal, ni le soumettre aux seules questions que l'expérience physique pose à l'atome ou à l'acide, qu'il y a d'autres relations vraies que les relations mesurables et qu'enfin notre notion de l'objectif doit être entièrement redéfinie. Koehler mettait en évidence, comme la condition des rapports stimulus-réponse, une certaine structure de l'univers animal considéré ou un «*a priori de l'espèce*», et donnait pour tâche à la psychologie la description de cet ensemble. Cette conception s'étendait naturellement à la psychopathologie et à la psychologie générale, qui devaient devenir un inventaire des systèmes de conduites typiques. Si l'*Intelligence des singes supérieurs* prouve quelque chose, c'est bien qu'on ne saurait parler d'intelligence chez l'animal au sens où on l'entend chez l'homme. Le livre invitait les psychologues à comprendre les conduites selon leur loi d'organisation interne, au lieu de chercher en elles le résultat d'une combinaison de processus simples et universels.

Il est curieux de constater que ni le livre de Koehler, ni, en général, les recherches de cette école n'ont été approuvés ou critiqués dans ce qu'ils apportaient de plus neuf[1]. L'*Intelligence des singes supérieurs* agit sur le lecteur dans le sens d'une anthropologie naturaliste. Il est moins sensible au contraste de la *Gestaltung* chez l'homme et chez l'animal qu'au fait qu'il y a déjà une *Gestaltung* dans la conduite de l'animal comme chez l'homme, et cette analogie toute formelle prévaut contre les différences descriptives les plus manifestes. La psychologie de la forme, au lieu d'entraîner une révision de la méthodologie et de l'idéal scientifique qui avaient longtemps masqué la réalité de la «forme», ne s'est développée qu'autant qu'elle permettait de ranimer cette méthodologie défaillante. L'École de Berlin proposait d'une part de décrire les formes privilégiées de la conduite humaine, d'autre part de déterminer les conditions qui en commandent l'apparition. Le retour à la description, l'appel aux phénomènes comme à une source légitime de connaissances psychologiques interdisaient en principe de traiter la forme comme une réalité moindre ou dérivée et de conserver aux processus linéaires, aux séquences

---

1. On s'étonne par exemple que J. PIAGET (*Psychologie de l'intelligence*, Armand Colin, 1947) ne trouve guère dans cette psychologie qu'un renouveau de l'innéisme. En fait, elle a si peu minimisé le rôle de l'expérience dans le développement que Koffka *(Die Grundlagen der psyschischen Entwicklung)* oppose longuement les catégories du *Lernen* et du *Reifen* et qu'il décrit dans sa *Psychologie (Die Philosophie in ihren Einzelgebieten,* hgg von Dessoir) toute une genèse des *Gestalten* et toute une série de formes transitoires, depuis les liaisons syncrétiques de l'enfant jusqu'au *Und-Verbindungen* de l'adulte. Ce qui en réalité distingue les gestaltistes de Piaget, ce n'est pas le rôle de l'expérience, égal de part et d'autre, mais par la manière dont ils comprennent le rapport de l'extérieur et de l'intérieur, des conditions données et de l'élaboration biologique et psychique. Pour les gestaltistes, l'accumulation de l'expérience ne fait que rendre possible une restructuration qui rétablira à un autre niveau l'équilibre de l'être vivant et de son milieu. Dans ses meilleurs passages, c'est bien ainsi que Piaget, lui aussi, décrit le développement. Mais, faute peut-être d'avoir pris à la rigueur ce principe gestaltiste que le tout n'est en aucun cas la simple somme des parties, il lui arrive de revenir à une notion quasi empiriste de l'expérience : dans *La Construction du réel chez l'enfant*, il semble quelquefois que le passage à un type supérieur de perception et de conduite soit simplement expliqué par un enregistrement plus complet et plus exact de l'expérience, alors que cela même suppose une réorganisation du champ perceptif et l'avènement de formes clairement articulées.

isolables le privilège que leur donne le scientisme. Mais l'École de Berlin a reculé devant ces conséquences : elle a préféré affirmer — par un pur acte de foi — que la totalité des phénomènes appartenait à l'univers de la physique, renvoyant seulement à une physique et à une physiologie plus avancées de nous faire comprendre comment les formes les plus complexes reposent, en dernière analyse, sur les plus simples. Elle a étudié de préférence celles des formes qui, un certain nombre de conditions externes étant données, apparaissent, surtout au laboratoire, à peu près régulièrement, c'est-à-dire les fonctions sensorielles anonymes. Elle a voulu à tout prix la précision des formules, quitte à délaisser quelque peu les formes plus complexes qui intéressent la personnalité entière, dépendent moins simplement des conditions extérieures données et sont, pour cette raison même, plus difficiles à découvrir, mais plus précieuses aussi pour la connaissance du comportement humain. La psychologie de la perception est venue relayer l'ancienne psychophysiologie dans le rôle de centre des recherches psychologiques. En réalité, l'étude des fonctions psychophysiologiques, de la vision (au sens abstrait de vision des couleurs, des distances ou des contours) n'aurait jamais dû faire tort à celle des comportements plus complexes, qui nous mettent en rapport non seulement avec des stimuli, mais avec d'autres hommes, avec des situations vitales et sociales. La psychanalyse, elle-même sauvée de ses propres dogmes, est le prolongement normal d'une psychologie de la forme conséquente. En traitant comme portion centrale de la psychologie ce qui n'en est que la périphérie — comme si la psychologie des fonctions élémentaires devait nous donner plus tard, par la simple accumulation des recherches spéciales, la psychologie du tout —, en conservant aux fonctions sensorielles et à leurs lois un privilège immérité parce qu'elles s'accommodent tant bien que mal d'un traitement quantitatif, en concentrant l'effort de la nouvelle psychologie sur le « fonctionnel » et l'« objectif », alors qu'elle avait cherché aussi à retrouver tout le « descriptif » et le « phénoménal », le scientisme a retardé le développement d'une science psychologique.

Si au contraire nous voulions définir sans préjugé le sens philosophique de la psychologie de la forme, il faudrait dire qu'en révélant la « structure » ou la « forme » comme un ingrédient irréductible de l'être, elle remet en question l'alternative classique de l'«existence comme chose» et de l'«existence comme conscience», elle établit une communication et comme un mélange de l'objectif et du subjectif, elle conçoit d'une manière neuve la connaissance psychologique, qui ne consiste plus à décomposer ces ensembles typiques, mais plutôt à les épouser et à les comprendre en les revivant.

Il va de soi que l'exemple d'une école, et d'une école encore contestée, ne saurait être probant à lui seul. Il deviendrait pourtant significatif si l'on pouvait montrer qu'en général les sciences de l'homme s'orientent chacune à leur manière vers la même révision des rapports du subjectif et de l'objectif. Or c'est bien ce que nous constatons en linguistique. Quand on a voulu étudier la langue suivant les méthodes rigoureuses, il a fallu d'abord désavouer des conceptions pré-scientifiques ou animistes qui représentaient chaque langue comme un organisme ou comme un être de raison dont l'évolution ne ferait que manifester peu à peu l'essence invariable. On s'est donc proposé de traiter la langue comme une chose et de découvrir des lois dont l'entrelacement pût expliquer les faits de langue. Mais la langue comme le comportement s'est dérobée au traitement scientiste. Même en phonétique, où pourtant elle semblait devoir trouver un champ d'application privilégié, la notion de loi est remise en question. On doit renoncer à détacher la loi des faits, à résorber idéalement les faits dans la loi. «La phrase: "c + a *devient* en français entre le Vᵉ et le VIIIᵉ siècle ch" est l'expression d'un événement historique qui a eu lieu une fois pour toutes au même titre que la phrase: les Bourbons ont régné en France de 1589 à 1791[1].» Avec l'idéal d'un système de lois «plus vrai» que les faits, c'est la conception même de la langue comme objet pur qui est remise en cause. Saussure déjà estimait qu'on avait été trop vite dans le désaveu de l'ancienne grammaire comparée. «Il y a, disait-il, certaines images dont on ne peut se passer. Exiger qu'on ne se serve que de termes répondant aux réalités du langage, c'est prétendre que ces réalités n'ont plus de mystère pour nous[2].» Comme la psychologie de la forme revendique l'usage des concepts descriptifs, empruntés à notre expérience humaine,

1. W. von Wartbug, *Problèmes et méthodes de la linguistique*, P.U.F., 1947, p. 19.
2. F. de Saussure, *Cours de linguistique générale*, Payot, 1916, p. 19, n. 1.

106

et que ne sauraient *remplacer* les concepts fonctionnels, fondés sur la mesure des variations corrélatives, la linguistique de Saussure légitime, dans l'étude de la langue, outre la perspective de l'explication causale, qui rattache chaque fait à un fait antérieur et étale donc la langue devant le linguiste comme un objet de nature, la perspective du sujet parlant qui vit sa langue (et éventuellement la modifie). Sous le premier rapport, la langue est une mosaïque de faits sans «intérieur». Sous le second, au contraire, elle est une totalité. Un savant aussi rigoureux que Meillet formule ces progrès de la réflexion linguistique en disant: «Les faits linguistiques sont qualitatifs», et ailleurs «chaque langue forme un système», c'est dire qu'elle admet un principe d'organisation interne. Dire que les faits linguistiques sont qualitatifs, c'est encore dire que dans leur connexion et leur déroulement ils ont besoin de la médiation des consciences. Cependant on ne peut de là conclure que le lieu ou le milieu de la langue soit la conscience, ni que la langue soit une abstraction et les sujets parlants la seule réalité. Car chaque sujet parlant, même quand il modifie la langue, s'éprouve astreint à de tels modes d'expression qu'il puisse se faire comprendre des autres. Comme la psychologie, partagée entre la «méthode objective» et l'introspection, finit par trouver son équilibre dans l'idée d'une forme du comportement, à saisir du dehors comme du dedans, de même la linguistique se trouve devant la tâche de dépasser l'alternative de la langue comme chose et de la langue comme production des sujets parlants. Il faut que la langue soit, *autour* de chaque sujet parlant, comme un instrument qui a son inertie propre, ses exigences, ses contraintes, sa logique interne, et néanmoins qu'elle reste toujours ouverte à leurs initiatives (comme d'ailleurs aux apports bruts des invasions, des modes et des événements historiques), toujours capable des glissements de sens, des équivoques, des substitutions fonctionnelles qui donnent à cette logique comme une allure titubante. Peut-être la notion de *Gestalt* ou de structure rendrait-elle ici les mêmes services qu'en psychologie, puisqu'il s'agit dans les deux cas d'ensembles qui ne sont pas la pure manifestation d'une conscience rectrice, qui n'ont pas la connaissance explicite de leur propre principe et qui, néanmoins, peuvent et doivent être lus en allant du tout aux parties. On doit retrouver au centre de chaque langue des lois d'équilibre, peut-être même un thème, un projet fondamental, ou, comme dit G. Guillaume, un «schème sublinguistique» qui passe inaperçu quand on travaille avec les catégories du sens commun ou avec celles de l'ancienne grammaire, mais dont la vie opérante se manifeste quand le linguiste construit les catégories nouvelles exigées pour la coordination des faits. Il s'agit par exemple d'une certaine manière de viser le temps, caractéristique du grec ou du latin[1], fixée dans les formes de la conjugaison, qui donc sollicite dès la naissance chaque membre de la communauté linguistique et n'est l'œuvre d'aucun d'eux — mais qui pourtant n'est pas fatale, reste exposée aux influences, à la désuétude par lesquelles la langue finalement se transformera en une autre langue. Cet esprit général, que tous constituent par leur vie commune, cette intention déjà déposée dans le système donné du langage, préconsciente, puisque le sujet parlant l'épouse avant de s'en rendre compte et de l'élever au niveau de la connaissance, et qui cependant ne subsiste qu'à condition d'être reprise ou assumée par les sujets parlants et vit de leur volonté d'échange, c'est bien, sur le terrain de la linguistique, l'équivalent de la forme des psychologues, aussi étrangère à l'existence objective d'un processus naturel qu'à l'existence mentale d'une idée. Ni chose, ni idée, la langue, comme le psychisme, n'est accessible qu'à une méthode de «compréhension» qui retrouve dans la multiplicité des faits quelques intentions ou visées décisives, les «faits profonds et en quelque sorte secrets sur lesquels repose la construction de la langue[2]».

On arriverait peut-être à la même conclusion en examinant le développement de la sociologie depuis le moment où Dur-

---

1. G. GUILLAUME, *L'Architectonique du temps dans les langues classiques*, Copenhague, 1945.
2. G. GUILLAUME, *L'Architectonique du temps dans les langues classiques*, *op. cit.*, p. 16. Bien entendu, ce déchiffrement de l'intention fondamentale doit être rigoureusement contrôlé: «La méthode longuement méditée qu'on applique, très proche de celle qu'on applique actuellement en physique, pourrait être définie comme une alliance, en toute proportion utile, de l'observation fine du concret et de la réflexion abstraite, profonde, le dernier mot appartenant bien entendu à la première, seule qualifiée pour décider en dernier ressort de la vraie nature des choses, le rôle de la réflexion, dans l'alliance qu'elle contracte avec l'observation, n'étant point de conclure à sa place, mais de la guider, de la rendre plus aiguë, plus pénétrante, et, pour tout dire d'un mot, de lui conférer une "puissance" que, laissée à ses seules forces, elle n'aurait pas.» (*Ibid.*, p. 17.)

kheim lui a donné ce qu'il croyait être une méthode scientifique. En fait, à considérer son fameux ouvrage sur les
Formes élémentaires de la vie religieuse, on est tenté de dire
que, s'il a énergiquement appelé l'attention sur l'étude du
social, il l'a peut-être dépouillée de ce qui en fait le plus grand
intérêt en conseillant de le traiter «comme une chose». On se
rappelle qu'il définit nominalement le religieux par le sacré,
montre ensuite que l'expérience du sacré coïncide avec les
moments de plus grande cohésion de la société totémique, et
conclut qu'au moins dans ses formes élémentaires, et sans
doute aussi dans ses formes supérieures, la vie religieuse
n'est que la manière dont la société prend conscience d'elle-
même. Il n'y a pas lieu de discuter la définition du religieux
par le sacré, puisque Durkheim la présente comme prélimi-
naire et nominale. On pourrait seulement observer qu'elle ne
nous fait pas encore pénétrer à l'intérieur de la religion, et
faire des réserves sur une méthode plus soucieuse d'assembler des concepts pris en extension que d'en explorer le
contenu. L'identification du sacré et du social justifie ces
réserves. Car ou bien elle est trop évidente et laisse la question entière, ou bien elle est prise comme une *explication* du
religieux par le social, et alors elle nous masque le problème.
Que l'expérience religieuse se produise toujours dans une col-
lectivité actuelle ou virtuelle, qu'elle implique une idée des
relations interhumaines et qu'elle exprime toujours, directement ou non, à titre de reflet ou de contrepartie, les rapports
effectifs des hommes dans la civilisation donnée, que toute
conception de l'esprit à la fois entraîne une certaine conception du rapport entre les consciences et inversement doive
quelque chose à l'expérience que nous avons de la communication, c'est certain, comme il est certain que la littérature,
l'art, la science, le langage sont des faits sociaux au sens de:
faits de communication. Mais, cela reconnu, on n'a encore
rien fait pour élucider le phénomène religieux (littéraire ou
esthétique, ou linguistique). Quand on remonte du religieux
au social, on ne va pas de l'obscur au clair, on n'explique pas,
on retrouve sous un autre nom la même obscurité ou le même
problème; il restera à ressaisir le mode particulier du rapport
interhumain et de la communication qui est réalisé dans
chaque civilisation. Le recours au lien social ne peut passer
pour une explication de la religion ou du sacré que si l'on en

fait une substance immuable, une cause bonne à tout, une force vague définie par sa seule puissance de coercition — c'est-à-dire si l'on se rend aveugle pour l'opération chaque fois originale d'une société en train d'établir le système de significations collectives à travers lequel ses membres communiquent. On ne gagne rien à fonder le religieux ou le sacré sur le social, puisqu'on retrouve dans le social les mêmes paradoxes, la même ambivalence, le même mélange d'union et de répulsion, de désir et de crainte qui se trouvait déjà dans le sacré et qui faisait problème. Durkheim a traité le social comme une réalité extérieure à l'individu et l'a chargé d'expliquer tout ce qui se présente à l'individu comme devoir être. Mais le social ne peut rendre ce service que s'il n'est pas lui-même comme une chose, s'il investit l'individu, s'il le sollicite et le menace à la fois, si chaque conscience à la fois se trouve et se perd dans son rapport avec d'autres consciences, enfin si le social est non pas *conscience collective*, mais intersubjectivité, rapport vivant et tension entre des individus. La sociologie ne cherchera pas l'explication du religieux dans le social, ni d'ailleurs du social dans le religieux, elle les considérera comme deux aspects du lien humain réel et fantastique tel qu'il a été élaboré par la civilisation considérée et elle tentera d'objectiver la solution que cette civilisation invente dans sa religion comme dans son économie ou dans sa politique pour le problème des relations de l'homme avec la nature et avec l'homme. Si traiter les faits sociaux comme des choses, c'est en chercher les éléments composants ou rattacher extérieurement l'un à l'autre comme à sa cause, ce précepte fameux n'est pas praticable : la sociologie ne connaît pas d'éléments permanents dans les différents touts où ils se trouvent intégrés, pas de faits extérieurs les uns aux autres, mais, dans le cas de chaque société, une totalité où les phénomènes s'expriment mutuellement et admettent un même thème fondamental. « L'esprit d'une civilisation compose un tout de fonctions ; c'est une intégration différente de l'addition de la totalité des parties[1]. » Ce mouvement par lequel les hommes assument et élaborent les conditions données de leur vie collective et les couronnent de valeurs et d'institutions originales, si nous voulons le ressaisir, il nous faut encore une

---

1. M. MAUSS, *Manuel d'ethnographie*, Payot, 1947, p. 170.

fois réviser notre idée de la connaissance scientifique et objective : à son plus haut point, la connaissance sociologique, comme la connaissance de quelqu'un, exige que nous reprenions, en nous guidant sur tous les indices objectifs, l'attitude humaine qui fait l'esprit d'une société.

Parce qu'il se soucie de l'individuel et reste au contact d'une réalité inépuisable, l'historien est, par position, mieux prémuni que le sociologue contre le rêve d'une connaissance souveraine, capable d'accéder immédiatement à tous les temps, et d'une objectivité absolue. Pour parvenir à la conscience de sa tâche, il lui a cependant fallu rejeter d'abord la prétention d'une Histoire Universelle entièrement déroulée devant l'historien comme elle le serait sous le regard de Dieu. Il lui faut aussi — ce qui est plus difficile — reconnaître qu'un certain rigorisme ou scientisme en matière d'histoire, loin de nous garantir l'adéquation au passé, risque de nous enfermer dans les vues les plus subjectives. On se rappelle que Seignobos refusait toute mise en perspective et confinait l'historien dans l'étude, pour chaque événement, de la constellation singulière qui en avait rendu possible l'apparition. On ne pouvait, selon lui, parmi toutes les conditions, en choisir quelques-unes qui fussent « les principales », ni ébaucher par là un commencement d'induction. Elles avaient toutes contribué à produire l'effet, elles en étaient toutes causes au même titre. Il n'y avait pas de détails en histoire, pas d'accessoire, donc rien d'essentiel. Suivant cette méthode, chaque événement est le résultat d'une rencontre et d'un hasard. Il nous est interdit d'y trouver un sens intérieur et il n'y a rien à comprendre dans le tumulte insensé de l'histoire. Appliquée par exemple à une révolution, cette méthode la fait apparaître d'emblée comme illusoire ou absurde. Les hommes qui font une révolution croient résoudre un problème posé dans les choses, il leur semble que leur volonté prolonge une exigence ou répond à une sollicitation de leur temps. Il n'est, bien entendu, pas sûr qu'ils aient raison. Encore ne pouvons-nous pas postuler qu'ils ont tort. Les chances d'erreur sont égales qu'on adopte avec Seignobos le point de vue de Sirius et qu'on refuse toute signification aux événements quels qu'ils soient, ou qu'on adopte avec Bossuet le point de vue de Dieu et qu'on les trouve tous pleins de sens. La résolution d'ignorer le sens que les hommes ont eux-mêmes donné à leur action et de réserver à l'enchaînement

111

des faits toute l'efficacité historique — en un mot l'idolâtrie de l'objectivité — renferme, selon une profonde remarque de Trotsky, le jugement le plus audacieux quand il s'agit d'une révolution, puisqu'elle impose *a priori* à l'homme d'action, qui croit à une logique de l'histoire et à une vérité de ce qu'il fait, les catégories de l'historien «objectif», qui n'y croit pas. L'union des paysans et des ouvriers, lors des événements de 1917 en Russie, est peut-être un hasard. Mais une autre hypothèse est possible : le mouvement ouvrier et les revendications des paysans ont convergé vers une révolution socialiste parce que, dans un pays qui n'avait pas de bourgeoisie, la phase démocratique avec ses réformes libérales n'était pas viable et que les revendications des paysans ne pouvaient trouver issue qu'en passant au-delà. C'est alors la structure de l'État tzariste qui expliquerait la rencontre «fortuite» dont parle l'historien «objectif». La véritable objectivité exige donc qu'on examine, pour leur donner leur juste rôle, les composantes «subjectives» de l'événement, l'interprétation qu'en donnaient les contemporains et les protagonistes. Mais, pour apprécier justement l'influence de ces vues, il faudra que l'historien les confronte avec les faits, mesure éventuellement l'écart des unes aux autres, et finalement prenne à l'égard d'une interprétation marxiste des événements de 1917 une décision qui est toujours personnelle en quelque mesure, parce qu'elle ne se fonde que sur du probable[1]. La tâche de l'histoire apparaît alors dans toute sa difficulté : il nous faut réveiller le passé, le remettre au présent, reconstituer l'atmosphère de l'époque telle qu'elle a été vécue par les contemporains, sans lui imposer des catégories nôtres, et, cela fait, déterminer de plus si les contemporains ont été mystifiés, qui, d'eux ou de nous, a le mieux vu la vérité du temps. C'est encore une fois un problème de communication qui se pose. Comme M. L. Febvre l'a parfaitement montré, à propos de l'incroyance au XVIe siècle[2],

1. Même dans une perspective marxiste, l'histoire effective ne va jusqu'au bout de sa logique interne que si les hommes en prennent conscience, la comprennent dans le sens marxiste et achèvent le mouvement ébauché dans les choses. L'historien, même marxiste, qui écrit l'histoire de 1917 ne peut pas feindre que la révolution fût fatale, il doit la montrer possible, probable même, mais non toute faite. Même pour lui l'histoire universelle n'est pas écrite d'avance : le socialisme sera, mais quand et par quels chemins?

2. L. FEBVRE, *Le problème de l'incroyance au XVIe siècle. La religion de Rabelais*, Albin Michel, 1943.

l'univers mental de Rabelais ne peut pas être décrit dans notre langage ni pensé à l'aide de nos catégories. Beaucoup de textes empêchent de dire qu'il fût croyant au sens que nous donnons à ce mot. Mais il serait aussi peu exact de dire qu'il fût incroyant au sens que le mot a pris deux, trois ou quatre siècles plus tard. La religion fait partie de l'équipement ou de l'outillage mental du XVIᵉ siècle. Même si elle n'est pas au centre de la vie et de la pensée de Rabelais, elle en compose l'horizon, au moins à titre de thèse implicite et de réalité établie. Comprendre Rabelais, ce sera reconstituer cet entourage de culture qui a été le sien et qui n'est plus le nôtre ; ce sera, à travers notre propre situation historique, rejoindre en pensée la sienne. Si nous pouvons progresser vers une connaissance adéquate du passé, ce ne sera pas, comme le croyait Seignobos, en nous haussant au point de vue d'un observateur absolu qui croit dominer tous les temps et, *en cela même*, les ignore, mais au contraire en éprouvant toujours mieux que cette conviction même a sa date, que l'idée même d'un univers de vérité est trompeuse, et en percevant par contraste ce que le passé a été pour lui-même. Nous n'atteignons pas l'universel en quittant notre particularité, mais en faisant d'elle un moyen d'atteindre les autres, en vertu de cette mystérieuse affinité qui fait que les situations se comprennent entre elles.

*

Les sciences de l'homme, dans leur orientation présente, sont métaphysiques ou transnaturelles en ce sens qu'elles nous font redécouvrir, avec la structure et la compréhension des structures, une dimension d'être et un type de connaissance que l'homme oublie dans l'attitude qui lui est naturelle. Il nous est naturel de nous croire en présence d'un monde et d'un temps que notre pensée survole et dont elle peut à volonté considérer chaque partie sans en modifier la nature objective. La science dans ses commencements reprend et systématise cette croyance. Elle sous-entend toujours un observateur absolu en qui se fasse la sommation des points de vue, et corrélativement un géométral de toutes les perspectives. Mais les sciences de l'homme (pour ne rien dire des autres) ont fait voir que toute connaissance de l'homme par l'homme est inévitablement, non pas contemplation pure, mais reprise par chacun, selon ce qu'il *peut*, des actes d'autrui, réactivation à partir de signes ambigus d'une expérience qui n'est pas la sienne, appropriation par lui d'une structure — *a priori* de l'espèce, schème sublinguistique ou esprit d'une civilisation — dont il ne forme pas un concept distinct et qu'il restitue comme le pianiste exercé déchiffre une musique inconnue : sans saisir lui-même les motifs de chaque geste ou de chaque opération, sans pouvoir réveiller tout le savoir sédimenté dont il fait usage à ce moment. Il n'y a plus ici position d'un objet, mais communication avec une manière d'être. L'universalité du savoir n'est plus garantie en chacun par ce réduit de conscience absolue où le «je pense» kantien lui-même, tout lié qu'il fût à une certaine perspective spatio-temporelle, s'assurait *a priori* d'être identique à tout autre «je pense» possible. C'est en avant de nous, dans la chose où nous place notre perception, dans le dialogue où notre expérience d'autrui nous jette par un mouvement dont nous ne connaissons pas tous les ressorts, que se trouve le germe d'universalité ou la «lumière naturelle» sans lesquels il n'y aurait pas de connaissance. Il y a métaphysique à partir du moment où, cessant de vivre dans l'évidence de l'objet — qu'il s'agisse de l'objet sensoriel ou de l'objet de science —, nous apercevons indissolublement la subjectivité radicale de toute notre expérience et sa valeur de vérité. Notre expérience est nôtre, cela signifie deux choses : qu'elle n'est pas la mesure de tout être en soi imaginable, et qu'elle est cependant coextensive à tout être dont nous puissions avoir notion. Le fait métaphysique fondamental est ce double sens du *cogito* : je suis sûr qu'il y a de l'être — à condition de ne pas chercher une autre sorte d'être que l'être-pour-moi. Quand j'ai conscience de sentir, je n'ai pas d'un côté conscience d'un état mien et d'autre part conscience d'une certaine qualité sensible telle que le rouge ou le bleu : mais le rouge et le bleu ne sont rien d'autre que mes différentes manières de parcourir du regard ce qui s'offre et de répondre à sa sollicitation. De même, quand je dis que je vois quelqu'un, c'est que je suis touché de sympathie pour cette conduite à laquelle j'assiste et qui happe mes propres intentions en leur fournissant une réalisation visible. C'est dans notre différence même, dans la singularité de notre expérience que s'atteste l'étrange pouvoir qu'elle a de passer en autrui, de réaccomplir les actes d'autrui, et donc que se trouve fondée une vérité à laquelle, comme disait Pascal, nous ne pouvons ni renoncer ni accéder pleinement. La métaphysique est le propos délibéré de décrire ce paradoxe de la conscience et de la vérité, de l'échange et de la communication — dans lequel la science vit et qu'elle rencontre sous l'aspect de difficultés vaincues ou d'échecs à réparer, mais qu'elle ne thématise pas. À partir du moment où j'ai reconnu que mon expérience, justement en tant qu'elle est mienne[1], m'ouvre à ce qui n'est pas moi, que je suis *sensible* au monde et à autrui, tous les êtres que la pensée objective posait à leur distance se rapprochent singulièrement de moi. Ou inversement, je reconnais mon affinité avec eux, je ne suis rien qu'un pouvoir de leur faire écho, de les comprendre, de leur répondre. Ma vie m'apparaît absolument individuelle et absolument universelle. Cette reconnaissance d'une vie individuelle qui anime toutes les vies passées et contemporaines et reçoit d'elles toute vie — d'une lumière qui jaillit d'elles à nous contre tout espoir —, c'est la conscience métaphysique, à son premier degré étonnement de découvrir l'affrontement des contraires, à son deuxième degré reconnaissance de leur identité dans la simplicité du *faire*. La conscience métaphysique n'a pas d'autres objets que l'expérience quotidienne : ce monde, les autres, l'histoire humaine, la vérité, la culture. Mais, au lieu de les prendre tout faits, comme des conséquences sans prémisses et comme s'ils allaient de soi, elle redécouvre leur étrangeté fondamentale pour moi et le miracle de leur apparition. Alors l'histoire de l'humanité n'est plus cet avènement inévitable de l'homme moderne à partir de l'homme des cavernes, cette croissance impérieuse de la morale et de la science dont parlent des manuels scolaires «trop humains» — ce n'est pas l'histoire empirique et successive, c'est la conscience du lien secret qui fait que Platon est encore vivant parmi nous.

Ainsi comprise, la métaphysique est le contraire du système. Si le système est un arrangement de concepts qui rend immédiatement compatibles et compossibles tous les aspects de l'expérience, il supprime la conscience métaphysique, en

1. Il y aurait évidemment lieu de décrire précisément le passage de la foi perceptive à la vérité explicite telle qu'on la rencontre au niveau du langage, du concept et du monde culturel. Nous comptons le faire dans un travail consacré à l'*Origine de la vérité*.

même temps d'ailleurs que la moralité. Si par exemple on veut fonder le fait de la rationalité ou de la communication sur un absolu de la valeur ou de la pensée, ou bien cet absolu ne lève aucune difficulté et, tout bien considéré, la rationalité et la communication restent fondées sur elles-mêmes, ou bien l'absolu descend pour ainsi dire en elles, mais il renverse alors tous les moyens humains de vérification et de justification. Qu'il y ait ou non une pensée absolue, et, dans chaque problème pratique, une évaluation absolue, je ne dispose pour juger que d'opinions miennes, qui restent capables d'erreur, si sévèrement que je les discute. L'accord avec moi-même et avec autrui reste aussi difficile à obtenir, et j'ai beau croire qu'en droit il est toujours réalisable, je n'ai d'autres raisons d'affirmer ce principe que l'expérience de certaines concordances, si bien qu'enfin ma croyance à l'absolu, dans ce qu'elle a de solide, n'est rien que mon expérience d'un accord avec moi-même et avec autrui. Quand il n'est pas inutile, le recours à un fondement absolu détruit cela même qu'il doit fonder. Si en effet je crois pouvoir dans l'évidence rejoindre le principe absolu de toute pensée et de toute évaluation — à condition d'avoir ma conscience pour moi —, j'ai le droit de soustraire mes jugements au contrôle d'autrui ; ils reçoivent le caractère du sacré ; en particulier, dans l'ordre du pratique, je dispose d'un plan de fuite où se transfigurent mes actions : la souffrance dont je suis cause se tourne en bonheur, la ruse en raison, et je fais pieusement périr mes adversaires. Quand donc je place hors de l'expérience progressive le fondement de la vérité ou de la moralité, ou bien je continue de m'en tenir aux probabilités qu'elle m'offre — seulement dévalorisées par l'idéal d'une connaissance absolue —, ou bien je les déguise en certitudes absolues, et alors je lâche le vérifiable pour la vérité, c'est-à-dire la proie pour l'ombre. J'oscille entre l'incertitude et l'outrecuidance sans jamais trouver le juste point de la résolution humaine. Si au contraire j'ai compris que vérité et valeur ne peuvent être pour nous que le résultat de nos vérifications ou de nos évaluations au contact du monde, devant les autres et dans des situations de connaissance et d'action données — que même ces notions perdent tout sens hors des perspectives humaines —, alors le monde retrouve son relief, les actes particuliers de vérification et d'évaluation dans lesquels je ressaisis une expérience dispersée reprennent leur importance décisive, il y a de l'irrécusable dans la connaissance et dans l'action, du vrai et du faux, du bien et du mal, justement parce que je ne prétends pas y trouver l'évidence absolue. La conscience métaphysique et morale meurt au contact de l'absolu parce qu'elle est elle-même, par-delà le monde plat de la conscience habituée ou endormie, la connexion vivante de moi avec moi et de moi avec autrui. La métaphysique n'est pas une construction de concepts par lesquels nous essaierions de rendre moins sensibles nos paradoxes ; c'est l'expérience que nous en faisons dans toutes les situations de l'histoire personnelle et collective — et des actions qui, les assumant, les transforment en raison. C'est une interrogation telle qu'on ne conçoit pas de réponse qui l'annule, mais seulement des actions résolues qui la reportent plus loin. Ce n'est pas une connaissance qui viendrait achever l'édifice des connaissances ; c'est le savoir lucide de ce qui les menace et la conscience aiguë de leur prix. La contingence de tout ce qui existe et de tout ce qui vaut n'est pas une petite vérité à laquelle il faudrait tant bien que mal faire place dans quelque repli d'un système, c'est la condition d'une vue métaphysique du monde.

Une telle métaphysique n'est pas conciliable avec le contenu manifeste de la religion et avec la position d'un penseur absolu du monde. Ces affirmations posent aussitôt le problème d'une théodicée qui n'a pas fait un pas depuis Leibniz, et qui, chez Leibniz lui-même, consistait peut-être, en dernière analyse, à évoquer l'existence de ce monde-ci comme un fait insurpassable qui attire dès l'origine le devenir créateur — et donc à récuser le point de vue d'un Dieu sans monde. Dieu apparaît alors, non pas comme le créateur de ce monde (ce qui entraîne aussitôt la difficulté d'une puissance souveraine et bonne astreinte à incorporer du mal à son œuvre), mais plutôt comme une idée au sens kantien et restrictif du mot, terme de référence d'une réflexion humaine qui, considérant ce monde tel qu'il est, précipite dans cette idée ce qu'elle voudrait qui fût. Un Dieu, au contraire, qui ne soit pas seulement pour nous, mais pour soi, la métaphysique ne peut le chercher qu'en arrière de la conscience, en deçà de nos idées, comme la force anonyme qui soutient chacune de nos pensées et de nos expériences[1]. À ce point, la religion cesse d'être une construction conceptuelle, une idéologie, et rejoint l'expérience de la vie interhumaine. C'est la nouveauté du christianisme comme religion de la mort de Dieu de récuser le Dieu des philosophes et d'annoncer un Dieu qui assume la condition de l'homme. La religion fait partie de la culture, non comme dogme, ni même comme croyance, comme cri. Mais peut-elle être autre chose, du moins avec conséquences? Puisqu'elle enseigne que la faute de l'homme est une heureuse faute, qu'un monde sans faute serait moins bon, et qu'enfin la création, qui fait déchoir l'être de sa perfection et de sa suffisance originelles, vaut pourtant mieux ou est un bien, elle est la négation la plus résolue de l'infini conçu.

Enfin, si entre la métaphysique conçue comme système et le scientisme se sont livrées des batailles retentissantes, entre une métaphysique qui refuse par principe le système et une science qui mesure toujours mieux l'écart de ses formules aux faits qu'elles doivent exprimer, il y a, comme l'avait vu Bergson[2], bien plus qu'un concordat: une convergence spontanée. La

1. Toute détermination qu'on voudrait donner de ce fondement est aussitôt contradictoire, non pas de cette contradiction féconde qui est celle de la conscience humaine, mais de cette contradiction inerte qui est celle des concepts inconsistants. J'ai le droit de considérer comme ultimes et vraies les contradictions de ma vie comme sujet pensant et incarné, fini et capable de vérité, parce que j'en ai l'expérience et qu'elles se nouent dans la perception irrécusable d'une chose ou dans l'expérience d'une vérité. Je ne puis introduire derrière moi comme le fait Husserl (d'ailleurs à titre hypothétique) une «transcendance dans l'immanence» parce que je ne suis pas Dieu et ne puis vérifier dans une expérience irrécusable la coexistence des deux attributs.

2. Bergson a montré avec profondeur dans l'*Introduction à la métaphysique* que la science doit être considérée non seulement dans ses formules achevées, mais encore avec la marge d'indétermination qui les sépare du donné à connaître, et que, prise ainsi, elle suppose une accointance avec le donné encore à déterminer. La métaphysique serait l'exploration délibérée de ce monde avant l'objet de science auquel la science se réfère. Sur tous ces points, il nous semble avoir parfaitement défini l'approche métaphysique du monde. Reste à savoir s'il est resté fidèle à cette méthode et ne revient pas au système quand il passe des «lignes de faits» à un élan vital ou spirituel dont elles soient la manifestation ou la trace, et qui ne peut être aperçu que du point de vue de l'observateur absolu, transformant en repos éternel l'effort et la tension qu'il avait d'abord décrits. Si l'intuition nous fait vraiment passer au-delà du monde, c'est que Bergson n'a pas pris pleine conscience de ses propres présupposés et de ce simple fait que tout le vécu est vécu sur le fond du monde. Et si, par contre, on doit finalement comprendre sa philosophie dans le sens de l'immanence, on peut lui reprocher de n'avoir décrit le monde humain que dans ses structures les plus générales — par exemple la

prise de conscience philosophique ne rend pas vain l'effort d'objectivation de la science : elle le poursuit au niveau de l'homme, puisque toute pensée est inévitablement objectivation ; elle sait seulement qu'ici l'objectivation ne peut s'emporter elle-même et nous fait conquérir le rapport plus fondamental de coexistence. Entre la connaissance scientifique et le savoir métaphysique, qui la remet toujours en présence de sa tâche, il ne peut y avoir de rivalité. Une science sans philosophie ne saurait pas, à la lettre, de quoi elle parle. Une philosophie sans exploration méthodique des phénomènes n'aboutirait qu'à des vérités formelles, c'est-à-dire à des erreurs. Faire de la métaphysique, ce n'est pas entrer dans un monde de connaissance séparé, ni répéter des formules stériles telles que celles dont nous nous servons ici — c'est faire l'expérience pleine des paradoxes qu'elles indiquent, c'est vérifier toujours à nouveau le fonctionnement discordant de l'intersubjectivité humaine, c'est chercher à penser jusqu'au bout les mêmes phénomènes que la science investit, en leur restituant seulement leur transcendance et leur étrangeté originaires. Quand la méthodologie a établi, semble-t-il, sans conteste, qu'aucune induction n'est fondée au sens absolu du mot et que toute réflexion emporte toujours avec soi des pans entiers d'expériences qui concourent tacitement à produire nos évidences les plus pures, il y aurait lieu sans doute de réviser la distinction classique de l'induction et de la réflexion, et de se demander s'il y a bien là deux sortes de savoir, s'il n'y a pas plutôt un seul savoir à différents degrés de naïveté ou d'explicitation.

Il fallait bien, pour la circonscrire, cerner d'un certain nombre de négations cette conception de la métaphysique. Mais, prise en elle-même, elle est la positivité même, et l'on ne voit pas de quoi elle pourrait nous priver. La gloire de l'évidence, celle du dialogue et de la communication réussie, la communauté du sort entre les hommes, leur accord, non pas selon la ressemblance biologique, mais en ce qu'ils ont de plus propre — tout ce que science et religion peuvent vivre effectivement se trouve ici recueilli, et arraché aux équivoques d'une double vie.

---

durée, l'ouverture à l'avenir —; il manque à son œuvre un tableau de l'histoire humaine qui donne un contenu à ces intuitions qui, paradoxalement, restent très générales.

Autour du marxisme

Thierry Maulnier a commencé d'écrire sur la politique dans la période ascendante du fascisme. Il y a beaucoup pensé, il en a beaucoup parlé, tantôt avec ferveur, tantôt avec des réserves. Justement parce qu'il le prenait au sérieux et l'examinait gravement, acceptant ceci, rejetant cela, nul doute qu'il ait contribué à le faire respecter. Comme il l'écrit lui-même, la sincérité de quelques-uns est un auxiliaire nécessaire des mystifications historiques[1]. Cela dit, il faut ajouter aussitôt que notre auteur s'est conduit de telle façon qu'il échappe à la polémique et aux procès de tendance et se place dans l'ordre de la philosophie politique, où il y a des opinions vraies et fausses, mais pas d'opinions damnables. Rappelons qu'en mai 1940, laissé seul par le hasard des circonstances à la direction d'un hebdomadaire, Thierry Maulnier a fait paraître quelques numéros résolument «bellicistes» qui lui ont valu deux ans plus tard d'être dénoncé par le même journal comme un agent de l'Angleterre. Entre 1940 et 1944, dans les journaux de zone sud auxquels il collaborait, il s'est limité au rôle de critique militaire et n'a jamais voulu que l'intérêt qu'il avait porté au phénomène fasciste pût être utilisé par la propagande des fascismes étrangers. Il n'a donc pas seulement fait ses preuves d'indépendance et de sincérité — vertus privées, qui ne sont pas décisives en politique —, il a montré qu'il avait le sens des responsabilités historiques et compris que, dans un pays même partiellement occupé, un écrivain, justement s'il s'était intéressé au fascisme, ne pouvait plus signer une chronique

---

1. T. MAULNIER, *Violence et conscience*, Gallimard, 1945, p. 128.

politique. C'est ce qui lui donne le droit entier de publier aujourd'hui ses réflexions et à nous toute liberté de les discuter sans arrière-pensée.

L'intérêt qu'il portait au fascisme était conditionnel. Le problème de notre temps consistait pour Thierry Maulnier à unir deux forces jusqu'ici séparées : les forces prolétariennes qui vont vers une société sans classe par la révolution économique et sociale, et les forces qui tendent à conserver la nation, forme de civilisation de l'Europe occidentale. Considérant le fascisme à ses débuts — et peut-être accordant trop de crédit aux déclarations de ses théoriciens —, il a cru que le sens du phénomène était de réaliser cette union. Telle était, pensait-il, la *vérité* historique du fascisme, quelle que fût par ailleurs la conduite des différents fascismes existants, qui pouvaient ou non rester fidèles à leur mission. À cet égard, Thierry Maulnier multipliait les réserves : « Le recours à l'Action, à la Race, au Sang, au Chef prédestiné, à la mission supérieure d'un peuple, tout l'attirail suspect du nationalisme moderne ne sont pas autre chose que les substituts de l'intelligence défaillante, l'appel de l'homme aux ténèbres pour ressaisir la maîtrise d'un monde où le savoir est impuissant à le guider[1]. » Il espérait seulement que « des instincts confus, des tendances contradictoires associés à des fragments d'anciennes doctrines, à des ressentiments parfois grossiers, à des intérêts parfois sordides[2] » porteraient dans l'histoire un *vrai* fascisme sans persécutions raciales, sans oppression, sans guerre, et tout entier voué à la solution du problème prolétarien dans les limites de la nation. Il fallait donc aider le fascisme à prendre conscience de sa vraie destination historique et en quelque sorte le transformer en lui-même. Il avait fait appel « à des survivances morales, à de vagues revendications, à des mythes aussi vagues que ceux de l'héroïsme, du devoir, du sacrifice, aux sources les plus faciles et parfois les plus suspectes de l'exaltation[3] ». Il fallait recueillir l'or caché dans cette boue. La question était de savoir si des réformes sociales de détail, le racisme, et l'exaltation de la communauté nationale ne serviraient qu'à escamoter le problème social et prolétarien, selon les recettes éprouvées du nationa-

---

1. T. MAULNIER, *Au-delà du nationalisme*, Gallimard, 1938, p. 19.
2. *Ibid.*, p. 29.
3. *Ibid.*, p. 25.

lisme traditionnel, ou si au contraire on verrait paraître en Allemagne et en Italie un type nouveau de société. On comprend que Munich, l'occupation de Prague six mois plus tard, la guerre de Pologne et la suite aient éclairé définitivement Thierry Maulnier sur les rapports du fascisme et de son « essence » historique, et qu'il ait sans hésitation refusé au fascisme existant la sympathie qu'il avait témoignée à un certain fascisme « possible ».

L'important est qu'on tire de cette expérience historique tous les enseignements qu'elle comporte. Nous voulons dire : le fascisme de Thierry Maulnier était-il vraiment un fascisme *possible*? Est-ce par hasard ou par un choix imprévisible des individus que le nazisme et le fascisme ont finalement recouru à la guerre et à la conquête? Était-il raisonnable d'en attendre la solution des problèmes de notre temps? Sommes-nous libres de donner à un régime le sens qu'il nous plaît d'y trouver, ou bien n'y a-t-il pas moyen de saisir une logique concrète du système qui le conduit nécessairement, ou du moins probablement, à ses décisions ultimes? Dès 1938, ne pouvait-on pas reconnaître, entre les différents aspects du fascisme — son aspect novateur et son aspect traditionnel —, celui qui devait finalement prévaloir? Il aurait seulement fallu quitter la méthode naïve de l'intellectualisme et chercher, sous le contenu manifeste du fascisme, son contenu latent. Thierry Maulnier composait une épure du fascisme en assemblant quelques idées qui lui plaisent : l'idée d'une révolution sociale et l'idée de civilisation nationale. Il s'efforçait de montrer que ces idées sont compatibles. La critique politique ne s'occupe pas d'idées seulement, elle s'occupe des conduites que ces idées masquent plutôt qu'elles ne les expriment. Même si, sur le plan des idées, la nation et la révolution ne sont pas incompatibles, sur le plan de l'action et dans la dynamique de l'histoire, un socialisme, s'il est « national », cesse d'être un socialisme ; les bourgeois de tous les pays ont très bien compris qu'en ajoutant au socialisme ce préfixe, on en retranche tout ce qu'il a d'inquiétant. Il faut savoir déchiffrer ce langage que les puissances comprennent du premier coup. Disons seulement pour aujourd'hui qu'à placer le problème national et le problème prolétarien sur le même plan, on corrompt en réalité la conscience socialiste, parce qu'on la fait déchoir de l'humanisme à l'empirisme ou si l'on veut de la politique «ouverte» à la politique «close», qu'elle se trouve dès lors qualitativement modifiée, et que, par une logique vitale contre laquelle les bonnes volontés ne peuvent rien, elle cesse en fait de choisir la révolution parce qu'elle cesse de la choisir absolument. Le marxisme a bien vu cette loi de tout ou rien, et sa critique de l'opportunisme ou de la social-démocratie renferme une psychanalyse de la vie politique qu'il faudra bien un jour développer. Six années de douleur et de deuil seraient comme rien pour l'expérience politique si nous continuions à penser que le fascisme *aurait pu* réaliser le socialisme, si nous ne comprenions pas que, dès l'origine, en reculant devant le problème prolétarien, le fascisme choisissait les «solutions» (d'ailleurs illusoires) de la guerre et de la conquête, si nous n'avions pas appris à relier politique extérieure et politique intérieure comme deux aspects d'un choix indivis, si nous n'avions pas appris à considérer un régime ou un mouvement politique comme un organisme vivant où tout a rapport avec tout.

On verra que *Violence et conscience* ne va pas jusque-là. Les solutions de Thierry Maulnier restent aujourd'hui ce qu'elles étaient il y a sept ans. Il entreprenait à l'égard du fascisme une critique «de l'intérieur». Les jeunes gens qui lisaient la revue *Combat* étaient de toute évidence des sympathisants du fascisme et on leur enseignait dans cette revue à critiquer sévèrement les insuffisances du fascisme en matière de politique sociale. Comme Thierry Maulnier le dit parfaitement aujourd'hui[1], chaque fascisme a une «avant-garde» qui remplit à son insu la double fonction de rassurer les éléments de gauche ralliés au régime dans l'espoir d'une révolution sociale et d'inquiéter les éléments de droite qui, sans cette menace, tireraient le système dans un sens réactionnaire. On ne peut s'empêcher de penser qu'en écrivant ces lignes, Thierry Maulnier fait un retour sur lui-même. C'est justement sa prétention d'aller à la fois au-delà du nationalisme et au-delà du marxisme qui le mettait à l'avant-garde de l'idéologie fasciste. Aujourd'hui même, alors qu'il a depuis longtemps et aussi nettement que possible retiré aux milieux fascistes toute espèce de sympathie, sa position est à peine différente. Il enseigne que le problème prolétarien est le problème des

---

1. *Violence et conscience, op. cit.*, pp. 112 et suivantes.

problèmes, que le capitalisme doit être détruit. Mais il s'adresse habituellement aux lecteurs du *Figaro* et de *Carrefour*, dont on peut dire, sans froisser personne, qu'ils ne sont pas voués corps et âme à la révolution sociale. Quel journal, dans la presse de cet été, consacre à *Violence et conscience* deux colonnes en première page? — *L'Époque*. Que retient-elle du livre? — Justement les conclusions si timides que nous aurons à discuter. Les idées de Thierry Maulnier dans un tel milieu ne sauraient encore une fois servir que de caution morale à la politique réactionnaire, et c'est à bon droit finalement que Thierry Maulnier reste sociologiquement un critique de droite.

Tant de lucidité, d'honnêteté et de vigueur dans la réflexion, une telle timidité dans le choix d'un public, et dans les conclusions, ces deux choses ensemble ne s'expliquent chez l'auteur que par quelque complexe politique. Le problème de Thierry Maulnier, c'est le problème de la droite intellectuelle française, et ce problème-là, les hommes de trente-cinq ans le sentent d'autant mieux que d'une façon ou de l'autre il a été le leur à quelque moment. Vers 1930, l'*Action française* a disposé chez les étudiants d'un crédit dont les jeunes gens d'aujourd'hui ne peuvent se faire une idée et dont il faudrait rechercher les raisons. Il est passionnant en tout cas de voir Thierry Maulnier rejeter peu à peu ce qu'il y avait de sommaire dans ses premières vues, sans d'ailleurs s'en débarrasser tout à fait, et comment une réflexion aussi sévère tantôt est retenue en deçà du marxisme et tantôt touche à ses problèmes fondamentaux.

*

Il y avait dans le maurrassisme de 1900 une réaction saine contre les illusions kantiennes de la démocratie. L'optimisme démocratique admet que, dans un État où les droits de l'homme sont garantis, aucune liberté n'empiète plus sur les autres libertés et la coexistence des hommes comme sujets autonomes et raisonnables se trouve assurée. C'est supposer que la violence ne fait dans l'histoire humaine qu'une apparition épisodique, que les rapports économiques en particulier tendent de soi à réaliser la justice et l'harmonie, et enfin que la structure du monde naturel et humain est rationnelle. Nous savons aujourd'hui que l'égalité formelle des droits et la liberté politique masquent les rapports de force plutôt qu'elles ne les suppriment. Et le problème politique est alors d'instituer des structures sociales et des rapports réels entre les hommes tels que la liberté, l'égalité et le droit deviennent effectifs. La faiblesse de la pensée démocratique tient à ce qu'elle est moins une politique qu'une morale, puisqu'elle ne pose aucun problème de structure sociale et considère comme données avec l'humanité les conditions d'exercice de la justice. Contre ce moralisme-là, nous sommes tous ralliés au réalisme, si l'on entend par là une politique qui s'occupe de réaliser les conditions d'existence des valeurs qu'elle a choisies. L'immoralisme maurrassien est d'une autre sorte. Au lieu de conclure que l'égalité et la liberté, n'étant pas données, sont à faire, il renonce à l'égalité et à la liberté. Ayant reconnu que la vue que nous prenons de l'homme par conscience est abstraite et qu'une société n'est pas un assemblage de consciences pures, libres et égales, mais d'abord un système d'institutions auxquelles les consciences doivent ce qu'elles peuvent avoir de raison et de liberté effectives, il récuse définitivement le jugement des consciences et fait de la politique une technique de l'ordre où les jugements de valeur n'ont pas de place. Le maurrassisme est pour une bonne part une critique de l'intérieur au profit de l'extérieur. La justice, la vérité dont les hommes croient posséder la source en tant qu'ils sont des consciences, elles reposent en réalité sur les tribunaux, sur les livres et les traditions, elles sont donc fragiles comme eux et comme eux menacées par le jugement individuel. L'individu ne vaut et ne pense correctement que par ses appuis extérieurs et l'essentiel est de les lui conserver. Le politique est celui qui a reconnu le prix des choses existantes et qui les défend contre la fantaisie de l'intérieur. Il s'agit de sauver l'homme historiquement constitué contre la nature qui, en nous et hors de nous, le menace toujours parce qu'elle est purement transitive. Nous ne devons donc faire aucune confiance au cours des choses, nous devons vénérer les chances admirables qui ont permis à une humanité de paraître, il n'est pas question d'abandonner aux héritiers un héritage qu'ils dilapideraient, ni de les consulter sur l'usage qu'il faut en faire. Il y a ceux qui savent parce qu'ils ont compris l'histoire, et ceux qui follement ne consultent que leur conscience. De là un *pathos* pessimiste, cynique et autoritaire dont on trouve des traces dans tous les ouvrages de Thierry Maulnier. Ainsi quand il disait que la haine et les passions flambent mieux que la bonne volonté ou qu'«une bonne partie de la politique véritable est sans doute de faire servir au bien général ce qu'il est convenu d'appeler les vices des hommes, et d'empêcher, autant qu'il se peut, de leur nuire ce qu'on appelle leurs vertus[1]». Ainsi quand il évoque «la puissance efficace de la bêtise[2]». Ainsi quand il définit la liberté «le bien que revendiquent ceux qui aspirent à la puissance tout le temps qu'ils sont encore faibles[3]». Ainsi chaque fois qu'il parle de la démocratie, et aujourd'hui même quand il insiste sur les hasards de l'histoire[4]. Barrès et Maurras pensaient que le monde et notre vie sont un tumulte insensé, sur lequel paraissent quelques *formes* fragiles et précieuses. Le fond de leurs idées est le désespoir de 1900. Thierry Maulnier doit à sa première formation politique ce sentiment d'un chaos possible, ce respect de l'homme et ce mépris des hommes.

Toutefois, dès son livre de 1938, une autre idée paraît, qui conduit ailleurs. Il rejette le progrès nécessaire, mais il rejette également l'idée maurrassienne d'une nature humaine immuable qui réduit les problèmes politiques à ceux d'une immuable sociologie de l'ordre. «Il est absurde de nier que l'homme soit capable de progrès; il n'est pas moins absurde de croire que ces progrès le délivrent (...). Chaque fois qu'il introduit un élément nouveau dans le système de relations connues qu'est une vieille civilisation, l'homme transforme dans des proportions inévaluables ce système de relations tout entier et peut y introduire le germe d'une désorganisation immense; ainsi certains progrès ont pu être payés de reculs beaucoup plus grands (...). Sachons au moins que nous ne créons rien à quoi nous ne devions ensuite faire face. À cette condition seulement nous pourrons aborder les problèmes posés par le monde moderne sans le dédain stupide, la terreur imbécile et le niais optimisme qui sont les masques de la pensée impuissante[5].» Thierry Maulnier introduisait

---

1. *Au-delà du nationalisme, op. cit.*, p. 84.
2. *Ibid.*, p. 23.
3. *Ibid.*, p. 106.
4. *Violence et conscience, op. cit.*, p. 10.
5. *Au-delà du nationalisme, op. cit.*, pp. 5-16.

ainsi l'idée d'une dynamique sociale et d'un mouvement de l'histoire. La politique ne pouvait donc plus se limiter aux recettes éprouvées d'un art de gouverner et à un heureux usage des hasards. Elle exigeait une analyse de la situation présente, elle reconnaissait un certain sens de l'histoire, dont elle avait à tenir compte sous peine d'être inefficace. On était amené à distinguer[1] parmi les événements empiriques ceux qui font faire à l'histoire un pas dont elle ne reviendra pas, parce qu'ils répondent aux problèmes du temps, et ceux qui ne sont que des aventures parce qu'ils reposent sur un concours de circonstances auquel ils ne survivront pas. Rien ne garantit que le pouvoir reviendra aux hommes et aux forces qui sont le mieux capables de dominer les difficultés du moment. Le cours de l'histoire est contingent, ce n'est pas toujours le meilleur ou le plus vrai qui l'emporte. «L'histoire est pleine d'occasions perdues, de richesses gâchées, d'engagements sur des routes sans issues[2].» Le succès, au moins pour un temps, peut échoir aux idéologies les moins rigoureuses. Il y a des doctrines vraies qui, comme disait Péguy, n'obtiennent pas l'inscription historique et inversement des événements voyants qui ne font pas faire un pas à l'histoire. Mais l'histoire est du moins rationnelle en ceci qu'un mouvement qui ne réussit pas à apercevoir sa destination historique et à poser les problèmes d'où il est né a toutes les chances de dévier, d'avorter, d'être effacé du cours des choses ou de ne laisser dans la trame de l'histoire qu'une «déchirure éphémère[3]». Le mouvement qui réussit un moment n'est pas toujours le plus vrai ni le plus valable, mais il faut qu'il le soit s'il doit durer. Si, par exemple, le fascisme ne surmonte l'antagonisme des classes que par l'exaltation éphémère du sentiment national et par un nouveau recours à la bonne volonté des opprimés, s'il continue d'ignorer les problèmes au lieu de les résoudre, il disparaîtra faute d'avoir rejoint par sa volonté consciente les motifs profonds d'où il est né et d'avoir assumé sa propre vérité.

On voyait donc apparaître l'idée d'une politique qui ne se crée pas *ex nihilo* dans l'esprit des individus, mais se prépare

---

1. *Au-delà du nationalisme*, pp. 20-21.
2. *Ibid.*, p. 21.
3. *Ibid.*, p. 31.

et s'élabore dans l'histoire, et non pas au sens maurrassien d'une histoire qui se répète, mais au sens d'une histoire qui se dépasse et qui présente aux hommes des situations neuves à dominer. L'histoire comporte des vecteurs, elle a un sens, non que toutes choses s'y disposent en vue d'une fin, mais parce qu'elle expulse les hommes et les institutions qui ne répondent pas aux problèmes existants, non que tout ce qui arrive mérite d'être, mais parce que tout ce qui disparaît méritait de disparaître. Or, si l'on admet ainsi la présence au cœur de l'histoire de certains *problèmes efficaces*, l'analyse de notre présent ne doit pas s'adresser seulement aux volontés et aux idées des hommes, elle doit être totale, elle doit s'attaquer à l'arrangement même des choses et à la situation économique, qui, comme tout le reste, acquiert désormais une signification historique. L'idée d'une logique de l'histoire a pour conséquence inévitable un certain matérialisme historique. Par ces deux biais, Thierry Maulnier rencontrait le marxisme. Qu'en pensait-il donc ?

Il lui reprochait d'abord d'avoir sous-estimé le rôle de l'homme dans la réalisation de l'histoire. Pour lui, l'histoire, si elle pose des problèmes, n'y apporte de soi aucune solution. La décomposition du capitalisme ne porte pas en elle-même l'avènement du régime qui le remplacera. C'est à l'homme qu'il appartient de concevoir librement les institutions qui tireront du chaos un nouvel ordre et qui retiendront l'histoire au bord du néant. À notre sens, Thierry Maulnier n'était ici en désaccord qu'avec un marxisme superficiel. Comment, en effet, nier le rôle de l'initiative humaine, si la classe n'est efficace qu'en tant qu'elle a pris conscience d'elle-même ? Puisque le marxisme a toujours dit que la révolution n'est pas fatale, pour lui comme pour Thierry Maulnier il n'y a qu'un « semi-déterminisme [1] » de l'histoire. Pour le marxisme comme pour Thierry Maulnier, la détermination historique des effets par les causes passe par la conscience humaine, et il en résulte que les hommes font leur histoire, bien qu'ils ne la fassent pas dans l'indifférence et sans motifs. En accordant que la volonté politique prend appui sur une situation de fait et prolonge vers leur solution d'avenir des antagonismes donnés, Thierry Maulnier a, de son côté, accordé au marxisme tout ce qu'il

---

1. *Au-delà du nationalisme, op. cit.*, p. 209.

demande : la décision humaine, puisqu'elle prend ses motifs dans le cours des choses, apparaîtra donc, au moins après coup, comme appelée par elles, de sorte que nous ne pourrons jamais, dans l'histoire accomplie, découvrir aucune rupture, aucun hiatus entre les effets et les causes. À cet égard, *Violence et conscience* formule avec une netteté parfaite les conséquences d'une méthode historique en politique : « Dès le moment où il est bien entendu que l'histoire n'est jamais donnée aux hommes comme une aire vide où ils peuvent construire ce qui leur plaît, mais comme un certain état de choses produit par des causes antérieures, dont ils ne peuvent pas faire qu'il ne soit pas, et en considération duquel il leur faut bien, bon gré mal gré, régler leur conduite, la liberté qu'elle leur laisse est seulement la liberté de comprendre plus ou moins bien le monde où ils se trouvent et de se comporter plus ou moins avantageusement dans ce monde. De ce point de vue, si une infinité de représentations et de conduites possibles sont contenues dans le fait de la conscience, il n'y a guère qu'une représentation et qu'une conduite possibles contenues dans le plus haut degré de conscience. C'est dans le plus haut degré de conscience que l'homme accomplit et détruit en même temps la liberté qui lui est laissée par l'histoire du fait même de sa conscience[1]. »

En réalité, dès 1938, Thierry Maulnier n'était plus séparé du marxisme que par la manière dont il décrivait la situation fondamentale de notre temps. Nous l'avons dit, il y voyait deux faits *également essentiels* : d'abord l'apparition dans les sociétés modernes d'un antagonisme de classe qui détruit l'unité de la nation, le prolétariat se sentant à bon droit étranger dans une patrie où il est admis à vendre son travail sans rester propriétaire des produits de son travail, ensuite la résistance de la nation et, particulièrement, des classes moyennes à ce processus de décomposition. Toute analyse du présent lui paraissait abstraite si elle omettait l'un de ces deux faits ou tentait de le subordonner à l'autre. Il reprochait précisément au marxisme de ne nous donner qu'un schéma décharné de l'histoire, parce qu'il réduisait l'histoire à l'histoire économique, et déformait même cette dernière en traitant comme un phénomène de surface la résistance des

1. *Violence et conscience, op. cit.*, p. 139.

classes moyennes à la prolétarisation et leur attachement aux valeurs des civilisations nationales. Il est vrai, pensait Thierry Maulnier, que la façon d'être et de penser dépend à chaque moment des formes de la production, mais non moins vrai que dans un pays donné, à un moment donné, la manière de travailler et de produire dépend des mœurs, des valeurs reçues et de la psychologie du pays considéré. La lutte des classes elle-même n'a lieu qu'à l'intérieur d'une communauté nationale, sur la base des acquisitions culturelles qui font l'unité de la nation au moment même où elle se scinde. «Nous ne pouvons déduire des échanges économiques, sinon de façon arbitraire et verbale, les échanges sociaux plus complexes, nous devons considérer, au contraire, l'existence d'un milieu social complexe (...) comme la condition vitale de tout échange économique, même le plus primitif. Si considérable que soit la part de l'échange économique dès l'origine, dans la vie sociale — aussi considérable que le sont les besoins organiques vitaux et les moyens de les satisfaire dans la vie de l'individu humain —, elle ne constitue pas plus la structure de la société que le besoin de manger, de dormir ou de se vêtir ne constitue la structure de la vie individuelle[1].»

Sur ce point encore, la critique de Thierry Maulnier portait beaucoup moins contre le marxisme lui-même que contre les exposés qu'on en fait couramment ou contre certaines formules authentiquement marxistes, mais qui schématisent la doctrine. On présente souvent le marxisme comme une *réduction* des phénomènes culturels aux phénomènes économiques ou comme une réduction de l'histoire aux *conflits d'intérêts*. Les marxistes parlent souvent de la bourgeoisie comme d'une «personne économique», qui agit toujours en vue de ses intérêts et pour qui les idées et les croyances ne sont que des moyens. Il n'en est pas moins vrai que ces interprétations et ces formules restent inégales au marxisme et en laissent peut-être échapper l'intuition centrale. La grandeur du marxisme n'est pas d'avoir traité l'économie comme la cause principale ou unique de l'histoire, elle est plutôt d'avoir traité l'histoire culturelle et l'histoire économique comme deux aspects abstraits d'un unique processus. Le travail, sur lequel repose l'histoire, n'est pas, dans son sens hégélien, la simple produc-

---

1. *Au-delà du nationalisme, op. cit.*, p. 64.

tion des richesses, mais, d'une façon plus générale, l'activité par laquelle l'homme projette autour de lui un milieu humain et dépasse les données naturelles de sa vie. L'interprétation marxiste de l'histoire ne la réduit pas au jeu conscient des intérêts, elle admet seulement que toute idéologie, et même par exemple une morale héroïque qui prescrit aux hommes de mettre en jeu leur vie, est solidaire de certaines situations économiques qui la portent dans l'existence : la morale des maîtres ne cesse d'être une conception individuelle, ne devient institution et ne reçoit l'existence historique que lorsqu'elle s'incarne dans les relations économiques du maître et de l'esclave et dans une société fondée sur le travail servile. Le matérialisme marxiste consiste à admettre que les phénomènes de civilisation, les conceptions du droit trouvent dans les phénomènes économiques un *ancrage historique*, par lequel ils échappent à la nature transitive des phénomènes intérieurs et se sédimentent au dehors en Esprit Objectif. La vie économique n'est pas un ordre séparé auquel les autres se réduisent, elle représente dans le marxisme l'inertie de la vie humaine, c'est en elle que les conceptions s'inscrivent et se stabilisent. Plus sûrement que les livres ou que les enseignements, les modes du travail transmettent aux générations nouvelles les manières d'être des précédentes. Il est vrai qu'à un moment donné, dans une société donnée, la manière de travailler exprime la structure mentale et morale comme le moindre réflexe d'un corps vivant exprime la manière fondamentale d'être au monde du sujet total. Mais, en même temps, la vie économique est le porteur historique des structures mentales, comme notre corps maintient les traits fondamentaux de notre conduite par-dessous les variations de nos états d'âme, et c'est pourquoi on connaîtra plus sûrement l'essence d'une société par l'analyse des relations interhumaines figées et généralisées dans la vie économique, que par celle de mouvements d'idées fragiles et fugaces, comme on connaît mieux un homme par sa conduite que par ses pensées. Dans le reproche de matérialisme abstrait que Thierry Maulnier faisait au marxisme, il y avait donc beaucoup d'injustice. Pas plus que de Man, qu'il nomme et dont il s'est peut-être inspiré, Thierry Maulnier n'avait alors pris la peine de dégager le marxisme des équivoques mécanistes et utilitaristes auxquelles peuvent prêter certaines de ses formules. La critique de ces formules laisse intacte la pensée principale du marxisme qui est celle d'une incarnation des idées et des valeurs, elle ne nous autorise pas à transcender ou à «dépasser» l'analyse économique, ni à laisser tomber le fil conducteur de la lutte des classes.

Or, c'est bien en fin de compte ce que faisait Thierry Maulnier. Sous prétexte que, dans chaque événement singulier, la lutte des classes ne transparaît jamais qu'à travers les particularités d'un pays et d'un temps, et qu'en ce sens elle n'est jamais pure, jamais seule en cause, il faisait comme si certaines réalités historiques échappaient à son influence et traitait, par exemple, la communauté nationale comme un fait aussi essentiel. Il refusait en somme la mise en perspective parce que les faits historiques comportent, outre leurs conditions économiques, des conditions morales et psychologiques. Mais la pluralité des conditions n'interdit pas de traiter l'une d'elles comme condition principale. C'est ce que font tous les jours les savants. Bien que dans la nature tout dépend en quelque mesure de tout et qu'il n'y ait pas de phénomène isolable à la rigueur, nous avons des lois, c'est-à-dire des schémas statistiquement vrais qui s'appliquent à peu près au cours de la nature, parce que, grâce à une sorte d'amortissement, les phénomènes les plus éloignés n'interviennent que d'une manière négligeable dans ce que nous observons ici et maintenant. De même, bien que, dans les événements pris un à un, les conditions économiques et les autres soient mêlées d'une manière inextricable, on garde le droit de donner un privilège aux premières dans l'analyse des phénomènes, s'il est établi que, à considérer un segment d'histoire assez étendu, elles dessinent plus fidèlement le cours des choses. On ne saurait en tout cas cantonner dans certains secteurs de l'histoire l'analyse économique, elle pénètre partout. La réaction des classes moyennes contre la menace de prolétarisation n'est pas un phénomène distinct de la lutte des classes et ne marque pas un échec de l'analyse marxiste : elle a sa place dans la dialectique des classes, elle en est une nouvelle phase et une nouvelle illustration. La nation, que Thierry Maulnier traite comme un fait irréductible, est, elle-même, investie par la lutte des classes, soit que la bourgeoisie invoque l'intérêt national et le danger extérieur pour ramener à l'obéissance les grévistes, soit que le prolétariat, comme en 1793, en 1871 ou même en 1944 reprenne à son compte l'héritage national abandonné par la bourgeoisie. Quand Thierry Maulnier oppose le mouvement prolétarien et les exigences du salut national, le fait prolétarien et le fait national, il y a là un étrange postulat. Car il peut arriver que le mouvement prolétarien soit pour la nation, non pas un danger, mais la condition du salut. Il y a, à vrai dire, deux nations : la nation comme réalité brute, avec son armature bourgeoise existante — celle-là est, sans aucun doute, menacée par la lutte des classes —, et la nation comme mode original de vie et de conduite — on ne voit pas bien ce qu'elle aurait à craindre d'une révolution prolétarienne mondiale. On ne peut pas citer le fait national comme un résidu inassimilable pour l'analyse marxiste, puisqu'on le voit se dédoubler justement sous l'influence des facteurs historiques qu'elle a découverts. Toute politique qui déclare se fonder sur le fait prolétarien et sur le fait national, comme si le premier n'enveloppait pas le second — sous les apparences flatteuses d'une politique «concrète», n'est, en réalité, comme Thierry Maulnier le dit aujourd'hui du fascisme, qu'un essai de «diversion[1]».

Avouons seulement que nous sommes mieux préparés à reconnaître ces vérités aujourd'hui qu'en 1938. Nous avions alors devant nous le fascisme en période d'essor, c'est-à-dire une forêt de baïonnettes, mais aussi une mise en scène «sociale» et «révolutionnaire», impressionnante au moins pour des intellectuels. À lire dans L'Œuvre pendant quatre ans des articles sur l'Europe «socialiste» et sur l'étalon travail, et à les confronter avec la réalité de l'Allemagne en guerre, nous avons appris ce que c'est que la propagande. Sous nos yeux, le fascisme est *devenu* d'abord cette armée qui se battait et, enfin, ce monceau de ferrailles et de ruines où subsistent, tant bien que mal, des populations usées, sans idée et sans volonté politiques. Il nous faut un effort pour nous rappeler sa mine d'il y a sept ans, pour le distinguer de la guerre où il s'est englouti, pour lui rendre ses prestiges de société nouvelle «au-delà du marxisme». Par ailleurs, Vichy et le sacrifice de tant de prolétaires français nous ont montré jusqu'à l'évidence que l'anticommunisme pouvait mener à la trahison et la volonté révolutionnaire assumer la nation.

1. *Violence et conscience, op. cit.*, p. 93.

133

Enfin, maintenant que la France a clairement cessé d'être une puissance de premier ordre et que l'existence nationale nous apparaît dans une dépendance si étroite à l'égard des impérialismes mondiaux, notre puissance diminuée ne nous permet plus de confronter gravement, comme des faits d'égal poids, le drame de l'organisation économique mondiale et le fait national français, notre humiliation nous débarrassera peut-être du *provincialisme* si frappant dans la politique française d'avant-guerre et, particulièrement, dans la politique d'*Action française*. Pour avoir, pendant des années, attendu notre salut du monde, nous avons peut-être appris à poser des problèmes mondiaux et, pour avoir fait connaissance avec les infrastructures, nous ne pouvons plus ignorer la matière de l'histoire, comme un malade ne peut plus ignorer son corps.

Ce qui est sûr, c'est que, dans son nouveau livre, Thierry Maulnier rend justice au marxisme comme il ne l'avait jamais fait et propose une vue de l'histoire qui en retient tout l'essentiel. L'idée de « mystification » historique semble avoir éclairé pour lui toute la conception marxiste de l'histoire. « À un certain degré de décomposition de la société capitaliste, écrit-il, le capitalisme ne peut plus trouver de sauvegarde que dans une attitude résolument anticonservatrice, la caste capitaliste ne peut plus trouver d'hommes capables de lutter contre la révolte prolétarienne qu'en dehors de ses propres rangs, la structure économique qui comporte la spoliation du travail et la domination de l'argent ne peut plus compter pour prolonger son lent dépérissement que sur les mythes du désintéressement et de l'héroïsme. Il ne s'agit plus de briser de front l'élan révolutionnaire anticapitaliste, mais d'orienter cet élan selon une direction oblique qui atténuera la force du choc et préservera une partie des institutions existantes[1]. » Comme par ailleurs Thierry Maulnier exclut l'interprétation du fascisme comme « déguisement autoritaire du grand capitalisme[2] », il veut donc dire que la manœuvre est chez presque tous préconsciente. Il n'est pas sûr après tout qu'à l'exception de quelques « maîtres », aucun bourgeois ait jamais conçu la diversion fasciste sous forme de projet délibéré. Le mystère

1. *Violence et conscience, op. cit.*, p. 104.
2. *Ibid.*, p. 93.

de l'histoire est justement que, sans plan préconçu, les individus se comportent en tout point comme s'ils avaient une puissance infinie de prévision, que par exemple le «bourgeois» choisit dans tous les domaines — politique, morale, religion, art militaire —, avec une sûreté infaillible, les vues et les valeurs qui en fait rendront possible le maintien du capitalisme. Complot, préméditation ou coïncidence? se demandait-on au procès Pétain. Ce n'était probablement rien de tout cela. Mais Pétain, tel que l'avaient formé et défini cinquante années en milieu militaire et dix ans en milieu préfasciste, comme par une sorte de réflexe, adoptait en chaque circonstance, et par exemple devant le problème de l'armistice, l'attitude qui risquait le moins de libérer les forces révolutionnaires. La logique de l'histoire n'opère pas par idées claires et par projets individuels, elle a pour instruments les complexes politiques et les projets anonymes qui donnent à un ensemble d'individus un certain style commun, «fasciste» ou «prolétarien» par exemple. Dans la mesure où nous n'avons pas compris que nos actions, en passant de nous dans les choses, prennent un certain sens statistique et objectif qui peut être assez différent de celui que nous leur donnions, nous sommes surpris en face d'elles, nous ne les reconnaissons pas, nous sommes trompés par le «mystérieux pouvoir d'autodétermination[1]» dont l'histoire, dit Thierry Maulnier, semble douée. De là cet air de dormeurs mal éveillés que l'on voit à certains «traîtres» quand l'événement leur montre soudain la figure inconnue de leur propre vie. L'histoire n'est faite ni par les idées seules, ni par des intérêts connus pour tels, mais par des intérêts déguisés en idées, par des idées tombées à l'état de soucis et d'angoisses vagues dans le va-et-vient confus de l'existence. «Si le déterminisme de la seconde guerre mondiale ne peut en aucun cas être réduit au jeu des causes économiques et si les causes économiques de la guerre n'y jouent que dans un enchevêtrement et une confusion assez difficilement déchiffrables, il y a toutefois dans ce complexe historique où toutes les forces qui régissent les sociétés ont leurs cheminements, leurs angles d'attaque et leurs interférences, un système de déséquilibre dont l'influence paraît guider les flux et les reflux de la grande bataille, à peu près comme les mouvements de l'océan sont

1. *Violence et conscience, op. cit.*, p. 46.

conduits par une gravitation planétaire. La guerre de 1939 est, à n'en pas douter, dans une considérable mesure, la guerre des peuples pour la possession des grandes sources de matières premières et pour la domination par ces sources de matières premières[1]. » On aperçoit l'idée d'une sorte de déterminisme global ou latéral de l'économie, qui laisse jouer dans chaque cas singulier les autres sortes de conditions, quitte à les infléchir dans son sens. La discussion du marxisme a longtemps été conduite comme s'il s'agissait d'assigner *la cause* de l'histoire, et comme si chaque événement devait être en rapport de causalité linéaire avec un autre événement dont il s'agissait alors de savoir s'il est « économique » ou « idéologique », et l'on croyait triompher du marxisme en montrant qu'il y a des exemples de causalité « idéologique ». Mais il va de soi que l'idéologie ne saurait à son tour être détachée de son contexte économique. Si l'on refuse comme abstraite une histoire matérialiste, on doit, pour les mêmes raisons, refuser une histoire idéaliste ou spiritualiste. On conclura donc que chaque événement comporte des déterminants de tous les ordres, et certains croient encore, par ce biais, dépasser le marxisme, puisque aucune mise en perspective n'est absolument exclue. Ils ne voient pas que le marxisme, dans ce qu'il a d'essentiel, est justement cette idée que rien ne peut être isolé dans le contexte total de l'histoire, avec en plus l'idée que les phénomènes économiques, à raison de leur plus grande généralité, contribuent davantage au discours historique. Ils n'expliquent pas tout ce qui se passe, mais aucun progrès dans l'ordre de la culture, aucun pas historique n'est possible sans un certain arrangement de l'économie qui en est comme le schéma et le symbole matériel. « Prenons garde (...) dit Thierry Maulnier, de ne pas nous laisser entraîner trop loin par cette victoire apparente sur le "matérialisme". Nous avons seulement chassé la "production des données matérielles" de la "base", où Marx l'avait placée pour la réintroduire au "cœur" de la réalité sociale. Il ne s'agit pas maintenant d'expulser à nouveau le travail producteur de ce cœur de la réalité sociale humaine où nous l'avons rencontré, baigné tout entier par elle, mais la baignant tout entière, associé à toutes ses formes et à toutes ses manifestations par une pénétration mutuelle

---

1. *Violence et conscience, op. cit.*, p. 120.

infinie et par une pleine réciprocité. Il ne s'agit pas de rejeter la "production des données matérielles" dans les dépendances de l'histoire, dans les cuisines ou les communs de la société humaine, comme le font avec pudeur et dégoût les historiens idéalistes. La production des données matérielles de la vie n'est pas la base de l'histoire humaine, elle n'en est pas davantage la servante passive et déshonorée, elle se trouve dans cette histoire, solidement établie en elle, agissant sur elle par de puissantes et continuelles influences, la déterminant et déterminée par elle, pour ainsi dire de *plain-pied*. Nous ne pouvons ni l'hypostasier dans un primat en quelque sorte transcendant, ni la rejeter dans les zones honteuses ou dédaignées. Le producteur des données matérielles, l'homme qui arrache au monde la vie de ses semblables, cet homme n'est pas le créateur de la société humaine considérée dans son être historique — car il est lui-même, avec son travail, créé par elle —, mais il n'est pas davantage son esclave : il est l'instrument des puissantes transformations qu'elle opère sur elle-même à travers la nature qu'elle combat et souvent domine. L'histoire ne sort pas de lui ; elle ne passe pas au-dessus de lui ; elle passe par lui (...). Il serait vain de nier la part prépondérante prise dans les activités de la société humaine par l'effort de l'*homo faber* pour assurer la survivance de l'homme dans la nature ; et il va de soi que cet effort, rayonnant lui-même de toutes parts dans la totalité sociale en fonction de laquelle il est produit, détermine dans une large mesure les autres formes de l'activité humaine, la production et la transformation des lois, des mœurs, des croyances, de styles de civilisation, et, en fin de compte, le comportement et le contenu de la conscience. D'où il résulte que, si la totalité sociale n'est pas déterminée dans ses superstructures par un substrat économique qui en serait le producteur, on peut dire que cette totalité se détermine elle-même principalement par l'intermédiaire des activités au moyen desquelles elle assure sa survivance et transforme la nature qui l'entoure[1]. » Quand on se rappelle les protestations sommaires de *La Crise est dans l'homme* contre le machinisme américain et soviétique, on mesure le changement. Si l'économie est dans la société ce qu'est le cœur dans l'organisme, il ne peut plus être question de contingenter les progrès écono-

1. *Violence et conscience, op. cit.*, pp. 151 et 153.

miques, il faut guetter, comme disait Balzac, le « mystère de la civilisation » dont ils sont peut-être l'ébauche visible.

Il semble que Thierry Maulnier ait renversé ses positions de départ. Dans une histoire où tout se tient selon une étrange logique, le vrai politique ne cherchera pas à jouer des passions humaines pour parvenir à des fins arbitrairement choisies. Jeté avec les hommes dans un drame qui ne va pas forcément au bien, mais qui en tout cas va quelque part, il a compris que le conservatisme est l'utopie, il ne trouve dans les hommes et dans les choses rien d'insignifiant, il les interroge et les écoute, il ne peut les transformer qu'en eux-mêmes. Le temps du cynisme juvénile est bien passé : « Gouverner l'homme par ses passions, c'est aussi dangereusement les grandir. La flatterie et la contrainte sont les deux faces du mépris : elles font, certes, de l'homme un bon instrument ; mais faire de l'homme un instrument, là est le mépris [1]. » — Toutefois on change plus vite de philosophie que de morale et de morale que de politique. Si, de la philosophie de l'histoire, nous passons aux conclusions pratiques, nous trouverons Thierry Maulnier en arrière de ses propres idées.

*

S'il est vrai que la lutte des classes est un fait essentiel, que l'antagonisme des classes brise les formes culturelles constituées et qu'enfin de proche en proche la décomposition économique du capitalisme corrompt toutes les idées, toutes les valeurs qu'il avait accréditées, il semble naturel de conclure qu'on ne reviendra à une économie et à une civilisation « organiques » que par l'expropriation des propriétaires et, comme disait Lénine, en « volant ce qui a été volé ». Or Thierry Maulnier impose au contraire à cette reprise de possession par l'homme de sa propre vie une série de conditions si minutieuses qu'elles équivalent pratiquement à un refus de la révolution. Il admet bien que le problème est de supprimer le salariat et de rétablir le lien du producteur au produit. Cette fraction du travail qui, dans le système capitaliste, sert à la multiplication du capital, doit être rémunérée, sinon en argent et avec le droit d'employer cet argent à l'achat de

1. *Violence et conscience, op. cit.*, p. 116.

biens consommables (car alors disparaîtrait, avec l'accumulation, la possibilité de nouveaux investissements et d'un développement technique nouveau), du moins en une «monnaie de production» qui fasse du travailleur le copropriétaire des entreprises à créer. Là-dessus, Thierry Maulnier ajoute : «Quant aux détenteurs des instruments de production actuellement existants, ils se trouveront peut-être dans ce cas assez heureux qu'on leur en laisse la propriété, en leur ôtant le droit de se servir de cette propriété pour s'approprier gratuitement la plus-value de travail de ceux qu'ils emploient et s'assurer ainsi le monopole dans la création et la propriété de nouvelles richesses[1].» Ainsi le même auteur qui a décrit l'occupation de l'État par la bourgeoisie à peu près comme le font les marxistes attend la révolution d'un État qui n'aura pas été libéré par l'expropriation des propriétaires. Comment ne pas voir que ce sera de deux choses l'une : ou bien les «réformes» de Thierry Maulnier supprimeront vraiment le capitalisme, et alors il serait naïf de croire que les propriétaires des instruments de production «seront assez heureux» du hochet qu'on leur laissera. Ou bien leur pouvoir par quelque biais sera maintenu, et alors ils toléreront la réforme, mais elle ne sera plus qu'une nouvelle mystification. Concrètement, *qui* fera la réforme ? Une majorité parlementaire ? Mais, comme on verra, il n'est pas sûr que Thierry Maulnier accepte une forme quelconque de démocratie — et d'ailleurs nous savons bien de quels moyens disposent les puissances, justement à la faveur de la liberté de la presse, pour susciter les mouvements d'opinion et les manifestations qui paralysent une majorité parlementaire. Le problème prolétarien est posé, dit Thierry Maulnier, il y a compétition pour le résoudre. «Peu nous importe quel sera le vainqueur de la compétition universelle et que sa main droite tienne l'épée, le sceptre ou le marteau, mais seulement la pensée qui le guidera[2].» Et ailleurs : «Que l'on imagine les moyens politiques d'une transformation radicale de la société (c'est-à-dire de l'État politique) entre les mains d'un homme ou d'un groupe d'hommes pourvus d'assez d'audace, d'esprit de décision et de conscience historique pour supprimer le prolétariat en

---

1. *Violence et conscience*, op. cit., p. 173.
2. *Ibid.*, p. 58.

tant que classe, c'est-à-dire pour imposer dans la société une structure économique où le salariat sera aboli[1]...» Voilà donc à quoi nous aboutissons: le socialisme réalisé par les décrets d'*un homme* ou d'*un groupe d'hommes* éclairés! On croyait Thierry Maulnier acquis à cette idée — peut-être la moins contestable des idées marxistes — qu'une politique efficace n'est pas celle que conçoivent quelques individus à leur table, mais celle qui prolonge le mouvement de l'histoire et que portent les forces historiques? Qui appuiera les décisions de nos réformateurs, sinon ceux qu'elles vont libérer, et comment les appuieront-ils, sinon par la grève et l'occupation des usines? Il faudra donc leur expliquer qu'ils n'ont pas à s'approprier ni même à gérer les usines qu'ils occupent? Et s'ils prolongent l'occupation? Qui fera évacuer les usines, sinon la police, et au profit de qui, sinon des propriétaires existants? Était-ce la peine de réfléchir sur le marxisme et de rejeter d'une manière péremptoire toute espèce de réformisme pour aboutir à ce nouveau «plan»? Si le socialisme est, non pas une idée d'intellectuel, mais, comme le disait déjà Thierry Maulnier en 1938, «ce qui demande à naître», la forme d'existence sociale qui se dessine dans l'aliénation prolétarienne et dans la révolte contre cette aliénation, un socialisme non prolétarien est un cercle carré.

Thierry Maulnier a bien pu éliminer ses préjugés dans l'ordre philosophique, ils restent efficaces quand on en vient aux problèmes concrets, les seuls, après tout, qui comptent en politique, comme l'a très bien compris le commentateur de *L'Époque*. À ce moment sa pensée faiblit et devient banale. Ce n'est plus lui qui parle. Le contrôle ouvrier de la gestion? — «Il s'agit là d'une contamination absurde des programmes de réforme économique par les principes théoriques de la démocratie», c'est-à-dire par «des méthodes qui ont fait la preuve de leur lenteur paralysante et de leur inefficacité dans l'ordre politique[2]». C'est vite dit. Est-il sérieux de comparer la démocratie politique où chacun est appelé à donner son avis sur des problèmes abstraits, et surtout où, entre l'électeur et les décisions du législatif, s'interposent toute une série d'influences que Thierry Maulnier lui-même a signalées — avec

1. *Violence et conscience, op. cit.*, p. 165.
2. *Ibid.*, p. 193.

la gestion quotidienne de l'entreprise par les travailleurs, parmi lesquels se trouvent un certain nombre d'ingénieurs et de directeurs aussi «compétents» que le propriétaire de l'entreprise ou le président du conseil d'administration en ce qui concerne la marche générale de l'affaire? Il suffit d'avoir observé un atelier au travail, une section au combat, ou un sardinier à la pêche pour comprendre que l'autorité technique n'est jamais contestée quand elle ne sert pas à cacher des intérêts inavouables. Les hommes ne sont peut-être pas bons, mais ils ne sont pas si bêtes, et quand on pense à la masse des sacrifices qu'ils ont non seulement subis, mais finalement acceptés alors que la nécessité n'en était pas évidente, on peut se demander s'ils n'en accepteraient pas de plus grands pour la réussite d'une économie à laquelle ils se sentiraient personnellement intéressés et qui serait *leur* affaire. La question n'est pas de savoir si la révolution dans son début n'entraînerait pas de désordre dans la production, elle est de savoir quelle solution on peut donner au problème prolétarien, hors celle-là. Une politique «pour le peuple» qui ne se fait pas «par le peuple» ne se fait finalement pas du tout, tel est l'*a, b, c* d'une politique *historique*. On se rappelle les résultats de l'expérience de Man en Belgique. Adopté en particulier par le Parti ouvrier belge, le plan avait été exposé devant des «concentrations» populaires qui devaient être couronnées par une «concentration» géante à Bruxelles, avec menace de grève générale. Deux méthodes étaient possibles: la méthode réformiste ou parlementaire et la méthode révolutionnaire. Ou bien les travailleurs à tous les échelons reprendraient possession de l'appareil économique et imposeraient la constitution d'un gouvernement planiste — on irait alors de la révolution au pouvoir —, ou bien les travailleurs resteraient au travail et des décisions législatives mûrement délibérées réaliseraient le plan: on irait alors, disait de Man, du pouvoir à la révolution. Conformément à l'idéologie planiste, de Man choisit la seconde méthode. On sait ce qu'il advint. Le plan ne fut jamais appliqué. *Historiquement* il est absurde, si l'on prend pour fin la libération du prolétariat, de chercher à atteindre cette fin par des moyens non-prolétariens, et le choix de tels moyens signifie en clair que l'on renonce à la fin prétendue. La fin et les moyens ne peuvent être distingués que dans les conceptions de l'intellec-

141

tuel, et non sur le terrain de l'histoire. Toute politique qui n'admet pas ce principe reste en deçà du marxisme sous prétexte de le «dépasser».

Qu'on ne cherche pas ici à déguiser une politique réactionnaire sous ce prétexte que la révolution doit être dirigée. Le problème de la direction révolutionnaire existe, mais il se pose une fois qu'on a libéré l'économie de ses parasites, non avant. Un homme comme Lénine l'avait, bien entendu, rencontré sur sa route. Il ne pensait pas qu'il y eût de solution spéculativement parfaite : on ne peut construire une politique ni sur l'opinion de la masse seule, ni sur les décrets du parti ou de ses chefs. Le secret du léninisme était dans la communication qu'il réussit à établir entre la masse et les chefs, entre le prolétariat et sa «conscience». Cela suppose des chefs qui ne s'enferment pas dans un bureau et qui sachent expliquer aux masses ce qu'on leur propose, cela suppose un dialogue et un échange entre les masses qui indiquent à chaque moment l'état de la révolution *effective* et le centre où s'élaborent les *conceptions* et les perspectives révolutionnaires. C'est sans doute ouvrir la porte à l'éloquence et introduire dans le système une possibilité de tromperie. Mais il faut bien se dire que, s'il y a une solution, c'est celle-là.

On sent, à travers *Violence et conscience*, un second motif conservateur. C'est l'idée que la culture est fragile et qu'une révolution prolétarienne la détruirait en même temps que ses soutiens capitalistes. Le prolétariat, qui n'«a pas de patrie» parce qu'il est exclu de sa patrie nominale, est un résultat de la décomposition capitaliste. Comment posséderait-il en lui-même la force d'édifier une nouvelle culture? «C'est sans doute un des points les plus ingénieux, mais aussi un des plus contestables, de l'interprétation marxiste de la vie, que cette fusion dans un mouvement dialectique unique des principes de déclin et de dissociation et des principes de renouvellement, des forces désagrégeantes et des forces édificatrices de la vie[1].» Le marxisme n'a pas ignoré le problème. Il distingue un prolétariat vidé de toute substance culturelle — et d'ailleurs aussi de toute énergie révolutionnaire —, le *Lumpenproletariat* de Marx, et un prolétariat qui reste capable de création historique et culturelle. L'analyse de Marx devrait

---

1. *Violence et conscience, op. cit.*, p. 68.

être sur ce point prolongée et renouvelée : la décomposition du capitalisme, beaucoup plus avancée aujourd'hui qu'il y a un siècle, et le «pourrissement» de la révolution, en particulier sous sa forme fasciste, ont corrompu, ruiné moralement et annulé politiquement de larges couches sociales qui auraient été capables d'action révolutionnaire. Il suffit, pour s'en assurer, de penser aux éléments prolétariens qui se sont associés, pendant l'occupation, au trafic avec les Allemands ou qui demeurent, autrement que comme consommateurs, dans le circuit du marché noir. Tout cela rend peut-être improbable, pour l'immédiat, la formation d'une conscience révolutionnaire. Mais il faut bien comprendre que, dans la même mesure, la restauration de la culture est compromise. Car, selon Thierry Maulnier lui-même, les phénomènes économiques étant au cœur de la société, la décomposition économique ne laisse pas intact l'héritage culturel. C'est un fait que, dans la situation où nous sommes, il n'est pas un des termes du vocabulaire moral qui ne soit devenu équivoque, pas une des valeurs traditionnelles qui n'ait été contaminée. Si un jour on doit pouvoir parler avec faveur du travail, de la famille ou de la patrie, c'est à condition que ces valeurs aient été au préalable purifiées par la révolution des équivoques qu'elles ont servi à entretenir. De sorte qu'il ne saurait être question de les préserver contre la violence prolétarienne, puisque cette violence peut seule les rendre honorables à nouveau. On ne peut sauver du passé ce qui mérite d'être sauvé qu'en fondant un nouvel avenir. Dans une société sans classes, les conditions négatives d'une culture renouvelée seront réunies. Là-dessus, Thierry Maulnier demandera si les conditions positives le seront aussi. C'est ici qu'il faut choisir. Si l'on voit l'humanité comme le faisait Maurras, c'est-à-dire comme une réussite absolument fortuite due à quelques hommes exceptionnels et à quelques circonstances improbables, alors la révolution apparaît nécessairement comme le plus grand risque. Mais Thierry Maulnier a rejeté ce pessimisme de principe. Ce qu'il faudrait lui opposer, ce n'est pas l'optimisme de principe du XVIIIe siècle, mais comme un optimisme méthodique. Car après tout, si rares que soient les choses belles et grandes, c'est un fait remarquable qu'elles sont assez généralement comprises et admirées. L'homme pourrait se définir par ce pouvoir qu'il a de concevoir ou en tout cas de respecter ce qu'il n'est pas et ce qu'il n'a pas. Il suffit de faire vivre ensemble et d'associer à une même tâche quelques hommes pour qu'aussitôt se dégagent de leur vie en commun des règles rudimentaires et un commencement de droit. À considérer les choses ainsi, on a le sentiment qu'avec des hommes la ressource est immense. Il faudrait revenir sur cette idée si répandue que la raison est rare et l'on pourrait montrer en un sens qu'elle est partout chez les hommes, qu'ils en sont en quelque sorte empêtrés, et que cette ouverture au possible est justement ce qui fait leurs instincts beaucoup moins stables que ceux des animaux, comme Pascal, qui n'était pas optimiste, l'avait bien vu. Il y a quelque chose à dire en faveur de la «lumière naturelle». Les hommes sécrètent de la culture en quelque sorte sans le vouloir. Le monde humain, si différent qu'il soit du monde naturel ou animal, est en quelque sorte *naturel pour l'homme*. Dans la philosophie pessimiste de Maurras, on trouverait bien des traces de l'évolutionnisme du XIXe siècle, et si la différence de l'existence humaine et de l'existence animale est radicale, on pourrait sans doute témoigner un peu moins de défiance à l'homme. Certes l'enjeu est grave et le risque est grand. Si nous pouvions éviter de le courir, il faudrait peut-être l'éviter. Mais si l'alternative est celle du socialisme ou du chaos, l'imprudence est du côté de ceux qui contribuent à aggraver le chaos sous prétexte que la révolution est un risque. Ramené à l'essentiel, le marxisme n'est pas une philosophie optimiste, c'est seulement l'idée qu'une autre histoire est possible, qu'il n'y a pas de destin, que l'existence de l'homme est ouverte, c'est la tentative résolue de ce futur dont personne au monde ni hors du monde ne sait s'il sera ni ce qu'il sera.

*

N'y a-t-il donc rien de fondé dans les hésitations de Thierry Maulnier en face du marxisme ? Nous pensons au contraire que, débarrassés de leurs motifs «réactionnaires», elles ont une signification profonde, et c'est même pour dégager dans sa pureté ce que nous appellerons le problème marxiste que nous avons formulé les critiques qui précèdent.

On sait que Marx et Lénine ont conçu, dans une phase tardive de la société socialiste, un «dépérissement» de l'État comme puissance contraignante, parce qu'il leur semblait que les contraintes deviennent superflues dans une société où il n'y a plus d'oppression ou d'exploitation, et où la lutte des classes est vraiment abolie. C'était supposer que les contradictions de l'individu et de la société n'ont lieu que dans une société capitaliste et que, une fois détruite cette société, l'homme s'intégrera sans efforts et sans problèmes à l'existence collective sous toutes ses formes. Là-dessus Thierry Maulnier écrit : « Il y a une aliénation qui peut être abolie parce qu'elle résulte d'un certain état réformable de la société. Mais il en est une autre irréductible : l'homme ne pourrait se reconquérir tout entier qu'en cessant de vivre au contact de ses semblables[1]. » Le passage serait faible si on le prenait comme un argument contre la révolution : car même s'il y a une aliénation du Pour Autrui qu'aucune révolution ne fera cesser, et même si, une fois retombé l'élan révolutionnaire, l'individu éprouve la loi comme une contrainte encore, ce n'est pas une raison pour le détourner de l'acte révolutionnaire où, pour un temps au moins, il assume l'existence avec autrui, et qui a chance de réduire au minimum inévitable les contraintes de la coexistence. Mais si ce texte ne peut pas servir à justifier une politique réactionnaire, il nous révèle ce qui sépare Thierry Maulnier de la plupart des marxistes. C'est qu'il tient pour définitives certaines contradictions de la condition humaine, c'est qu'il la croit foncièrement irrationnelle. Thierry Maulnier ne le dit nulle part, mais il nous semble que, par-delà ses préjugés, la vérité de son livre est en ceci qu'il a clairement perçu dans l'histoire ce que J. Hyppolite appelle des « faits dialectiques », sans pouvoir adhérer à l'idée d'une dialectique unique de l'histoire. Or, il ne s'agit pas ici d'une critique externe du marxisme, qui pourrait être réduite par un examen plus complet de la doctrine. Il s'agit vraiment d'une difficulté interne, qui mérite l'attention des marxistes eux-mêmes.

Le marxisme, comme on sait, reconnaît que rien n'est absolument contingent dans l'histoire, que les faits historiques ne naissent pas d'une somme de circonstances étrangères les unes aux autres, qu'ils forment un système intelligible et offrent un développement rationnel. Mais le propre du

1. *Violence et conscience, op. cit.*, p. 87.

marxisme, à la différence des philosophies théologiques ou même de l'idéalisme hégélien, est d'admettre que le retour de l'humanité à l'ordre, la synthèse finale ne sont pas nécessaires et dépendent d'un acte révolutionnaire dont la fatalité n'est garantie par aucun décret divin, par aucune structure métaphysique du monde. Un marxiste croit à la fois que la révolution de 1917 en Russie n'était pas fatale, que par exemple elle aurait pu échouer faute de chefs capables de penser la situation et d'orienter les masses, et que la présence même d'une direction révolutionnaire remarquable, la faiblesse du personnel politique bourgeois dans la Russie de 1917 ne sont pas un hasard et sont liées à la situation totale de la Russie en ce moment : au radicalisme d'un prolétariat récent, formé par prélèvement de main-d'œuvre sur les campagnes, et au régime semi-colonial de la Russie soumise par le capitalisme étranger à une industrialisation rapide. Le propre du marxisme est donc d'admettre qu'il y a à la fois une logique de l'histoire et une contingence de l'histoire, que rien n'est absolument fortuit, mais aussi que rien n'est absolument nécessaire — ce que nous exprimions tout à l'heure en disant qu'il y a des faits dialectiques. Mais ce caractère tout positif et expérimental du marxisme pose aussitôt un problème. Si l'on admet qu'à chaque moment, quelle que soit la probabilité de l'événement, il peut toujours avorter, comme cette offensive du hasard peut se renouveler, il peut se faire finalement que la logique et l'histoire divorcent et que l'histoire empirique ne réalise jamais ce qui nous paraît être la suite logique de l'histoire. Or, en perdant le caractère d'un avenir nécessaire, la révolution ne cesse-t-elle pas d'être la dimension fondamentale de l'histoire, et, à l'égard de l'histoire effective, qui après tout importe seule, celui qui juge de toutes choses sous l'angle de la lutte des classes n'opère-t-il pas une mise en perspective arbitraire ? La notion d'une « logique de l'histoire » renferme deux idées : d'abord l'idée que les événements, de quelque ordre qu'ils soient, en particulier les événements économiques, ont une signification humaine, que sous tous ses aspects l'histoire est une et compose un seul drame, et ensuite l'idée que les phases de ce drame ne se succèdent pas sans ordre, qu'elles vont vers un achèvement et une conclusion. La contingence de l'histoire signifie que même si les divers ordres d'événements forment un seul texte intelligible, ils ne sont cependant pas rigoureusement liés, qu'il y a du jeu dans le système, que par exemple le développement économique peut être en avance sur le développement idéologique, que la maturité idéologique peut survenir lorsque les conditions objectives ne sont pas encore ou ne sont plus favorables à la révolution, et d'autre part que la dialectique de l'histoire peut s'enliser ou dévier vers des aventures sans résoudre les problèmes qu'elle a mis au jour. Si nous quittons résolument l'idée théologique d'un fond rationnel du monde, la logique de l'histoire n'est plus qu'une possibilité parmi d'autres. Bien que l'analyse marxiste nous permette mieux qu'aucune autre de comprendre un très grand nombre d'événements, nous ne savons pas si, pour toute la durée de notre vie ou même pour des siècles, l'histoire effective ne va pas consister en une série de *diversions* dont le fascisme a été la première, dont l'américanisme ou le bloc occidental pourraient être d'autres exemples. Bien entendu, l'historien marxiste pourra toujours montrer après coup que ces systèmes sont autant de «résistances» à la lutte des classes, mais on se demande si la politique efficace ne consisterait pas pour un pays donné à tenter de se faire une place, tant bien que mal, dans ce monde d'accidents tel qu'il est, plutôt que d'ordonner toute sa conduite par rapport à la lutte des classes, principe *général* de l'histoire. Il n'y a plus de sens à traiter la lutte des classes comme un fait *essentiel*, si nous ne sommes pas sûrs que l'histoire effective reste fidèle à son «essence» et que des accidents n'en fassent pas la trame pour longtemps ou pour toujours. L'histoire ne serait plus alors un discours suivi dont on pourrait attendre avec assurance l'achèvement et où chaque phrase aurait sa place nécessaire, mais, comme les paroles d'un homme ivre, elle indiquerait une idée, qui bientôt s'effacerait pour reparaître et disparaître encore, sans arriver nécessairement à l'expression pleine d'elle-même. Le marxisme ne pourrait plus alors s'énoncer que sous la forme de propositions négatives : il est impossible (à moins d'une suite continue de hasards sur lesquels l'homme, comme être raisonnable, n'a pas à compter) que l'économie mondiale s'organise et que les contradictions internes en soient surmontées tant que la propriété socialiste des instruments de la production ne sera pas établie partout. Mais nous ne savons ni si une production socialiste universelle trouverait son équilibre, ni si le cours des choses, avec tous les accidents qui y contribuent, va vers ce résultat. Le marxisme demeurerait une politique aussi justifiée que les autres, elle serait même la seule politique universelle et humaine, mais elle ne pourrait pas se prévaloir d'une harmonie préétablie avec le cours des choses : le prolétariat universel pesant de toutes parts sur l'appareil capitaliste et le détruisant pour lui substituer une civilisation socialiste — ce serait là, non pas un fait, mais un vœu, non pas une force existante sur laquelle on puisse s'appuyer, mais une force à créer, puisque, en fait, les prolétariats nationaux sont séduits par les « diversions » de l'histoire.

On admettra peut-être plus facilement qu'il y a là un problème pour le marxisme, si nous le formulons dans les termes de la politique quotidienne. Les bases de la révolution prolétarienne ont été posées en Russie, en 1917, et nulle part ailleurs jusqu'ici. C'est là un fait auquel on peut sans doute, après coup, trouver des raisons : ce n'est pas par hasard, dira-t-on, que le pays économiquement le plus arriéré de l'Europe a été le premier à faire sa révolution. Justement parce que la Russie n'avait pas, comme les pays occidentaux, réalisé elle-même son industrialisation, elle s'offrait aux capitaux des pays « avancés » comme un pays semi-colonial et l'implantation brutale des modes de production modernes devait y provoquer une crise qui l'amènerait à la révolution prolétarienne sans passer, comme les pays d'Occident, par une longue phase démocratique et bourgeoise. On peut même parler d'une loi de l'« inégalité de développement » selon laquelle les phases de l'évolution sociale et économique peuvent être bouleversées par l'interaction des pays « avancés » et des pays « arriérés ». Mais cette loi n'a été trouvée qu'après coup, et de même que le phénomène russe n'a été qu'après coup réintégré à la logique de l'histoire, on ne peut pas exclure pour l'avenir d'autres incidences et d'autres contrecoups qui ne se laissent pas prévoir à l'aide des schémas explicatifs donnés. Cela est non seulement possible, mais encore inévitable. Car même une fois que l'événement inattendu a été rangé sous une loi nouvelle et relié à la dialectique marxiste, il continue par ses conséquences, et dans son interaction avec la constellation mondiale, de brouiller les schémas du marxisme. Les bases du socialisme une fois établies en Russie, la politique du nouvel État a été profondément affectée par la double nécessité de réaliser une industrialisation qui était supposée donnée dans les schémas marxistes de la révolution prolétarienne et de défendre le nouvel État contre une coalition possible des puissances capitalistes. Si le gouvernement de l'U.R.S.S. a fait intervenir dans son entreprise d'équipement industriel des mobiles « bourgeois », s'il a établi entre les salaires des différences qui sont comparables ou supérieures à celles qui existent en régime capitaliste, il est sans doute permis d'en trouver la raison dans ce fait que l'U.R.S.S. ne pouvait appliquer l'idéologie socialiste dans un pays où l'infrastructure du socialisme n'était pas encore acquise, et que le problème était justement pour elle de construire d'abord cette infrastructure. D'autre part, il est difficile de contester que, si l'U.R.S.S. n'avait pas offert aux puissances capitalistes l'aspect d'une révolution assagie, si elle avait poursuivi au-dehors la politique d'appui aux mouvements prolétariens, ou bien la coalition contre l'Allemagne n'aurait pas pu se faire, ou bien les Allemands auraient réussi à la dissocier. Aujourd'hui encore, si l'U.R.S.S. ne concluait pas un accord avec Tchang Kaï Chek et soutenait ouvertement les communistes chinois, la troisième guerre mondiale serait proche. Mais cela revient à reconnaître que la politique de l'U.R.S.S. ne peut plus être une politique universaliste à laquelle les marxistes de tous les pays soient immédiatement accordés, que pour un communiste français, les voies de la révolution sont à présent bien différentes de celles qui avaient été prévues par la doctrine, qu'il ne dispose plus, pour juger de chaque chose en politique et pour savoir que faire en chaque cas, de ce fil conducteur si simple que Marx avait donné : « Prolétaires de tous les pays, unissez-vous. » Alors que, pour le marxisme traditionnel, il ne saurait y avoir de contradiction ni même de différence entre la révolution et la politique quotidienne, entre la doctrine et la tactique, entre l'énergie révolutionnaire et l'efficacité, entre la morale et la politique, nous sommes rentrés, parce que l'U.R.S.S. était seule, et que ce fait imprévisible a brisé la rationalité de l'histoire, dans la politique de ruse, sans être sûrs qu'il s'agisse toujours d'une « ruse de la raison ». De sorte que l'analyse marxiste, si nous voulons l'appliquer aux événements qui remplissent notre temps, se perd dans les phénomènes transversaux, dans les réactions inattendues, court après les événements sans les rejoindre, en tout cas sans les devancer jamais, et qu'un marxiste lucide, voyant comme le schéma de la lutte des classes se diversifie et se nuance, en vient à se demander si, de diversion en diversion, l'histoire sera bien finalement l'histoire de la lutte des classes et s'il ne rêve pas les yeux ouverts.

Cette difficulté centrale du marxisme est visible aujourd'hui comme jamais[1]. D'une manière générale, le marxisme est faible quand on le confronte avec les événements concrets pris instant par instant. Cela ne doit pas nous faire oublier comme il apparaît fort quand on l'applique à une suite d'événements un peu étendue. Peut-être sommes-nous abusés par l'importance que nous donnons inévitablement au présent que nous vivons. Si demain, comme il est possible ou même probable après une guerre, la lutte des classes reparaît et s'accuse dans tous les pays du monde, de nouveau les grandes lignes marxistes de l'histoire apparaîtront. Quand Lénine, exilé en Suisse, réfléchissait sur le marxisme, quelle apparence y avait-il que, même dans une seule partie du monde, il devînt vrai quelques mois plus tard ?

Ce qui est sûr seulement, c'est que, après avoir vu l'histoire multiplier ses diversions, nous ne pouvons plus affirmer qu'elle n'en inventera pas d'autres jusqu'à ce que le monde tombe au chaos, ni, en conséquence, compter sur une force immanente aux choses qui les conduise vers un équilibre plus probable que le chaos. Nous sommes sûrs que le monde ne s'organisera pas, ne cessera pas de se déchirer, ne sortira pas des compromis précaires, ne retrouvera pas des croyances et des valeurs, si les hommes les moins engagés dans les intérêts particuliers des impérialismes ne reprennent pas possession de l'appareil économique. Nous ne savons ni si cette condition nécessaire sera réalisée, ni si elle est une condition suffisante, ni, en conséquence, quelle valeur il faut au juste reconnaître à ces pauses, à ces instants de paix que peuvent procurer les compromis capitalistes. À nous d'observer le monde pendant ces années où il recommence à respirer, une

1. C'est elle que Lénine avait en vue dans *La Maladie infantile du communisme*, quand il recherchait le critère de validité d'un compromis marxiste avec la bourgeoisie. Il y aurait lieu de prolonger sur le plan théorique les conclusions pratiques qu'il adopte. On pourrait tirer de sa «perception» marxiste des situations une théorie de la contingence en histoire.

fois brisée la dalle des fascismes, une fois démobilisées les consciences. Si la lutte des classes redevient le moteur de l'histoire, si, décidément, l'alternative se précise du socialisme ou du chaos, à nous de choisir un socialisme prolétarien, non comme l'assurance du bonheur — nous ne savons pas si l'homme peut jamais s'intégrer à la coexistence, ni si le bonheur de chaque pays est compossible avec celui des autres —, mais comme cet *autre avenir* inconnu auquel il faut passer sous peine de mort. Sa *vraie* conclusion, qu'il n'a pas écrite et qu'il écrira peut-être un jour, Thierry Maulnier la trouverait dans ce marxisme sans illusions, tout expérimental et volontaire, auquel il s'est voué à son insu quand il a reconnu à la fois la logique et la contingence de l'histoire.

(Août 1945.)

Marxisme et philosophie

Être radical, c'est prendre les choses par la racine.
Or, pour l'homme, la racine est l'homme lui-même.

MARX (*Contribution à la critique*
de la philosophie du droit de Hegel,
trad. Molitor, p. 97).

On se ferait une étrange idée du marxisme et de ses rapports avec la philosophie si l'on en jugeait par les écrits de certains marxistes contemporains. Il est visible que pour eux la philosophie est toute verbale, qu'elle n'a aucun contenu, aucune signification, et que, comme Auguste Comte dans sa première période, ils veulent la remplacer par la science et réduire l'homme à la condition d'objet de science. P. Naville écrivait que l'économie politique doit emprunter la méthode des sciences de la nature, qu'elle établit les lois de la «nature sociale» comme les sciences de la nature établissent celles de la nature physique. Dans une discussion avec Sartre récemment publiée, il montrait de la mauvaise humeur à l'égard de l'humanisme et prenait bravement parti pour le naturalisme. R. Garaudy, dans *Les Lettres françaises*, exécute ce tour de force de célébrer Descartes en plusieurs colonnes sans même mentionner le *cogito*. Toujours en l'honneur de Descartes, G. Cogniot, au grand amphithéâtre de la Sorbonne, remet à leur place les «philosophes de café» qui croient pouvoir définir l'homme, par opposition aux choses comme non-être — oubliant que Descartes est le premier responsable de ces aberrations, comme on peut s'en convaincre en ouvrant les *Médi-*

152

tations[1]. C'est le droit strict de chacun d'adopter la philosophie de son goût et par exemple le scientisme et le mécanisme qui ont longtemps tenu lieu de pensée aux milieux radicaux-socialistes. Mais il faut savoir et dire que ce genre d'idéologie n'a rien de commun avec le marxisme.

Une conception marxiste de la société humaine, et en particulier de la société économique, ne peut la soumettre à des lois permanentes comme celles de la physique classique, puisqu'elle la voit en mouvement vers un nouvel arrangement à l'intérieur duquel les lois de l'économie classique ne s'appliqueront plus. Tout l'effort de Marx dans *Le Capital* tend justement à montrer que ces lois fameuses, souvent présentées comme les traits permanents d'une «nature sociale», sont en réalité les attributs (et les masques) d'une certaine «structure sociale», le capitalisme, qui évolue lui-même vers sa destruction. La notion de structure ou de totalité, pour laquelle P. Naville n'a que méfiance, est une catégorie fondamentale du marxisme. Une économie politique marxiste ne peut parler de lois qu'à l'intérieur de structures qualitativement distinctes et qui doivent être décrites en termes d'histoire. *A priori*, le scientisme apparaît comme une conception conservatrice, puisqu'il nous ferait prendre pour éternel ce qui n'est que momentané. En fait, dans l'histoire du marxisme, le fétichisme de la science est toujours apparu du côté où fléchissait la conscience révolutionnaire : le célèbre Bernstein adjurait les marxistes de revenir à l'objectivité du savant. Comme le remarque Lukacs, le scientisme est un cas particulier de l'aliénation ou de l'objectivation *(Verdinglichung)* qui prive l'homme de sa réalité humaine et fait qu'il se confond avec les choses[2].

On est d'autant moins fondé à expliquer la société humaine dans sa totalité (simultanée ou successive) par l'action combinée de lois «naturelles» permanentes que cette réduction n'est même plus possible à l'égard de la nature physique. Loin qu'elle puisse elle-même éliminer la structure, la phy-

---

1. «Je ne suis point cet assemblage de membres que l'on appelle le corps humain; je ne suis point un air délié et pénétrant, répandu dans tous les membres; je ne suis point un vent, un souffle, une vapeur, ni rien de tout ce que je puis feindre et imaginer...» (*Méditation* II.)
2. G. LUKACS. *Geschichte und Klassenbewusstsein*, Berlin, 1923. *Die Verdinglichung und das Bewusstsein des Proletariats.*

sique moderne ne conçoit ses lois que dans le cadre d'un certain état historique de l'univers dont rien ne nous dit qu'il est définitif, et affectées de coefficients empiriques qui sont donnés tels quels et ne peuvent être déduits. C'est donc, dira Naville, qu'il y a une dialectique au niveau même de la nature et qu'en ce sens nature et société sont homogènes. Or il est bien vrai que Engels a repris à Hegel l'idée aventureuse d'une dialectique de la nature. Mais, outre que c'est le plus fragile de l'héritage hégélien, comment la dialectique de la nature survivrait-elle à l'idéalisme? Si la nature est la nature, c'est-à-dire extérieure à nous et à elle-même, on ne peut y trouver ni les relations, ni la qualité qui sont nécessaires pour porter une dialectique. Si elle est dialectique, c'est qu'il s'agit de cette nature perçue par l'homme et inséparable de l'action humaine dont Marx parle dans les *Thèses sur Feuerbach* et dans *L'Idéologie allemande*. «Cette activité, cette action et ce travail sensibles continuels, cette production sont... le fondement de tout le monde sensible tel qu'il existe actuellement[1].»

On trouve, certes, chez Marx, des textes d'humeur positiviste qui traitent certaines idéologies comme des absurdités et comptent, semble-t-il, pour les dissiper sur le grand jour de la science. «En somme, chez ces Allemands, dit par exemple *L'Idéologie allemande*, il s'agit toujours de résoudre l'ineptie existante en quelque autre marotte, c'est-à-dire présupposer que toute cette absurdité a finalement un "sens" spécial qu'il faut découvrir, tandis qu'il s'agit simplement d'expliquer ces phrases théoriques par les conditions réelles existantes[2].» On dirait que Marx se refuse à «comprendre» la religion, à lui reconnaître aucune signification et par conséquent rejette le principe même d'une phénoménologie de la religion. Nous voilà tout près d'un «marxisme décharné» qui réduit l'histoire à son squelette économique. La religion ne veut à la

---

1. Feuerbach a le tort de ne pas «concevoir le monde sensible comme l'activité sensible totale et vivante des individus qui le constituent» (*L'Idéologie allemande, Œuvres philosophiques, op. cit.*, t. VI, p. 164). Il s'inspire des sciences naturelles. «Mais où seraient les sciences naturelles sans industrie et sans commerce? Même ces sciences naturelles "pures" ne reçoivent en effet leurs buts et leurs matériaux que par le commerce et l'industrie, par l'activité sensible des hommes» (*ibid.*, p. 163). La science de la nature fait partie du monde culturel et ne doit pas être hypostasiée puisqu'elle ignore ses propres prémisses humaines.
2. P. 189.

lettre rien dire, elle est toute en mots, elle est toute fausse, ce n'est qu'une apparence ou une comédie. Cependant, ce n'est pas là du Marx, c'est du Voltaire, et Marx a dit par ailleurs tout le contraire : « La religion est la théorie générale de ce monde, son compendium encyclopédique, sa logique sous une forme populaire, son point d'honneur spiritualiste, son enthousiasme, sa sanction morale, son complément solennel, sa raison générale de consolation et de justification. C'est la réalisation fantastique de l'essence humaine, parce que l'essence humaine n'a pas de réalité véritable... La religion est... l'âme d'un monde sans cœur de même qu'elle est l'esprit d'une époque sans esprit[1]. » Il ne s'agit donc pas de lui refuser toute signification humaine, mais de la traiter comme l'expression symbolique du drame social et humain. La pensée communiste ne doit pas donner moins que la religion mais plus, à savoir la religion ramenée à ses sources et à sa vérité qui sont les relations concrètes des hommes entre eux et avec la nature. Il ne s'agit pas de remplacer la religion d'église par la religion de laboratoire et de mettre à la place du Saint-Sacrement un cylindre enregistreur, mais de comprendre la religion comme l'effort fantastique de l'homme pour rejoindre les autres hommes dans un autre monde et de remplacer ce fantasme de communication par une communication effective dans ce monde-ci. Dans le temps où il faisait encore reposer l'histoire sur la vie interhumaine et où l'esprit du monde ne s'était pas encore retiré dans l'envers des choses, le jeune Hegel disait que la lecture des journaux est une « prière du matin réaliste ». Les hommes en train d'assumer la nature qu'ils subissent d'abord, de briser les structures données de la société, et de passer par la praxis au « règne de la liberté[2] » — ou, comme dit Hegel, à « l'histoire absolue[3] » —, voilà le noyau humain de la religion et, au sens heideggerien, le contenu « métaphysique » du marxisme. La religion est plus qu'une apparence creuse, c'est un phénomène fondé dans les relations interhumaines. Elle ne disparaîtra comme religion séparée qu'en passant dans ces relations. Il y a un

1. MARX, *Contribution à la critique de la philosophie du droit de Hegel*, A. Costes, 1927, trad. Molitor, p. 84.

2. MARX, *Das Kapital*, A. Costes, 1924, introduction sur l'ensemble du marxisme par K.H. Kautsky, III, 2, trad. Molitor, p. 355.

3. HEGEL, *Esthétique, op. cit.*, II, p. 261.

pseudo-marxisme selon lequel tout est faux sauf la phase finale de l'histoire. Il correspond, sur le plan des idées, à ce communisme rudimentaire — «envie et désir de nivellement[1]» — pour lequel Marx n'est pas tendre. Le marxisme authentique veut assumer tout l'acquis en le dépassant, il admet en ce sens que tout est vrai à sa place et à son rang dans le système total de l'histoire, tout a un sens. Ce sens de l'histoire comme totalité nous est donné non par quelque loi du type physico-mathématique, mais par le phénomène central de l'aliénation. Dans le mouvement de l'histoire, l'homme, qui s'est aliéné au profit de ses fétiches et vidé de sa propre substance, reprend possession de lui-même et du monde. Il n'y a ni vie économique, ni marchandise, ni fétichisme de la marchandise, ni révolte contre ce fétichisme chez les animaux. Ces phénomènes ne sont possibles que parce que l'homme n'est pas une chose ou même un animal, parce qu'il a le privilège de se rapporter à autre chose que soi, parce qu'il n'est pas seulement, mais «existe».

Ce qui accrédite la légende d'un positivisme marxiste, c'est que Marx combat sur deux fronts. D'un côté il est contre toutes les formes de la pensée mécaniste. D'un autre côté, il livre bataille contre l'idéalisme. L'«Esprit mondial» de Hegel, ce malin génie qui conduit les hommes à leur insu et leur fait accomplir ses propres desseins, ou même la logique spontanée des idées, ce sont pour Marx d'autres «réalisations fantastiques de l'essence humaine». Mais cette lutte contre l'idéalisme n'a rien à voir avec l'objectivation positiviste de l'homme. Marx n'accepterait même pas de parler, comme le fera Durkheim, d'une conscience collective dont les individus fussent les instruments. «Il faut éviter avant tout de fixer de nouveau la société comme abstraction vis-à-vis de l'individu.» L'individu est *l'être social*[2]. L'homme est «un être existant pour soi-même», donc un *être générique*[3]. La société n'est pas pour lui un accident subi, mais une dimension de son être. Il n'est pas dans la société comme un objet est dans une boîte, il l'assume par ce qu'il a de plus intérieur. Voilà pourquoi on peut dire que «l'homme produit l'homme lui-même et l'autre

1. MARX, *Économie politique et philosophie*, in *Œuvres philosophiques, op. cit.*, t. VI, trad. Molitor, p. 20.
2. MARX, *Économie politique et philosophie, op. cit.*, p. 27.
3. *Ibid.*, p. 78.

homme[1]». «De la même façon que la société produit elle-même l'homme comme homme, elle est produite par lui[2].»

Si ce n'est ni une «nature sociale» donnée hors de nous, ni l'«Esprit du monde», ni le mouvement propre des idées, ni la conscience collective, *quel est donc pour Marx le porteur de l'histoire et le moteur de la dialectique?* C'est l'homme engagé dans un certain mode d'appropriation de la nature où se dessine le mode de ses relations avec autrui, c'est l'intersubjectivité humaine concrète, la communauté successive et simultanée des existences en train de se réaliser dans un type de propriété qu'elles subissent et qu'elles transforment, chacune créée par autrui et le créant. On s'est quelquefois demandé avec raison comment un matérialisme pouvait être dialectique[3], comment la matière, si l'on prend le mot à la rigueur, pouvait contenir le principe de productivité et de nouveauté qui s'appelle une dialectique. C'est que dans le marxisme la «matière», comme d'ailleurs la «conscience», n'est jamais considérée à part, elle est insérée dans le système de la coexistence humaine, elle y fonde une situation commune des individus contemporains et successifs, elle assure la généralité de leurs projets et rend possible une ligne de développement et un sens de l'histoire, mais si cette logique de la situation est mise en train, développée et accomplie, c'est par la productivité humaine sans laquelle le jeu des conditions naturelles données ne ferait paraître ni une économie ni, à plus forte raison, une histoire de l'économie. Les animaux domestiques, dit Marx, sont mêlés à la vie humaine, mais ils n'en sont que les produits, ils n'y participent pas. L'homme, au contraire, produit des modes de travail et de vie toujours nouveaux. Il n'y a donc pas d'explication de l'homme à partir de l'animal, ni, à plus forte raison, de la matière. Il n'y a pas d'origine de l'homme, «... comme, pour l'homme socialiste, toute la prétendue histoire du monde n'est rien d'autre que la production de l'homme par le travail humain, donc le devenir de la nature pour l'homme, il a donc la preuve évidente, irréfutable, de sa naissance de lui-même, de son origine[4]». Si l'homme socialiste peut pressentir un

1. MARX, *Économie politique et philosophie, op. cit.*, p. 25.
2. *Ibid.*, p. 26.
3. J.-P. SARTRE, «Matérialisme et révolution», *Les Temps modernes*, IX.
4. MARX, *Économie politique et philosophie, op. cit.*, p. 40.

«règne de la liberté» qui n'est pas encore, et, dans cette perspective, vivre le présent comme une phase de l'aliénation capitaliste, c'est qu'il a par-devers soi l'assurance que l'homme est productivité, rapport à autre chose que soi, et non pas chose inerte. Allons-nous donc définir l'homme comme conscience? Ce serait encore réaliser fantastiquement l'essence humaine, car, une fois défini comme conscience, l'homme se séparera de toutes choses, de son corps et de son existence effective. Il faut donc le définir comme relation à des instruments et des objets, et comme une relation qui ne soit pas de simple pensée, mais qui l'engage dans le monde de telle manière qu'il ait une face extérieure, un dehors, qu'il soit «objectif» en même temps que «subjectif». On y parviendra en définissant l'homme comme être «souffrant» ou «sensible»[1], c'est-à-dire situé naturellement et socialement, mais aussi ouvert, actif, et capable d'établir, sur le terrain même de sa dépendance, son autonomie. «Nous voyons ici que le naturalisme ou l'humanisme réalisé diffère de l'idéalisme aussi bien que du matérialisme et est en même temps la vérité qui les unit tous deux[2].» Il s'agit de comprendre que le lien qui attache l'homme au monde est en même temps le moyen de sa liberté, et comment l'homme, au contact de la nature, sans briser la nécessité, mais au contraire en l'utilisant, projette autour de lui des instruments de sa libération, constitue un monde culturel dans lequel «le comportement *naturel* de l'homme est devenu *humain*... où l'être humain est devenu son être *naturel*, sa *nature humaine* est devenue sa nature[3]». Ce milieu non pas surnaturel, mais transnaturel, où les hommes «refont tous les jours leur propre vie[4]», c'est l'histoire. «L'histoire est la véritable histoire naturelle de l'homme[5].» Le marxisme n'est pas une philosophie du sujet, mais pas davantage une philosophie de l'objet, c'est une philosophie de l'histoire.

Marx a souvent appelé son matérialisme un «matérialisme pratique[6]». Il voulait dire que la matière intervient dans la

---

1. *Économie politique et philosophie, op. cit.*, p. 78.
2. *Ibid.*, p. 76.
3. *Ibid.*, pp. 21-22.
4. *L'Idéologie allemande, op. cit.*, p. 166.
5. *Économie politique et philosophie, op. cit.*, p. 79.
6. Par exemple, in *L'Idéologie allemande*, p. 160.

vie humaine comme point d'appui et corps de la *praxis*. Il n'est pas question d'une matière nue, extérieure à l'homme, et par laquelle le comportement de l'homme s'expliquerait. Le matérialisme de Marx, c'est l'idée que toutes les formations idéologiques d'une société donnée sont synonymes ou complémentaires d'un certain type de praxis, c'est-à-dire de la manière dont cette société a établi son rapport fondamental avec la nature. C'est l'idée que l'économie et l'idéologie sont liées intérieurement dans la totalité de l'histoire comme la matière et la forme dans une œuvre d'art ou dans une chose perçue. Le sens d'un tableau ou d'un poème n'est pas détachable de la matérialité des couleurs et des mots, il n'est ni créé, ni compris à partir de l'idée. On ne comprend la chose perçue qu'après l'avoir vue, et aucune analyse, aucun compte rendu verbal ne peut tenir lieu de cette vision. De même l'«esprit» d'une société est déjà impliqué dans son mode de production, parce que ce dernier est déjà un certain mode de coexistence des hommes dont les conceptions scientifiques, philosophiques et religieuses sont ou le simple développement ou la contrepartie fantastique. On comprend donc qu'il ait été réservé à Marx d'introduire la notion de l'*objet humain*[1] que la phénoménologie a reprise et développée. Les philosophies classiques ont dissocié cette notion: la rue, le champ, la maison étaient pour elles des complexes de couleurs en tout point comparables aux objets de la nature et seulement revêtus d'une signification humaine par un jugement secondaire. Marx, en parlant d'objets humains, veut dire que cette signification est adhérente à l'objet tel qu'il se présente dans notre expérience. C'était pousser jusqu'à ses conséquences concrètes la conception hégélienne d'un *esprit-phénomène* ou d'un *esprit objectif* véhiculé par le monde et non pas retiré en soi. L'esprit d'une société se réalise, se transmet et se perçoit par les objets culturels qu'elle se donne et au milieu desquels elle vit. Ses catégories pratiques s'y sédimentent, et en retour ils suggèrent aux hommes une manière d'être et de penser. On comprend ainsi que la logique puisse être «l'argent de l'esprit[2]» ou que le «fétichisme de la marchandise» puisse induire tout un mode de

---

1. *Économie politique et philosophie, op. cit.*, p. 30.
2. *Ibid.*, p. 48.

pensée «objective» propre à la civilisation bourgeoise. Comme on l'a justement remarqué[1], le rapport de l'idéologie et de l'économie, souvent célébré, reste mystique, prélogique et impensable, tant que l'idéologie reste «subjective», tant que l'économie est conçue comme un processus objectif, tant qu'on ne les fait pas communiquer dans l'existence historique totale, et dans les objets humains qui l'expriment. J. Domarchi a donc cent fois raison de mettre au compte de Marx cette phénoménologie du monde culturel[2] que Hegel avait ébauchée dans son analyse du XVIIIᵉ siècle comme siècle de l'argent et qui serait à faire pour chaque civilisation et pour chaque période. Mais, objecte Naville, pour Marx, «la manifestation, l'aspect phénoménologique de la réalité et surtout de la réalité "idéale" est justement ce qui doit être expliqué[3]». Ce n'est qu'apparence et la réalité est économique. Comme si une phénoménologie ne pouvait pas distinguer des phénomènes «fondants» et des phénomènes «fondés». Comme si surtout le rapport de l'idéologie à l'économie dans le marxisme était celui de l'apparence à la réalité. Les idéologies bourgeoises, qui contaminent toute la société bourgeoise, y compris son prolétariat, ne sont pas des *apparences* : elles mystifient la société bourgeoise et se présentent à elle comme un monde consistant. Elles sont exactement aussi «réelles» que les structures de l'économie capitaliste, avec lesquelles elles forment un seul système. Ces idéologies et cette économie ensemble sont apparences par rapport à l'économie et à la vie socialistes qui se dessinent déjà en elles, mais, jusqu'à ce que celles-ci soient réalisées, les formes de production et de vie bourgeoises gardent leur poids, leur efficacité et leur réalité. Lénine le savait bien, lui qui disait que la lutte des classes durera pendant des années après la révolution. Le «matérialisme» marxiste ne serait rigoureusement défini et défendu contre les retours offensifs du mécanisme que si Marx avait développé sa théorie de la praxis ou de l'existence sociale comme milieu concret de l'histoire, à égale distance de l'idéalisme et du matérialisme métaphysique.

Cela étant, quelle peut donc être, dans la perspective

1. R. Lévi. «Art moderne et réalité sociale», *Les Temps modernes*, VIII, p. 1499.
2. *Revue internationale*, nᵒ 2.
3. *Ibid.*, nᵒ 3.

marxiste, la situation de la philosophie? C'est une idéologie, en d'autres termes, un aspect abstrait de la vie historique totale et, en tant qu'elle veut «s'autonomiser», c'est encore une fois une «réalisation fantastique de l'homme» qui joue son rôle dans la mystification du monde bourgeois. Mais «plus le domaine que nous sommes en train d'examiner s'éloignera de l'économie et se rapprochera de l'idéologie pure et abstraite, plus nous trouverons qu'il présente des éléments accidentels dans son évolution, plus sa courbe sera tracée en zig-zag[1]». Toute tentative pour expliquer massivement une philosophie par les conditions économiques est donc insuffisante, il faut en voir le contenu, il faut discuter sur le fond. «Il n'est pas exact que la situation économique soit la cause, soit seule active, et que tous les autres phénomènes ne soient qu'un effet passif[2].» La pensée causale, ici comme partout est insuffisante. «La conception ordinaire de la cause et de l'effet en tant que pôles strictement opposés[3]» est abstraite. Une philosophie, comme un art et comme une poésie, est d'un temps, mais rien n'empêche qu'à travers ce temps justement elle saisisse des vérités qui sont un acquis définitif, comme l'art grec a trouvé le secret d'un «charme éternel» (Marx). L'économie d'un temps suscite une idéologie parce qu'elle est vécue par des hommes qui cherchent à se réaliser en elle; en un sens, cette économie limite leurs vues, mais en un autre sens elle est leur surface de contact avec l'être, leur expérience, et il peut leur arriver, comme il est arrivé à Marx lui-même, de ne pas la subir seulement, mais de la comprendre et par là de la dépasser virtuellement. La philosophie ne serait fausse qu'en tant qu'elle resterait abstraite, s'enfermerait dans les concepts et dans les êtres de raison et masquerait les relations interhumaines effectives. *Même alors*, tout en les masquant, elle les exprime, et le marxisme n'entend pas se détourner d'elle, mais la déchiffrer, la traduire, la *réaliser*. «C'est (...) à juste titre qu'en Allemagne le parti politique pratique réclame la négation de la philosophie. Son tort consiste (...) à s'arrêter à cette revendication qu'il ne réalise pas et ne peut pas réaliser sérieusement. Il se figure effectuer cette négation en tournant le dos à la philosophie et en lui

1. Engels à Starkenburg, 1894.
2. *Ibid.*
3. Engels à Mehring.

consacrant, à mi-voix et le regard ailleurs, quelques phrases banales et pleines de mauvaise humeur (...) En un mot : vous ne pouvez supprimer la philosophie sans la réaliser[1].» Le *Cogito* n'est pas faux sinon en tant qu'il se sépare et brise notre inhérence au monde. On ne le supprimera qu'en le réalisant, c'est-à-dire en montrant qu'il est éminemment contenu dans les relations interhumaines. Hegel n'est pas faux, il est vrai d'un bout à l'autre, mais abstrait. Il faut seulement donner leur nom historique aux combats mythologiques qu'il décrit entre la conscience en soi et la conscience pour soi. La logique de Hegel est, comme on l'a dit, l'«algèbre de la révolution». Le «fétichisme de la marchandise» est la réalisation historique de cette aliénation que Hegel décrit en énigme, et *Le Capital* est, comme on l'a dit encore, une *Phénoménologie de l'esprit* concrète. Ce qu'il faut reprocher au philosophe et au Hegel des dernières années, c'est de s'imaginer que, par la pensée, il peut et peut seul se procurer la vérité de toutes les autres existences, les intégrer, les dépasser et obtenir, du fond de sa sagesse, la révélation du sens de l'histoire, que les autres hommes se borneraient à subir. Philosopher est une manière d'exister entre d'autres, et l'on ne peut pas se flatter d'épuiser, comme dit Marx, dans «l'existence purement philosophique» l'«existence religieuse», l'«existence politique», l'«existence juridique», l'«existence artistique», ni en général «la vraie existence humaine»[2]. Mais si le philosophe le sait, s'il se donne pour tâche de suivre les autres expériences et les autres existences dans leur logique immanente au lieu de se mettre à leur place, s'il quitte l'illusion de contempler la totalité de l'histoire achevée et se sent comme tous les autres hommes pris en elle et devant un avenir *à faire*, alors la philosophie se réalise en se supprimant comme philosophie séparée. Cette pensée concrète, que Marx appelle critique pour la distinguer de la philosophie spéculative, c'est ce que d'autres proposent sous le nom de philosophie existentielle.

La philosophie existentielle consiste, comme son nom l'indique, à prendre pour thème non seulement la connaissance ou la conscience entendue comme une activité qui pose en pleine autonomie des objets immanents et transparents, mais

1. MARX, *Contribution à la critique de la philosophie du droit de Hegel, op. cit.*, p. 93.
2. MARX, *Économie politique et philosophie, op. cit.*, p. 84.

l'existence, c'est-à-dire une activité donnée à elle-même dans une situation naturelle et historique, et aussi incapable de s'en abstraire que de s'y réduire. La connaissance se trouve replacée dans la totalité de la praxis humaine et comme lestée par elle. Le «sujet» n'est plus seulement le sujet épistémologique, mais le sujet humain qui, par une continuelle dialectique, pense selon sa situation, forme ses catégories au contact de son expérience et modifie cette situation et cette expérience par le sens qu'il leur trouve. En particulier ce sujet n'est plus seul, n'est plus la conscience en général ou le pur être pour soi — il est au milieu d'autres consciences également situées, il est pour autrui et par là subit une objectivation, devient sujet générique. *Pour la première fois depuis Hegel, la philosophie militante réfléchit, non pas sur la subjectivité, mais sur l'inter-subjectivité.* La subjectivité transcendantale, dit Husserl, *est* intersubjectivité. L'homme n'apparaît plus comme un produit du milieu ou comme un législateur absolu, mais comme un produit-producteur, comme le lieu où la nécessité peut virer en liberté concrète. Là-dessus, F. Alquié[1] reproche à Heidegger d'être obscur, et, lui appliquant un procédé d'analyse qui dissocie ce que Heidegger veut unir, met d'un côté la matière de la connaissance, considérée comme irrationnelle, d'un autre côté l'Esprit, fait de Heidegger un irrationaliste, et s'étonne pour finir qu'il veuille faire une philosophie et intégrer les valeurs de la réflexion, de la science et de la vérité. C'est que Heidegger veut réfléchir sur l'irréfléchi, c'est que, très consciemment, il se propose d'étudier l'être-au-monde toujours présupposé par la réflexion et antérieur aux opérations prédicatives, c'est que Heidegger comme Hegel fait de l'Esprit ou de l'Unité un avenir et un problème, c'est qu'il veut en tout cas les voir surgir de l'expérience et non pas les supposer donnés. De la même manière, parlant de Sartre, G. Mounin[2] trouve dans sa philosophie un «matérialisme honteux» et un «idéalisme honteux». Manière de dire que c'est un essai de philosophie intégrale. Du matérialisme dialectique, avec autant ou aussi peu de raisons, on pourrait dire que c'est un «matérialisme honteux» et une «dialectique honteuse». Toute philosophie dialectique hésite toujours à dire son nom

1. *Revue internationale*, n° 3 et n° 4.
2. *Cahiers d'Action*, n° 1, 1946.

puisque, selon Platon, elle ne sacrifie rien et veut toujours «les deux». Ainsi l'effort philosophique pour passer outre aux abstractions est récusé tantôt au nom de la matière et tantôt au nom de l'Esprit. **Chacun garde sa marotte.**

P. Hervé, voulant à son tour prendre parti dans le débat, ne retient de Husserl que ses formules les plus anciennes : la philosophie des essences, la philosophie comme savoir strict ou absolu, la conscience comme activité transcendantale et constituante. Et il est vrai que ces formules, Husserl les a maintenues jusqu'à la fin. Mais lui-même ou son collaborateur E. Fink en introduisaient d'autres : le point de départ comme «situation dialectique», la philosophie comme «méditation ou dialogue infinis». Tout l'intérêt de sa carrière est en ceci qu'il ne cessait de remettre en question son exigence de rationalité absolue, et par exemple de s'interroger sur la possibilité de cette «réduction phénoménologique» qui l'a rendu célèbre. Il apercevait toujours mieux le résidu que toute philosophie réflexive laisse derrière elle et ce fait fondamental que nous existons avant de réfléchir, de sorte que, précisément pour obtenir une clarté complète sur notre situation, il finissait par assigner au phénoménologue comme tâche première la description de ce monde vécu *(Lebenswelt)* où les distinctions cartésiennes ne sont pas encore accomplies. C'est ainsi que, justement parce qu'il cherchait au départ une évidence absolue, il en vient à fixer le programme d'une philosophie qui décrira le sujet jeté dans un monde naturel et historique, *horizon* de toutes ses pensées. C'est ainsi que, parti d'une «phénoménologie statique», il aboutit à une «phénoménologie de la genèse» et à une théorie de «l'histoire intentionnelle», en d'autres termes à une logique de l'histoire. C'est ainsi qu'il contribue plus que personne à décrire la conscience incarnée dans un milieu d'objets humains, dans une tradition linguistique. C'est ainsi qu'après avoir peut-être, au début de sa carrière, fait «barrage devant le renouveau hégélien», il y contribue à présent. Les philosophes prennent leur temps, il n'y a pas lieu de le leur reprocher. Il faut voir comment Marx traite les jeunes gens qui voulaient trop vite «dépasser Hegel». Exiger qu'un philosophe aille d'emblée aux conclusions de son travail, sous prétexte que l'action est urgente, ce serait oublier que, comme disait Marx, la courbe des idéologies est beaucoup plus compliquée encore que celle de l'histoire politique. Ce serait sacrifier le sérieux au spectaculaire au nom d'un romantisme politique dont Marx s'est soigneusement gardé. — Mais, dira-t-on, l'existentialisme n'est pas seulement une philosophie, c'est une mode, et une mode n'est pas sérieuse. Certes. Mais, sur ce plan, la réponse est aisée. En fait, bien qu'ils aient pris d'abord un chemin opposé, la phénoménologie et l'existentialisme ont éveillé plus d'étudiants aux problèmes de l'histoire qu'ils n'en ont endormi dans le quiétisme de la conscience transcendantale. On raconte que, dans les dernières années de sa vie, quand Husserl voulait aller à Belgrade faire les conférences qu'il lui était interdit de donner en Allemagne, la Gestapo était chargée au départ de lire ses manuscrits. Allons-nous à notre tour regarder la philosophie par les lunettes du commissaire de police? Philosophe Husserl, nous vous déclarons suspect d'anti-hégélianisme. En conséquence, nous vous plaçons en résidence surveillée... P. Naville et P. Hervé, pour des raisons différentes, ont autre chose à faire que de lire dans le texte un Husserl non traduit et aux deux tiers inédit? Soit. Mais alors pourquoi en parler?

Heureusement, avec ou sans Husserl, la vérité se fait jour chez ceux qui aiment la philosophie. Quand Hervé, laissant là les phénoménologues, définit pour son compte sa position, il le fait dans des termes fort peu scientistes et passablement phénoménologiques. Réhabilitation du monde sensible ou perçu, la vérité définie par cela que nous percevons ou connaissons, la connaissance comprise non comme l'opération formelle du *Je* sur les «sensations», mais comme enveloppement de la forme dans la matière et de la matière dans la forme, par suite «l'univers abstrait de la science» et la «fatalité du Logos absolu» replacés dans «une activité humaine qui prend connaissance d'elle-même dans la réalité qu'elle découvre au cours de ses travaux» et ne peut compter sur «un filet tendu par la Providence pour la retenir dans ses chutes éventuelles», condamnation, bien entendu, de toute théorie de la «conscience-réceptacle» soit sous la forme grossière de la pensée «sécrétion physiologique», soit sous la forme plus raffinée d'un fatum logique et social — telles sont les thèses auxquelles Hervé[1] aboutit par les voies hégélo-

1. «Conscience et Connaissance», *Cahiers d'Action*, n° 1, *op. cit.*, pp. 5 et 6.

marxistes, et que d'autres ont rejointes à partir de la phénoménologie. Quand G. Mounin, dans le même numéro des
Cahiers d'Action, demande que l'on revienne de la conscience
au «cerveau» et soutient que la conscience «réfléchit le
monde», il croit atteindre l'existentialisme. En réalité, c'est
solidairement le marxisme et la culture philosophique qu'il
désavoue.

III

POLITIQUES

La guerre a eu lieu

Les événements rendaient toujours moins probable le maintien de la paix. Comment avons-nous pu attendre si longtemps pour nous résoudre à la guerre ? Nous n'arrivons plus à comprendre que certains d'entre nous aient accepté Munich comme une occasion d'éprouver la bonne volonté allemande. C'est que nous ne nous guidions pas sur les faits. Nous avions secrètement résolu d'ignorer la violence et le malheur comme éléments de l'histoire, parce que nous vivions dans un pays trop heureux et trop faible pour les envisager. Nous méfier des faits, c'était même devenu un devoir pour nous. On nous avait appris que les guerres naissent de malentendus qui peuvent être dissipés et de hasards qui peuvent être conjurés à force de patience et de courage. Nous avions autour de nous une vieille école où des générations de professeurs socialistes s'étaient formées. Ils avaient subi la guerre de 1914 et leurs noms étaient inscrits par promotions entières sur le monument aux morts. Mais nous avions appris que les monuments aux morts sont impies parce qu'ils transforment les victimes en héros. On nous invitait à révoquer en doute l'histoire déjà faite, à retrouver le moment où la guerre de Troie pouvait encore n'avoir pas lieu et où la liberté pouvait encore, d'un seul geste, faire éclater les fatalités extérieures. Cette philosophie optimiste, qui réduisait la société humaine à une somme de consciences toujours prêtes pour la paix et le bonheur, c'était en fait la philosophie d'une nation difficilement victorieuse, une compensation dans l'imaginaire des souvenirs de 1914. Nous savions que des camps de concentration existaient, que les juifs étaient persécutés, mais ces certitudes appartenaient à l'univers de la pensée. Nous ne vivions pas encore en présence de la cruauté et de la mort, nous n'avions jamais été mis dans l'alternative de les subir ou de les affronter. Au-delà de ce jardin si calme où le jet d'eau bruissait depuis toujours et pour toujours, nous avions cet autre jardin qui nous attendait pour les vacances de 39, la France des voyages à pied et des auberges de la jeunesse, qui allait de soi, pensions-nous, comme la terre elle-même. Nous habitions un certain lieu de paix, d'expérience et de liberté, formé par une réunion de circonstances exceptionnelles, et nous ne savions pas que ce fût là un sol à défendre, nous pensions que c'était le lot naturel des hommes. Même ceux d'entre nous qui, mieux informés par leurs voyages, sensibilisés au nazisme par leur naissance ou enfin déjà pourvus d'une philosophie plus exacte, ne séparaient plus leur sort personnel de l'histoire européenne, même ceux-là ne savaient pas à quel point ils avaient raison. Nous discutions avec eux en les raccompagnant, nous faisions valoir des objections : les dés ne sont pas jetés, l'histoire n'est pas écrite. Et ils nous répondaient sur le ton de la conversation. Habitués depuis notre enfance à manier la liberté et à vivre une vie personnelle, comment aurions-nous su que c'étaient là des acquisitions difficiles, comment aurions-nous appris à engager notre liberté pour la conserver ? Nous étions des consciences nues en face du monde. Comment aurions-nous su que cet individualisme et cet universalisme avaient leur place sur la carte ? Ce qui rend pour nous inconcevable notre paysage de 1939 et le met définitivement hors de nos prises, c'est justement que nous n'en avions pas conscience comme d'un paysage. Nous vivions dans le monde, aussi près de Platon que de Heidegger, des Chinois que des Français (en réalité aussi loin des uns que des autres). Nous ne savions pas que c'était là vivre en paix, vivre en France, et dans un certain État du monde.

Par hasard ou à dessein, l'Allemagne nous avait délégué des représentants ambigus. Bremer, lecteur à l'Université de Paris, vénérait les valeurs de guerre, fréquentait Montherlant et, revenu ici en 1940 comme attaché culturel, il devait mettre au service de son gouvernement quelques-unes des relations qu'il avait nouées avant la guerre. Mais, en 1938, il disait souvent : « Je suis un vieux radical. » À condition de parler assez fort, on obtenait de lui des concessions sur les principaux articles du nazisme. Il s'était montré surpris et peiné, un jour qu'il parlait des gouvernementaux espagnols en les appelant avec insistance les « rouges », et que nous l'avions prié d'aller porter ailleurs sa propagande. Je l'ai vu consterné quand il lui fallut, en 1938, quitter la France pour aller faire en Allemagne une période militaire. Autant qu'un homme comme lui pût croire quelque chose, il crut sans doute à la propagande « européenne » de l'Allemagne, ou du moins il voulut y croire parce qu'elle lui permettait de concilier le plaisir qu'il avait à vivre en France et sa fidélité au gouvernement de son pays. Un matin de mars 1939, j'entrai dans la chambre d'un autre Allemand de Paris pour lui apprendre l'occupation de Prague. Il se leva d'un bond, courut à la carte d'Europe (qu'il avait tout de même fixée au mur) et dit, avec tout l'accent de la sincérité : « Mais c'est fou, c'est impossible ! » Naïveté ? Hypocrisie ? Ce n'était probablement ni l'un, ni l'autre. Ces garçons disaient ce qu'ils pensaient, mais ils ne pensaient rien de clair et ils maintenaient en eux-mêmes l'équivoque pour éviter, entre leur humanisme et leur gouvernement, un choix qui leur aurait fait perdre ou l'estime d'eux-mêmes ou celle de leur patrie. Il n'y avait qu'une solution à leurs débats intérieurs : la victoire allemande. Quand ils sont revenus à Paris en 40, en règle avec leur pays qu'ils avaient suivi dans la guerre, ils étaient, bien sûr, disposés à « collaborer » avec la France (dans les limites que leur auraient imposées l'état-major allemand et la politique nazie) et à oublier l'intermède militaire. Avant 1939, leur mollesse les avait fait choisir pour représenter l'Allemagne à Paris, elle entrait dans le jeu de la propagande, leur irrésolution entretenait notre inconscience. Après 40, leurs bons sentiments devaient servir aux mêmes fins. Ils se sont prêtés à ce jeu dans une demi-conscience, jusqu'au jour où la mobilisation totale les a jetés, Bremer sur le front russe où il trouva la mort, l'autre sur le front d'Afrique où il fut, dit-on, grièvement brûlé. C'est ainsi que l'histoire sollicite et détourne les individus, c'est ainsi qu'à voir les choses de près on ne trouve nulle part des coupables et partout des complices, c'est ainsi que nous avons tous notre part dans l'événement de 1939. Entre nos Allemands et nous, il y a seulement cette différence qu'ils avaient eu sous les yeux le nazisme, et nous pas encore. Ils ne pouvaient pas ignorer l'usage que l'on faisait d'eux, nous n'avions pas encore appris ce jeu-là.

*

Pendant l'hiver 39-40, notre condition de soldats n'a rien changé pour l'essentiel à nos pensées. Nous avions encore le loisir de considérer les autres comme des vies séparées, la guerre comme une aventure personnelle, et cette étrange armée se pensait comme une somme d'individus. Même quand elle s'appliquait avec bonne volonté à ses tâches guerrières, elle ne s'y sentait pas prise, et tous les critères restaient ceux du temps de paix. Notre colonel faisait tirer du 155 pour disperser une patrouille allemande autour de nos postes, on désignait un capitaine pour recueillir les pattes d'épaule et les papiers de deux morts allemands, nous allions songer auprès de ces brancards comme nous l'aurions fait auprès d'un lit mortuaire. Ce lieutenant allemand qui avait agonisé dans les barbelés, une balle dans le ventre, en criant : « Soldats français, venez chercher un mourant » (c'était la nuit, devant un poste isolé, et l'on avait interdit aux nôtres de sortir jusqu'au jour), nous nous attardions à regarder avec compassion sa mince poitrine, à peine couverte d'une tunique par quinze degrés de froid, ses cheveux blond cendré, ses mains fines, comme sa mère ou sa femme auraient pu le faire.

C'est après juin 40 que nous sommes vraiment entrés dans la guerre. Car désormais les Allemands que nous rencontrions dans la rue, dans le métro, au cinéma, il ne nous était plus permis de les traiter humainement. Si nous l'avions fait, si nous avions voulu distinguer les nazis et les Allemands, chercher sous le lieutenant l'étudiant, sous le soldat le paysan ou le prolétaire, ils se seraient mépris, ils auraient cru que nous reconnaissions leur régime et leur victoire, et c'est alors qu'ils se seraient sentis vainqueurs. La magnanimité est une vertu de riche, et il n'est pas difficile de traiter généreusement des prisonniers que l'on tient à sa merci. Mais c'est nous qui étions les prisonniers. Il nous fallait réapprendre toutes les conduites puériles dont notre éducation nous avait débarrassés, juger des gens sur l'habit, répondre sans politesse à leurs bonnes manières de commande, vivre pendant quatre ans à côté d'eux sans vivre une minute avec eux, nous sentir sous leur regard des « Français » et non pas des hommes. Il y avait désormais dans notre univers de personnes cette masse compacte verte ou grise. Si nous avions mieux regardé, nous aurions déjà trouvé, dans la société du temps de paix, des maîtres et des esclaves, et nous aurions pu apprendre comment chaque conscience, si libre, souveraine et irremplaçable qu'elle puisse se sentir, se fige et se généralise sous un regard étranger, devient «un prolétaire» ou «un Français». Mais aucune servitude n'est plus visible que celle d'un pays occupé. Même ceux d'entre nous qui n'étaient pas inquiétés et continuaient de peindre, d'écrire, ou de composer des poèmes, éprouvaient, en revenant à leurs travaux, que leur liberté de jadis était portée par celle des autres et que l'on n'est pas libre seul. S'ils avaient pu autrefois se sentir allègres et maîtres de leur vie, c'était encore là un mode de la coexistence, cela n'était possible que dans une certaine atmosphère, ils apprenaient à connaître entre chaque conscience et toutes les autres ce milieu général où elles communiquent et qui n'avait pas de nom dans leur philosophie d'autrefois.

En même temps qu'un sujet d'horreur, l'antisémitisme allemand devait être pour nous un mystère, et, formés comme nous l'étions, nous devions nous demander chaque jour pendant ces quatre années : comment l'antisémitisme est-il possible ? Il y avait sans doute un moyen d'éluder la question : on pouvait nier que l'antisémitisme fût vraiment vécu par personne. Les nazis, eux aussi, pardonnaient à certains juifs dont ils attendaient quelque service, et le hasard d'une liaison a permis à un comédien juif de tenir la scène à Paris pendant quatre ans. Peut-être, après tout, n'y avait-il pas un seul antisémite ? Peut-être l'antisémitisme n'était-il tout entier qu'un montage de la propagande ? Peut-être soldats, SS, journalistes obéissaient-ils à des consignes auxquelles ils ne croyaient pas, et peut-être enfin les auteurs de cette propagande n'y croyaient-ils pas davantage ? Déclenché par des meneurs conscients et porté par des forces élémentaires confuses, l'antisémitisme aurait été une sinistre mystification. Nous le pensions avant 1939, nous ne pouvons plus le croire maintenant, après avoir vu ces autobus pleins d'enfants, place de la Contrescarpe. L'antisémitisme n'est pas une machine de guerre montée par quelques Machiavels et servie par l'obéissance des autres. Pas plus que le langage ou la musique, il n'a été créé par quelques-uns. Il s'est conçu au creux de l'histoire. Les meneurs et les forces élémentaires, le cynisme et la bêtise, cette conception roublarde et policière de l'histoire est finalement naïve : elle prête trop de conscience aux chefs et trop peu aux masses. Elle ne voit pas de milieu entre l'action volontaire des uns et l'obéissance passive des autres, entre le sujet et l'objet de l'histoire, et ce que les Allemands nous ont fait comprendre au contraire, c'est que les chefs sont mystifiés par leurs propres mythes et les troupes à demi complices, que personne ne commande absolument et personne n'obéit absolument. Un antisémite ne pourrait pas voir torturer des juifs s'il les voyait vraiment, s'il percevait cette souffrance et cette agonie dans une vie individuelle, mais justement, il ne voit pas les juifs qui souffrent, il est dans le mythe *du* juif. À travers ces êtres concrets, il torture et tue le juif, il se débat avec ses rêves et les coups atteignent des visages vivants. La passion antisémite ne part pas des individus et ne vise pas les individus.

Nous rencontrions ici la formule marxiste, qui a en tout cas le mérite de nous situer dans le social : «L'antisémitisme est le socialisme des imbéciles.» Une société décomposée, qui pressent et redoute la révolution, transfère et apaise sur les juifs une angoisse qui s'adresse à elle-même. Cela pouvait expliquer l'antisémitisme hypocrite des maurrassiens, toujours accompagné de réserves ou d'exceptions, et timide devant les cas particuliers. Mais le racisme des SS, Drancy, les enfants séparés de leur mère? Comme toute explication par **transfert**, celle-ci échoue devant la passion pure. Le transfert passionnel n'est pas une explication dernière, puisqu'il s'agit justement de savoir ce qui l'a motivé, et pourquoi l'angoisse et le sadisme d'une société qui se décompose se fixent sur les juifs. Nous nous heurtons ici, comme dans toute passion, à un élément de hasard et d'irrationalité pure, sans lequel la passion serait fondée et ne serait plus une passion. Si cet homme aime aujourd'hui cette femme, c'est que son histoire passée le préparait à aimer ce caractère, ce visage, mais enfin c'est aussi parce qu'il l'a *rencontrée*, et cette rencontre met au jour dans sa vie des possibilités qui, sans elle, se seraient assoupies. Une fois établi, cet amour fait figure de destinée, mais le jour de la première rencontre il est absolument contingent. Une fixation peut bien être motivée par le passé de l'individu, mais elle apporte plus qu'elle ne promettait ; une fois réalisée, elle a son poids propre, qui est la force brute du présent et de ce qui existe. De même, on ne peut pas

174

expliquer l'antisémitisme jusqu'au bout : on peut en indiquer les motivations — le problème social et le rôle que les juifs ont joué jadis dans le développement d'un certain capitalisme —, mais elles ne dessinent qu'une histoire possible, et si, en Allemagne, vers 1930, l'angoisse a remonté vers le passé et choisi de s'assouvir sur les juifs, parce que toute angoisse se détourne du futur, l'explication rationnelle ne peut pas aller au-delà, à partir de ses motifs la passion se crée elle-même, on ne peut pas la comprendre dans un univers de consciences. L'antisémitisme allemand nous replace devant une vérité que nous ignorions en 1939. Nous pensions qu'il n'y avait pas de juifs, pas d'Allemands, mais seulement des hommes ou même des consciences. Il nous semblait qu'à chaque moment chacun de nous choisissait dans une liberté toujours neuve d'être et de faire ce qu'il voulait. Nous n'avions pas compris que, comme l'acteur se glisse dans un rôle qui le dépasse, qui modifie le sens de chacun de ses gestes, et promène autour de lui ce grand fantôme dont il est l'animateur, mais aussi le captif — chacun de nous dans la coexistence se présente aux autres sur un fond d'historicité qu'il n'a pas choisi, se comporte envers eux *en qualité* d'« aryen », de juif, de Français, d'Allemand, que les cons-ciences ont l'étrange pouvoir de s'aliéner et de s'absenter d'elles-mêmes, qu'elles sont menacées du dehors et tentées du dedans par des haines absurdes et inconcevables au regard de l'individu, et que, si un jour les hommes doivent être des hommes les uns pour les autres, et les rapports des consciences devenir transparents — si l'universalité doit se réaliser —, ce sera dans une société où les traumatismes du passé auront été liquidés et où d'abord les conditions d'une liberté effective auront été réalisées. Jusque-là, la vie sociale restera ce dialogue et cette bataille de fantômes où l'on voit soudain couler de vraies larmes et du vrai sang.

*

Or, dans ce combat, il ne nous était plus permis de rester neutres. Pour la première fois, nous étions amenés non seule-ment à constater, mais encore à assumer la vie de société. Avant 39, la police ne nous concernait pas. Elle existait, mais nous n'aurions jamais songé à la faire. Qui d'entre nous aurait prêté main-forte pour arrêter un voleur, ou accepté de se faire magistrat et de rendre des sentences? Nous voulions bien, pour notre compte, n'être ni criminels, ni voleurs, parce que nous en avions décidé ainsi. Mais comment notre liberté aurait-elle eu le droit d'en supprimer une autre, même si l'assassin avait lui-même disposé d'une autre vie? Nous ne pouvions pas supporter que la sanction voulût se parer d'un caractère moral et nous la ramenions aux nécessités de police, dont nous distinguions soigneusement les règles morales. C'était une œuvre basse, à laquelle, même si nous y étions mêlés, nous ne voulions pas consentir. Je me rappelle ma perplexité quand j'appris que, sous-lieutenant de réserve, je pouvais être requis par la police pour aider à une arrestation et devais même lui offrir mes services. Il nous a bien fallu changer d'avis: nous avons bien vu qu'il nous appartenait de juger. S'il avait dépendu de nous d'arrêter et de condamner un dénonciateur, nous n'aurions pas pu laisser à d'autres cette besogne. Avant la guerre, la politique nous paraissait impensable parce qu'elle est un traitement statistique des hommes et qu'il n'y a pas de sens, pensions-nous, à traiter comme une collection d'objets substituables et par règlements généraux ces êtres singuliers dont chacun est pour soi un monde. Dans la perspective de la conscience, la politique est impossible. Il y a eu un moment où nous nous sommes sentis atteints au cœur par ces absurdités du dehors.

Nous avons été amenés à assumer et à considérer comme nôtres non seulement nos intentions, le sens que nos actes ont pour nous, mais encore les conséquences de ces actes au dehors, le sens qu'ils prennent dans un certain contexte historique. Il y a vingt ans, un historien dénonçait les responsabilités des Alliés dans la guerre de 1914. Pendant l'occupation, nous avons vu avec stupeur le même historien publier, sous le visa de la censure, une brochure où il dénonçait les responsabilités de l'Angleterre à l'origine de la guerre de 1939. Il n'a pas compris que mettre en cause l'Angleterre, à Paris, sous l'occupation allemande, c'était prendre à son compte une propagande qu'aucun pacifiste n'a le droit de servir, puisque c'est celle d'un régime guerrier. Au printemps de 1944, les professeurs ont tous reçu un texte qu'on leur proposait de signer et qui adjurait le maréchal Pétain d'intervenir pour arrêter la guerre. Il est trop simple de supposer que ceux qui ont composé ou signé ce texte s'étaient mis au service des Allemands et essayaient d'arrêter la guerre avant leur défaite. Il est rare, au moins dans le monde des professeurs, que les trahisons se fassent dans cette clarté, et c'est le sort des hommes de ne céder jamais à l'intérêt seulement, mais en même temps aux idées. Voici donc comment on imagine un des rédacteurs de ce texte. Pour lui, les passions de la guerre *n'existent* pas ; elles ne tiennent un semblant de force que du consentement des hommes *aussi libre à chaque moment* ; il n'y a donc pas un monde en guerre, avec, d'un côté, les démocraties, et, de l'autre, les fascismes, ou encore d'un côté les empires constitués et de l'autre les nations tard venues qui voudraient se constituer un empire (les premiers fortuitement alliés à un état «prolétarien») ; il n'y a pas d'empires, pas de nations, pas de classes, il n'y a rien que des hommes partout, toujours prêts pour la liberté et le bonheur, toujours capables de les obtenir sous quelque régime que ce soit, à condition qu'ils se reprennent et retrouvent la seule liberté qui soit, celle de leur jugement ; un seul mal, donc, qui est la guerre elle-même, et un seul devoir, qui est de ne pas croire aux victoires du droit et de la civilisation et de faire cesser la guerre. Ainsi pense ce solitaire cartésien, et il ne voit pas derrière lui son ombre portée sur l'histoire comme sur un mur, ce sens, cette figure que prennent ses actions au-dehors, cet Esprit Objectif qui *est* lui-même.

Le politique cartésien répondrait sans doute que, si nous nous tenons pour responsables de nos pensées et de nos actions dans leurs plus lointaines conséquences, il ne nous reste plus qu'à refuser toute transaction, comme fait le héros. Or, ajouterait-il, combien de héros parmi ceux qui se louent aujourd'hui d'avoir résisté ? J'en vois qui étaient fonctionnaires de l'État, et qui ont continué de recevoir leur salaire, jurant par écrit, puisqu'il le fallait, qu'ils n'étaient ni juifs, ni francs-maçons. J'en vois d'autres qui ont accepté de demander pour leurs écrits ou pour leur théâtre l'autorisation d'une censure qui ne laissait rien passer qu'à dessein. Chacun traçait à sa façon la frontière des choses permises. Ne publiez rien, disait l'un. Rien pour les journaux ni pour les revues, disait l'autre, imprimez vos livres. Je donne ma pièce à ce théâtre s'il est dirigé par un homme de bien, je la retire s'il est dirigé par un valet du gouvernement, disait un troisième. La vérité est que chacun a composé avec la nécessité extérieure, sauf quelques-uns, qui ont donné leur vie. Il fallait ou bien cesser de vivre, refuser cet air corrompu, ce pain empoisonné, ou bien vivre, c'est-à-dire se ménager dans le malheur commun un réduit de liberté privée, et c'est ce que la plupart ont fait, mettant seulement leur conscience en repos par des sacrifices mesurés. Ceci n'acquitte pas les traîtres, qui ont appelé ce régime, l'ont aidé au-delà de l'indispensable, et se sont désignés d'eux-mêmes aux sanctions de la loi nouvelle. Mais ceci nous interdit de les juger au nom d'une morale que personne n'a suivie jusqu'au bout, et de fonder sur l'expérience de ces quatre années une nouvelle philosophie, puisque nous avons vécu suivant l'ancienne. Seuls les héros ont vraiment été au-dehors ce qu'ils voulaient être au-dedans, seuls, ils se sont joints et confondus à l'histoire, au moment où elle prenait leur vie, mais ceux qui ont survécu même aux plus grands risques n'ont pas consommé ce mariage cruel, personne ne peut parler de ce silence ni le recommander aux autres. L'héroïsme ne se prêche pas, il s'accomplit, et toute prédication serait ici présomption, puisque celui qui peut encore parler ne sait pas de quoi il parle.

Ce raisonnement est fort. Mais il va dans notre sens. Il est vrai que nous ne sommes pas innocents, et que, dans la situation où nous étions, il n'y avait pas de conduite irréprochable. En restant ici, nous nous faisions tous complices à quelque degré, et il faut dire de la résistance ce que les combattants ont souvent dit de la guerre : on n'en revient qu'à condition d'avoir à quelque moment limité les risques, et, en ce sens-là, choisi de sauver sa vie. Ceux qui ont quitté la France pour poursuivre ailleurs la guerre par les armes ou par la propagande ne peuvent pas davantage se prévaloir de leur pureté, car s'ils échappaient à toute compromission directe, c'était en cédant le terrain pour un temps, et, en ce sens, ils prenaient comme nous leur part dans les ravages de l'occupation. Plusieurs de nos camarades se sont posé la question et ont choisi pour le mieux, mais rien ne peut faire que leur décision ait été une vraie solution. En restant on se compromettait, en partant on se compromettait, personne n'a les mains propres (et c'est peut-être pourquoi les Allemands ont trouvé à Paris le cadavre de Martel et de quelques autres). Nous avons désappris la «pure morale» et appris une sorte d'immoralisme populaire, qui est sain. L'homme moral ne veut pas se salir les mains. C'est qu'il a d'ordinaire assez de loisir, de talents ou de fortune pour se tenir à l'écart des entreprises qu'il désapprouve et se préparer une bonne conscience. Le peuple n'a pas cette liberté-là : le mécanicien dans un garage, s'il voulait vivre, était bien obligé de réparer les voitures allemandes. Tel de nos camarades s'adressait à la librairie «Rive Gauche» pour avoir les livres de philosophie allemande dont il avait besoin. Le jour venu, il a pris part à l'insurrection et les Allemands l'ont fusillé. Nous sommes dans le monde, mêlés à lui, compromis avec lui. Ce n'est pas une raison pour lui céder tout l'extérieur et pour nous confiner dans nos pensées, toujours libres, même chez l'esclave. Cette division de l'intérieur et de l'extérieur est abstraite. Nous donnons au monde à la fois plus et moins. Nous lui donnons moins, car nous pesons sur lui quand le moment est venu, et l'État (on l'a bien vu avec l'État vichyssois) n'est rien sans notre consentement. Nous lui donnons plus, car il éveille notre *intérêt*, c'est en lui que nous vivons, et, à vouloir être libres en marge du monde, nous ne le sommes pas du tout. Un jugement sans parole n'est pas accompli, une parole sans réponse possible fait non-sens, ma liberté et celle d'autrui se nouent l'une à l'autre à travers le monde. Certes, ceux d'entre nous qui n'étaient ni juifs, ni communistes déclarés pouvaient, pendant ces quatre années, se ménager des méditations : on ne leur refusait ni Platon, ni Descartes, ni les répétitions du Conservatoire, le samedi matin. Nous pouvions recommencer notre adolescence, revenir à nos dieux et à nos grands écrivains comme à des vices. Nous ne revenions pas pour autant à nous-mêmes et à l'esprit. Nous ne sortions pas pour autant de l'histoire. Nos meilleures pensées, vues de Londres, de New York ou de Moscou, se situaient dans le monde et portaient un nom, c'étaient des rêveries de captifs, et elles en étaient modifiées jusque dans leur valeur de pensées. On ne dépasse pas l'histoire et le temps, on ne peut que s'y fabriquer une éternité privée, fictive comme celle du fou qui se croit Dieu. L'esprit n'est pas dans ces songes moroses, il ne paraît qu'au grand jour du dialogue. Méditant sur nos grands hommes, nous n'étions pas plus libres et pas plus conscients que le juif ou le déporté devenu une seule douleur aveugle et sans choix. Il n'y a pas de liberté effective sans quelque puissance. La liberté n'est pas en deçà du monde, mais au contact avec lui.

*

Nous retrouvions là une vérité marxiste. Mais même le marxisme était à reprendre, car il risquait de nous confirmer dans nos préjugés d'avant-guerre. Sous prétexte que l'histoire est l'histoire de la lutte des classes et que les conflits idéologiques n'en sont que la superstructure, un certain marxisme nous détache de toutes les situations où le sort des classes n'est pas immédiatement engagé. La guerre de 1939, classée comme guerre impérialiste au moins jusqu'à l'intervention de l'U.R.S.S., n'intéressait pas ce genre de marxistes. L'histoire vraie devait recommencer pour eux le jour où la lutte sociale pourrait se manifester à nouveau. Le fascisme n'étant, après tout, qu'un parent pauvre du capitalisme, le marxiste n'avait pas à prendre parti dans cette querelle de famille, et le succès de l'un ou l'autre camp ne lui importait pas beaucoup. En période de crise, pensaient certains d'entre nous, le capitalisme ne peut plus se permettre d'être libéral, il devra partout se raidir et les mêmes nécessités qui ont amené à l'existence les fascismes étoufferont les libertés dans les prétendues démocraties. La guerre mondiale n'est qu'une apparence, et ce qui reste vrai sous cette apparence, c'est le sort commun des prolétaires de tous les pays et la solidarité profonde de tous les capitalismes à travers les contradictions internes du régime. Il ne saurait donc être question, pour les prolétariats nationaux, d'assumer en quoi que ce soit les événements où ils se trouvent mêlés, chaque prolétaire sous l'uniforme *ne* peut se sentir *que* prolétaire. Ainsi certains d'entre nous, quand ils apprenaient quelque échec des Allemands, boudaient à leur propre plaisir et affectaient de ne pas se mêler à la satisfaction générale. Quand nous leur présentions la situation d'un pays occupé comme le type même des situations inhumaines, ils s'efforçaient de dissoudre ce phénomène dans le phénomène plus général de l'exploitation et de l'oppression capitalistes. Placés depuis toujours dans le secret de l'histoire, ils comprenaient la révolte patriotique mieux qu'elle ne se comprenait elle-même, ils lui donnaient l'absolution au nom de la lutte des classes. Et pourtant, quand la libération est venue, ils l'ont appelée par son nom, comme tout le monde.

Ils n'avaient pas besoin, pour le faire, de renoncer au marxisme. L'expérience de ces quatre années nous a, en effet, appris à mieux comprendre les relations concrètes de la lutte des classes et de l'idéologie. La lutte des classes n'est pas *plus vraie* que les conflits idéologiques, ils ne s'y *réduisent* pas comme l'apparence à la réalité. Marx l'enseigne lui-même, les idéologies, une fois constituées, ont leur poids propre, elles entraînent l'histoire comme le volant entraîne le moteur. Par suite une analyse marxiste de l'hitlérisme ne peut pas consister à le classer sommairement comme «épisode du capitalisme». Elle met sans doute à nu la conjoncture économique sans laquelle il n'aurait pas existé, mais cette conjoncture est singulière, et, pour la définir entièrement, pour rejoindre l'histoire effective, il faut faire état de particularités locales, et non seulement de la fonction économique du nazisme, mais encore de sa fonction humaine. Le marxiste ne doit pas appliquer mécaniquement le schéma capital-travail, mais penser à nouveau chaque événement qui se présente pour déterminer chaque fois par où passe la ligne sinueuse de l'avenir prolétarien. Il n'est pas obligé de considérer l'oppression en pays occupé comme un phénomène de surface, au-dessous duquel la vérité de l'histoire devrait être cherchée. Il n'y a pas deux histoires, l'histoire vraie et l'histoire empirique. Il n'y en a qu'une, et tout ce qui arrive en fait partie, à condition qu'on sache le déchiffrer. L'occupation allemande, pour un marxiste en milieu français, n'était pas un accident de l'histoire, mais un événement de première grandeur. La victoire de l'Allemagne et celle des Anglo-Saxons ne sont pas équivalentes du point de vue de la lutte des classes, parce que les gouvernements anglo-saxons, si réactionnaires qu'ils soient et veuillent être, se trouveront freinés dans leur propre pays par leur idéologie libérale, et que la lutte sociale, à redevenir tout de suite manifeste, gagne en intérêt pour des hommes qui n'ont pas cent ans à vivre et qui en auraient passé cinquante peut-être sous l'oppression fasciste. Le marxisme ne supprime pas les facteurs subjectifs de l'histoire au profit des facteurs objectifs, il noue les uns aux autres. L'idéologie nationale ne peut être une fois pour toutes qualifiée comme bourgeoise; il s'agit à chaque moment d'en apprécier la fonction dans la conjoncture historique, où elle peut être tantôt progressive et tantôt réactionnaire. Dans la France de 1940 et maintenant, le sentiment national (nous ne disons pas le chauvinisme) est révolutionnaire. Cela ne veut pas dire seulement qu'il s'oppose en fait aux intérêts immédiats du capitalisme français et que les marxistes peuvent l'utiliser au profit de leur lutte propre et par une pieuse ruse. Cela veut dire que la conjoncture historique libère la réalité nationale des hypothèques réactionnaires dont elle était grevée et autorise la conscience prolétarienne à l'intégrer. On répondra peut-être que, dans une politique marxiste, la nation ne peut jamais être une fin mais seulement un moyen, que le patriotisme marxiste ne saurait être qu'une tactique, et que, par exemple, l'épuration pour un marxiste sert à la révolution, tandis que pour un patriote, il s'agit au contraire d'intégrer le mouvement des masses à la nation. Mais ce langage même n'est pas marxiste. Le propre du marxisme est de ne pas distinguer la fin et les moyens, et il n'y a pas en principe de politique moins hypocrite et moins machiavélique. Il ne s'agit pas de surprendre la bonne foi des patriotes et de les conduire là où ils ne veulent pas aller. Ce n'est pas le marxiste, c'est l'histoire qui transforme le sentiment national en volonté révolutionnaire. Il s'agit de faire voir aux patriotes — et les événements s'en chargent en même temps que les marxistes — que, dans un pays affaibli comme la France et passé, par le mouvement de l'histoire, au second rang des grandes puissances, une certaine indépendance politique et économique n'est possible que par un jeu de bascule plein de périls ou dans le cadre d'États-Unis socialistes qui n'ont aucune chance de se réaliser sans révolution. Être marxiste, ce n'est pas renoncer aux différences, à être Français. Tourangeau ou Parisien, ce n'est pas renoncer à l'individu pour se confondre avec le prolétariat mondial. C'est bien rejoindre l'universel, mais sans quitter ce que nous sommes. Même dans une perspective marxiste, le prolétariat mondial, tant qu'il n'existe qu'objectivement et dans l'analyse de l'économiste, n'est pas un facteur révolutionnaire. Il le devient s'il se saisit comme prolétariat mondial, et cela n'arrivera que par la pesée concordante ou par la rencontre au même carrefour des prolétariats de fait, tels qu'ils existent dans les différents pays, non par un internationalisme ascétique où chacun d'eux perdrait ses plus fortes raisons d'être marxiste.

*

En somme, nous avons appris l'histoire et nous prétendons qu'il ne faut pas l'oublier. Mais ne sommes-nous pas ici dupes de nos émotions ? Si, dans dix ans, nous relisons ces pages et tant d'autres, qu'en penserons-nous ? Nous ne voulons pas que cette année 1945 devienne pour nous une année entre les années. Celui qui a perdu un fils ou une femme aimée ne veut pas vivre au-delà. Il laisse la maison dans l'état où elle était. Les objets familiers sur la table, les vêtements dans l'armoire marquent dans le monde une place vide. Il converse avec l'absent, il ne change rien à sa vie, et, chaque jour, ses conduites ressuscitent cette ombre toujours moins dense comme par une sorte d'incantation. Un jour vient pourtant où ces livres, ces vêtements changent de sens : c'étaient des livres neufs, ils sont maintenant jaunis, c'étaient des vêtements que l'on portait, ils sont maintenant démodés et fripés. Les conserver davantage, ce ne serait pas faire survivre celui qui est mort, mais au contraire dater plus cruellement sa mort. Il viendra de même un moment où nous voudrons garder de nos amis torturés et fusillés, non pas les dernières images, celles de ces quatre années, et de cet été fiévreux, mais un souvenir éternel où se mêleront les choses qu'ils ont faites et celles qu'ils auraient pu faire, partis comme ils l'étaient pour la vie. Certes, nous n'en sommes pas là, mais puisqu'il s'agit ici d'écrire et non pas de raconter nos peines, ne devons-nous pas dépasser nos sentiments pour en trouver la vérité durable ?

La guerre n'était pas finie que déjà tout changeait, et non seulement par la légèreté des hommes, mais par une nécessité intérieure. Dans la résistance, l'union était facile parce que les rapports étaient presque toujours des rapports d'homme à homme. En face de l'armée allemande et du gouvernement de Vichy, où, comme dans tous les appareils d'État, la généralité sociale dominait, la résistance offrait ce phénomène si rare d'une action historique qui ne cessait pas d'être personnelle. Les éléments psychologiques et moraux de la politique paraissaient ici presque seuls, et c'est pourquoi on a pu voir dans la résistance les intellectuels les moins enclins à la politique. L'expérience de la résistance a été pour eux une expérience unique et ils voulaient en garder l'esprit dans la nouvelle politique française, parce qu'elle échappait enfin au fameux dilemme de l'être et du faire qui est celui de tous les intellectuels devant l'action. De là ce *bonheur* à travers le danger, où nous avons vu certains de nos camarades, d'ordinaire tourmentés. Il est trop clair que cet équilibre de la vie personnelle et de l'action était justement lié aux conditions de l'action clandestine et ne pouvait lui survivre. En ce sens, il faut dire que l'expérience de la résistance, en faisant croire que la politique est un rapport d'homme à homme ou de conscience à conscience, favorise nos illusions de 1939 et masque les vérités que l'occupation nous enseignait par ailleurs, c'est-à-dire l'incroyable puissance de l'histoire. Nous voici revenus au temps des *institutions*, la distance reparaît entre les lois et ceux à qui elles s'appliquent, de nouveau on légifère pour X..., de nouveau la bonne volonté des uns prend sa figure de classe, qui la rend méconnaissable pour les autres. De nouveau, il faut se soucier des conséquences de ce que l'on dit, peser chaque mot selon son sens objectif, sans espoir de convaincre par la seule force du vrai. Nous l'avons fait pendant l'occupation, il ne fallait pas un geste public qui pût «faire le jeu de l'occupant». Mais entre amis nous avions une liberté de critique que nous avons déjà perdue. Allons-nous maintenant soumettre nos paroles et nos gestes à cette règle tout extérieure, qui indignait Péguy, de ne pas faire «le jeu de la réaction», «le jeu du communisme» ou «le jeu du gouvernement»? Nous avons vu pendant quatre ans la vie personnelle annulée. Il n'y a rien là à *apprendre*, et si décidément la politique est l'enfer, il n'y a qu'à la quitter. Voilà pourquoi au lendemain d'une autre guerre, les fondateurs de la N.R.F. invitaient les auteurs et le public à abandonner les valeurs et les attitudes de la guerre. Ils voulaient démobiliser les consciences, revenir aux problèmes d'esthétique pure, se dégager de l'histoire...

Assurément, et c'est là que nous voulions en venir, ces cinq années ne nous ont pas appris à trouver mauvais ce que nous jugions bon, il reste absurde devant la conscience de cacher une vérité parce qu'elle nuit au pays, de tuer un homme parce qu'il habite au-delà de la rivière, de traiter autrui comme un moyen. Nous n'avions pas tort, en 1939, de vouloir la liberté, la vérité, le bonheur, des rapports transparents entre les hommes, et nous ne renonçons pas à l'humanisme. La guerre et l'occupation nous ont seulement appris que les valeurs restent nominales, et ne valent pas même, sans une infrastructure économique et politique qui les fasse entrer dans l'existence — davantage : que les valeurs ne sont rien, dans l'histoire concrète, qu'une autre manière de désigner les relations entre les hommes telles qu'elles s'établissent selon le mode de leur travail, de leurs amours, de leurs espoirs, et, en un mot, de leur coexistence. Il ne s'agit pas de renoncer à nos valeurs de 1939, mais de les accomplir. Il ne s'agit pas d'imiter les tyrans ; et, dans la mesure où il a fallu le faire, nous leur en voulons justement de nous y avoir obligés. Pourra-t-on jamais éliminer la tyrannie de la vie politique, est-il vrai que l'État puisse dépérir et les relations politiques ou sociales des hommes se résorber jamais dans leurs relations humaines, c'est une question. Mais si nous n'avons pas l'assurance de cet achèvement, nous voyons du moins très précisément l'absurdité d'une tyrannie anachronique comme l'antisémitisme et d'un expédient réactionnaire comme le fascisme. C'est assez pour vouloir les détruire jusque dans leurs racines et pour pousser les choses dans le sens de la liberté effective. Or, cette tâche politique n'est incompatible avec aucune valeur de culture et aucune tâche littéraire, si culture et littérature se définissent, non comme des techniques hors du monde, mais comme la prise de conscience progressive de nos multiples rapports avec autrui et avec le monde. *Nous n'aurons à cacher aucune vérité si nous disons toutes les autres.* Dans la coexistence des hommes, à laquelle ces années nous ont éveillés, les morales, les doctrines, les pensées et les coutumes, les lois, les travaux, les paroles s'expriment les uns les autres, tout signifie tout. Il n'y a rien hors cette unique fulguration de l'existence.

(Juin 1945.)

Pour la vérité

Les républicains de Stendhal voulaient follement la sincérité contre les «coquins» et les «fripons» qui peuplaient les
cours et les antichambres. Les professeurs dreyfusistes de
1900 voulaient la justice à tout prix. Ils disaient : même si la
révision du procès Dreyfus doit compromettre l'état-major de
l'Armée et la Défense nationale, il faut obtenir la révision,
puisque une France injuste ne serait plus la France et ne
mériterait plus d'être sauvée. Maurras leur opposait bien
qu'une politique ne doit pas se régler sur le juste et l'injuste
tels que nous les sentons en nous-mêmes, mais d'abord sur
les conditions d'existence et l'intérêt de la nation, sans
laquelle il n'y a pas de civilisation et finalement pas de justice, qu'«on a quelquefois vu des tribunaux sans justice, mais
jamais de justice sans tribunaux», qu'il fallait donc sauver
l'autorité des tribunaux et laisser Dreyfus à l'île du Diable au
nom même de la justice — ni Péguy, ni les kantiens n'accep-
taient que la France perdît ses raisons d'exister pour conserver l'existence. À sa manière, le mouvement surréaliste a
repris la même fonction de jugement et de scandale, et la
Centrale Surréaliste se donnait pour tâche de signaler toutes
les absurdités de la vie «réelle» sans aucun égard aux conséquences. Dans l'entre-deux guerres, la plupart des intellectuels français traitaient les questions politiques sous l'angle
de la morale. Pour Gide, pour Alain, pour Andrée Viollis,
pour le premier Aragon, pour Breton, pour Bernanos, la
vérité était toujours bonne à dire, au besoin contre le gouvernement, contre la nation, contre le parti. Quand Malraux
redécouvrit qu'en politique l'efficacité est la première des

règles, ses deux plus beaux livres montrent assez qu'il n'accepta pas sans débats cette idée. Sans doute même ne l'accepta-t-il jamais tout à fait, puisque son «réalisme» ne résista pas à l'épreuve du pacte germano-russe. Comme leurs intellectuels, les Français jugeaient et parlaient franc : à l'étonnement des étrangers, ils traitaient Daladier ou Reynaud tantôt avec indulgence, tantôt avec mépris, mais en tout cas sans précaution ni respect.

Nous avons bien changé. Nous avons vu, comme on dit, «où cela mène». À tort ou à raison, nous attribuons les malheurs de la France au cynisme et à l'indépendance des Français. Nous sommes tous des repentis. On ne nous y reprendra plus. Chacun de nous se sent responsable, chargé de patrie ou de parti comme on est chargé de famille. Avant de dire une vérité, nous regardons d'abord aux conséquences. Nous avons gagné en bienséance et en sérieux, mais à force de mesurer nos paroles et de n'entendre que réponses mesurées, nous prenons l'habitude assez basse des interprétations, des allusions et des pointes. Si un intellectuel recommande l'esprit de synthèse, cela veut dire, dans le lexique de notre temps, qu'il veut «se faire bien voir» des communistes, et, du côté socialiste, on l'observe d'un regard sourcilleux. Il règne presque partout un ton cafard et insinuant qui est celui de la Sapinière dans Balzac et de la Congrégation dans Stendhal. Le jeu se fait par la bande. Les épées sont mouchetées. Les conservateurs sont «socialistes», les révolutionnaires sont gouvernementaux, chacun répond à côté, de sorte que les discussions sont dialogues de sourds. Tout le monde est réaliste, opportuniste, tacticien, sauf Bernanos, dont les colères trop attendues, comme celles de Raimu, n'impressionnent plus personne. Maurras est en prison, mais le maurrassisme est partout. Nous sommes tous des coquins au sens de Stendhal.

N'avons-nous donc le choix que d'être ou des cyniques ou des coquins ? Avant de nous résigner à ce dilemme, il faudrait être sûr qu'il est inévitable. Peut-être l'engagement ne supprime-t-il la liberté d'esprit que lorsqu'il est confus et faute d'une pensée politique qui soit capable à la fois d'accueillir toutes les vérités et de prendre position dans le réel ? Aucun parti en France ne pense son action, ne dit ouvertement ce qu'il est et ce qu'il fait. Chacun d'eux a son double jeu. Quant aux idées, elles ne sont pas formées au contact du présent et

pour le comprendre, ce sont des lambeaux idéologiques héri-
tés du XIXᵉ siècle et qui couvrent très mal les faits. Rien
d'étonnant si, n'ayant à choisir qu'entre des équivoques, nous
nous sentons partout mal à l'aise et si la fidélité à un parti
devient pénible.

*

Deux grands partis marxistes ont à eux seuls la majorité en
France. Cela devrait mettre dans notre politique quelque
franchise prolétarienne. Voyons ce qu'il en est.

Les communistes ont inventé le «soutien oppositionnel».
L'hiver dernier, ils critiquaient le gouvernement, mais comment auraient-ils poussé à fond la critique, puisqu'ils en faisaient partie? Ils protestaient contre la loi électorale, mais ils
avaient commencé par déclarer qu'en aucun cas leurs
ministres ne démissionneraient. Ils recommandaient le oui-
non, mais leurs ministres restaient membres d'un gouvernement dont le chef, à la radio, recommandait le oui-oui. Ils
protestaient contre l'arrestation des Indochinois de Paris,
mais, comme tous les membres du gouvernement, ils en
étaient solidairement responsables. «En finir avec les trusts»,
disaient leurs tracts électoraux. Comme si les trusts étaient à
peu près morts, comme s'il ne s'agissait que de les achever. En
un sens, tous les thèmes de l'ancien communisme figurent
dans la politique du P.C.: lutte des classes, anticolonialisme,
antimilitarisme. C'est pourquoi *Action* parvient presque toujours à l'envelopper d'un contrepoint marxiste. Mais, s'ils sont
toujours là, leur fonction n'est plus directrice, comme on voit
quand *Action* approuve *sans réserves* la politique des Trois
Grands[1]. La fonction des idées marxistes n'est plus tant de
déterminer une politique que de la commenter et de lui fournir l'*aura* marxiste. Pour un témoin ingénu, les deux choses
peuvent se confondre, pour un marxiste de la vieille école,
elles sont aussi distinctes que le chien, animal aboyant, et le
chien, constellation céleste. Même si, à propos de l'affaire de
Syrie, l'U.R.S.S. prend position contre le colonialisme,

---

1. D'un point de vue marxiste, la politique des Trois Grands est, bien
entendu, préférable à l'isolement de l'U.R.S.S. et au Bloc occidental. Elle
n'en est pas moins différente de la politique extérieure universaliste que
l'U.R.S.S. a définie en 1917.

comme on ne voit pas qu'elle ait établi des soviets dans les pays qu'elle occupe, il faut bien admettre que la libération des peuples colonisés a cessé d'être, dans la politique de l'U.R.S.S., un principe inconditionnel. Cela ne veut pas dire, comme on le répète à la légère, que l'U.R.S.S. est devenue une puissance impérialiste. L'impérialisme aboutit à une exploitation des pays « arriérés » au profit des pays « avancés » qui vont y chercher une main-d'œuvre peu coûteuse, des matières premières, un marché pour leurs produits fabriqués, des possibilités d'investissements et qui, par conséquent, ont d'ordinaire intérêt à maintenir le pays colonisé dans l'état arriéré où ils le trouvent. Or, il est certain que, pour intégrer à son économie propre celle des pays qui sont sous son influence, l'U.R.S.S. sera amenée à y établir, ouvertement ou non, un mode de production socialiste, de sorte que l'occupation russe sera en fait « progressiste ». Mais ce qui semble sûr aussi, c'est que l'U.R.S.S. ne professe plus l'idéologie de son économie, ou plus exactement que les thèmes révolutionnaires sont dans l'U.R.S.S. d'aujourd'hui devenus une idéologie au sens propre du mot, c'est-à-dire un ensemble de justifications *a posteriori*. Depuis 1917, le marxisme a une patrie, il s'est incarné dans une certaine partie du monde. À partir de ce moment, les communistes devaient le défendre à la fois dans son corps et dans son esprit, comme les catholiques d'Espagne devaient défendre à la fois l'Église visible, ses tabernacles, son clergé, et l'Église invisible qui se bâtit dans tous les cœurs et dans les relations des hommes. Les deux choses ne vont pas toujours ensemble. *Action* défend le marxisme dans son corps quand elle soutient la politique des Trois Grands ; on ne peut certes pas dire qu'au même moment elle le défende dans son esprit, puisqu'il a toujours été hostile à la diplomatie secrète et à la « grande politique » de chancelleries. On verra plus loin qu'à notre sens il aurait été fou, du point de vue marxiste, de sacrifier l'existence de l'U.R.S.S. aux principes abstraits d'une politique marxiste et que le nouveau cours de la politique soviétique s'explique amplement par la stagnation révolutionnaire dans le monde et par le danger de mort où l'U.R.S.S. s'est trouvée placée de ce fait. Mais commençons par reconnaître les changements qui sont intervenus dans la politique communiste avant de les expliquer et peut-être de les justifier comme inévitables. Il y a un double jeu du P.C., qui consiste en ce que, étant effectivement prolétarien et poursuivant, sur les thèmes prolétariens classiques, l'agitation quotidienne, il ne souhaite pas la rupture avec les gouvernements établis et, au moment décisif, fait ce qu'il faut pour l'éviter[1].

Il y a un double jeu du Parti socialiste qui consiste en ce que, vivant sous le regard de la bourgeoisie, il continue de se dire marxiste. Peut-être vaut-il mieux raisonner sur des événements déjà anciens, déjà clos, et dont, par là même, la signification est moins contestable. On se rappelle les étapes de Léon Blum : les thèses néo-socialistes favorables à la participation ministérielle et à l'exercice du pouvoir en régime bourgeois l'avaient laissé « épouvanté ». Il les reprend à son compte quelques années plus tard. Chef d'un parti qui, à chaque congrès annuel, se réaffirme marxiste, il accepte de diriger une expérience de « Front populaire » qui doit améliorer la condition des travailleurs dans les cadres du capitalisme. « Nous avons, au cours de toute notre propagande, disait-il en mai 36, tiré de l'analyse de la crise économique la condamnation du régime social actuel (...). Nous en avons conclu qu'à cette société, notre effort devait tendre à substituer une société autre, foncièrement différente, qui instituerait l'ordre et la raison là où nous ne voyons que contradiction et chaos (...). Mais, je veux le dire avec la même franchise et avec la même clarté, la tâche présente du gouvernement de Front populaire (...) cette tâche-là est différente ; elle est différente en tout cas dans le temps (...). Il n'y a pas de majorité socialiste, il n'y a pas de majorité prolétarienne, il y a la majorité de Front populaire (...). Il s'ensuit que nous agissons à l'intérieur du régime actuel, de ce même régime dont nous avons démontré les contradictions et l'iniquité au cours de notre campagne électorale (...). Il s'agit en somme de savoir s'il est possible, dans le cadre du régime actuel, d'assurer un soulagement suffisant aux misères de ceux qui souffrent[2]. » Mais si le capitalisme est capable d'amendements, il n'y a pas lieu de créer une société

1. Cette opinion n'est pas démentie par la crise qui a précédé la formation du second gouvernement de Gaulle. La presse réactionnaire a beau présenter les communistes comme des ogres, le fait est qu'ils ont accepté d'entrer dans un gouvernement d'union nationale où ils détiennent avec les socialistes dix portefeuilles sur vingt-deux, alors que les élections ont donné une majorité (faible, il est vrai) aux deux partis marxistes.

2. L. BLUM, *L'Exercice du pouvoir*, Gallimard, 1937, « Discours au XXXIIIᵉ congrès du Parti socialiste S.F.I.O., 31 mai 1936 », pp. 52-55.

nouvelle, et s'il en est incapable, il n'y a pas lieu d'instituer en toute bonne foi une expérience de Front populaire dans les cadres du capitalisme. Entre les prémisses marxistes et la conclusion réformiste, la contradiction est évidente. Léon Blum essayait de l'atténuer en présentant le Front populaire comme une phase de transition. «Il s'agit, poursuivait-il, de savoir si, par une action accomplie à l'intérieur du régime actuel, il est possible de préparer dans les esprits et dans les choses, l'avènement inévitable du régime qui reste notre fait et notre but (...). La question que notre expérience pose devant la nation encore plus que devant le Parti, c'est de savoir comment le changement se fera (...), s'il y a une possibilité qu'il s'exécute, je le répète, paisiblement et amiablement[1].» Ainsi le Front populaire était à double sens : d'un côté, c'était un essai loyal pour tirer du capitalisme tout ce qu'il pouvait encore renfermer d'ordre et de justice, et à ce titre il réclamait le concours de toutes les bonnes volontés. D'un autre côté — et, comme socialiste, Léon Blum ne pouvait le voir autrement —, c'était le commencement du socialisme. De là chez Léon Blum deux langages ; il disait en substance aux chefs d'entreprises et au Sénat : «Les grèves et les occupations d'usines sont illégales, mais elles sont. À vous de choisir ; ou bien vous ferez les concessions nécessaires et l'on rentrera dans la légalité, ou bien vous ne les ferez pas, alors c'est vous qui aurez voulu la révolution.» Aux électeurs prolétariens, il disait par contre : «Personne ne peut soutenir que nous soyons en train de sauver la société bourgeoise, car la ruine de la société bourgeoise est en réalité une chose accomplie[2].» Les réformes de 1936 étaient ambiguës ; on les présentait aux chefs d'entreprises comme une assurance contre la révolution, aux masses comme un commencement de révolution. Ce double jeu n'était honnête ni envers les uns ni envers les autre. Les chefs d'entreprises ne s'y trompèrent pas : on leur offrait contre la révolution un rempart peu sûr. Ils s'en servirent dans le coup de feu de juin 36 ; ils conçurent même quelque estime pour un homme d'État si distingué et qui jouait si naturellement le jeu légal, mais ils n'oublièrent pas ses menaces voilées, qui étaient dérisoires, venant d'un homme si décidé à ne pas faire lui-

1. *Ibid.*
2. *L'Exercice du pouvoir, op. cit.*, «Allocution radiodiffusée au pays, 31 décembre 1936», p. 346.

même la révolution, et, quand la température du pays eut baissé, on le renvoya sans façons. À l'égard du prolétariat, la politique de Léon Blum n'était pas plus loyale : dans une perspective marxiste, un gouvernement composite de transition était concevable, mais qui se serait donné pour tâche de démontrer par le fait l'impossibilité du réformisme, qui, à chaque obstacle rencontré, aurait pris appui sur les masses, au besoin contre le Parlement, et qui n'aurait joué le jeu de la légalité bourgeoise que pour en faire voir l'inefficacité. Dans une période de lutte des classes aiguë, un parti prolétarien ne peut pas être sincère avec tout le monde ; ou bien il est sincère envers le prolétariat, et alors il faut qu'il trompe le capitalisme, ou bien il se conforme aux engagements pris, aux règles formelles et universelles de la morale : alors il trompe le prolétariat comme classe. On vante l'«objectivité», la «probité intellectuelle» de Léon Blum. On ne voit pas que cette manière «objective», cette habitude de traiter la révolution comme un fait déjà accompli ou encore à venir, et *jamais comme un présent dont nous soyons chargés*, sont des duperies quand il s'agit, non pas de contempler le monde, mais de le transformer — que le postulat d'une vérité et d'une morale communes à tous est une improbité chez un homme politique marxiste, puisque le marxisme est une théorie de la révolution, qu'il oppose deux mondes, le monde capitaliste et le monde prolétarien, et nous oblige à choisir entre eux. Le 31 mai 1936, Blum disait au Parti S.F.I.O. : «S'il se trouvait que des résistances insurmontables nous obligent à constater qu'il est impossible d'amender du dedans la société actuelle (...), je serais, moi, alors, le premier à venir vous le dire[1].» Le 31 décembre de la même année, constatant la persistance des «rumeurs paniques», la thésaurisation et la fuite des capitaux, ce n'est pas à ses électeurs qu'il s'adresse, comme il l'avait promis, c'est encore une fois *aux autres*. «Ai-je besoin de répéter une fois de plus que nous ne sommes pas un gouvernement socialiste ; que nous ne cherchons ni directement, ni insidieusement à appliquer au pouvoir le programme socialiste ; que nous travaillons avec une entière loyauté dans le cadre des institutions actuelles, de la société actuelle, du régime de pro-

---

1. *L'Exercice du pouvoir, op. cit.*, «Discours au congrès du Parti socialiste...», p. 55.

priété actuel[1]. (...) » Plus un mot sur la mort inévitable du capitalisme, sur la marche vers le socialisme à travers le Front populaire. Qu'il s'agisse de la non-intervention ou des questions sociales, les discours de 1936 sont remarquables en ceci qu'on y trouve toujours un *effort pour se justifier devant l'adversaire*. C'est devant Mussolini et Hitler, jamais devant les républicains espagnols, que Blum veut prouver la loyauté de la France. À l'intérieur, il est « loyal » dans le monde parlementaire qu'il a choisi comme membre d'un Parlement bourgeois, mais non dans le monde prolétarien qu'il a choisi comme marxiste. Si maintenant un malin vient dire que Léon Blum ne croit plus au marxisme, alors ne parlons plus de loyauté.

Après cela, il est à peine nécessaire de relire les débats du Congrès socialiste de cet été. L'action de classe respectueuse de l'intérêt national, lui-même compris à la manière des conservateurs, c'est bien dans cet esprit que Blum gouvernait dès 1936. On ne retranche rien du marxisme, on y ajoute seulement... l'intérêt national. De cette innocente retouche, il résulte que le socialisme n'est plus un avenir inconnu ; il est déjà là, il est partout au pouvoir, nous y touchons, il n'y a pas de quoi en avoir peur[2]. À l'égard du P.C. la position paraît d'abord claire : si le P.C., dit *Le Populaire*, avait fait des réserves sur celles des décisions des Trois Grands qui rabaissaient la France, nous lui aurions aussitôt proposé l'unité. On craint que les socialistes ne soient bien heureux d'avoir cet argument. Après tout, l'unité ouvrière pourrait entraîner une transformation du Parti communiste lui-même, il serait loisible aux socialistes d'y apporter leurs habitudes de critique et de discussion. Leur politique générale montre assez que, ce qu'ils craignent dans le P.C., ce n'est pas seulement un dévouement trop aveugle à l'U.R.S.S., c'est l'esprit prolétarien que le P.C., malgré ses tournants tactiques, continue de représenter. La politique française offre parfois le spectacle d'un quiproquo de comédie : il arrive que le P.C., qui, par sa composition sociale et par sa propagande, était à l'origine

1. *Ibid.*, « Allocution radiodiffusée au pays, 31 décembre 1936 », p. 348.
2. Bien que le Parti communiste ait contribué à apaiser la classe ouvrière en 1936 — comme en témoigne le fameux mot de Thorez : « Il faut savoir terminer une grève » —, jamais il n'a sollicité sur ce ton la confiance de ses adversaires. Ses volte-face ne sont motivées que par la discipline ; on sent que les communistes ne se soumettent pas intérieurement à ceux mêmes qu'ils cherchent à attirer. C'est en quoi ils gardent le style prolétarien.

et reste largement un parti de classe, tende la main aux S.F.I.O. et même à certains partis bourgeois, tandis que les S.F.I.O. qui, depuis 36, s'orientent vers une politique d'«intérêt public», et les partis bourgeois qui nient en principe la lutte des classes feignent de ne pas voir la main qu'on leur tend et refusent l'occasion qui s'offre de s'assurer la neutralité du prolétariat.

Dans une société où le mouvement prolétarien s'est appelé un moment Front national et où l'esprit conservateur se donne l'étiquette «socialiste», la pensée politique et l'analyse des événements ne peuvent être que très confuses, il n'y a plus que des idées mutilées, la position politique de chacun se définit moins par un certain nombre de thèses que par son adhésion à l'un des deux blocs en présence. Être communiste ou être socialiste, *dans l'ordre des idées*, cela ne signifie plus rien de déterminé. Nous en sommes parvenus à un état de nominalisme politique dont l'histoire française n'offre peut-être aucun autre exemple. Bientôt, dans ce pays qui se flattait, à en croire Thibaudet, de mettre dans sa politique toute une conception de la vie, les notions de «socialiste» et de «communiste» — pour ne rien dire du M.R.P. — seront aussi peu définissables et communicables que celles de «républicain» et de «démocrate» aux États-Unis. L'hiver dernier, un garçon de café expliquait les bagarres insurrectionnelles de Bruxelles par la Cinquième Colonne; il poursuivait en regrettant les lenteurs de l'épuration; «les gros s'en tirent toujours», disait-il pour finir. Ainsi s'entrecroisent dans les esprits le motif «patriotique» et le motif «marxiste». Dans une conversation récente, l'auteur de ces lignes disait à un interlocuteur radical que le Parti communiste ne cherchait pas vraiment la rupture et que des industriels plus avisés auraient su saisir cette chance. Un homme de lettres communiste, et d'ailleurs non sans fortune, qui assistait à l'entretien, approuva avec chaleur, ajoutant que «malheureusement» il n'était pas question pour le moment de reprendre la politique de Lénine.

On pourrait être tenté d'expliquer la décadence de notre pensée politique par celle de notre pays. Nous sommes une puissance de second ordre. Notre politique et notre pensée ne sont plus autonomes, nous ne les produisons plus de nous-mêmes, nos décisions se bornent à choisir entre deux sphères d'attraction, celle de la Russie et celle des Anglo-Saxons. La France est maintenant comparable à ces États de l'Amérique centrale et de l'Amérique du Sud où les partis représentent autant d'influences étrangères et où l'idéologie ne sert qu'à couvrir ces influences. Mais cette explication ne va pas loin. La confusion n'est pas moindre chez les Trois Grands que chez nous. On constate partout la même usure et la même décomposition des idées. Il n'y a plus de marxisme doctrinal ni de libéralisme doctrinal. Les idées marxistes ou les idées libérales peuvent bien être utilisées dans les discours des chefs d'État, mais elles ne sont plus que les instruments de l'offensive et de la défensive diplomatiques. La Charte de l'Atlantique était bien oubliée quand elle reparut soudain dans un discours de Truman, par ailleurs menaçant. Nous employons encore le vocabulaire politique du XIXe siècle — libéralisme, prolétariat — et ce vocabulaire exprime mal les forces politiques effectivement en présence. La lutte des classes est masquée. Le moment de l'histoire où nous sommes est équivoque, ni le capitalisme ni la révolution prolétarienne ne combattent plus à visage découvert, parce que le capitalisme est incertain de son propre avenir et incapable de se projeter en une théorie positive, et parce que le marxisme, dans le pays où il a triomphé, s'il reste inscrit dans le mode de production et dans la structure économique, a cessé d'animer une politique prolétarienne. Pierre Hervé a un jour abordé dans *Action* le problème du double jeu communiste. La différence, disait-il, entre le double jeu communiste et le double jeu des nouveaux «socialistes» est que le premier peut, le second ne peut pas s'avouer pour ce qu'il est : un communiste reconnaîtra sans peine que le relèvement de la France, la reconstruction, l'épuration, la rénovation de l'armée et du corps judiciaire sont impossibles sans révolution, parce que cela est vrai. Le P.C. veut à la fois la révolution et la patrie sans aucune équivoque, parce que, au tournant de l'histoire où nous sommes, la patrie ne peut revivre sans révolution. Le communiste n'a donc rien à cacher : son double jeu est fondé dans les choses. Au contraire, le «socialisme» est une mystification parce qu'il recommande du bout des lèvres le contraire de ce qu'il veut et prépare effectivement. Hervé n'oubliait qu'une chose, c'est que le P.C. n'a pas pu pousser l'insurrection nationale, l'épuration et l'incorporation des

F.F.I. dans l'armée jusqu'à leurs conséquences révolutionnaires, que les ministres communistes sont demeurés en
fonction quand le gouvernement a saboté l'épuration et
l'amalgame, et qu'au total la politique patriotique-révolution-
naire — y compris l'article « sincère » de Hervé sur le double
jeu — a plutôt servi la patrie que la révolution. Il est parfaitement exact que le marxisme, dans certaines circonstances de
temps et de lieu, peut intégrer le patriotisme. Encore faut-il,
pour rester lui-même, qu'il en montre à chaque pas les impli-
cations révolutionnaires. Thorez revenant de Moscou, l'hiver
dernier, déclarait au contraire que l'épuration a ses limites.
La surprise était visible dans le public du Vel' d'Hiv'. Reste à
trouver les causes qui expliquent l'ambiguïté de notre politique, et les moyens de la dissiper.

C'est bien simple, dira le trotskiste ; la confusion où nous
vivons vient du décalage toujours plus grand entre la situation objective et la situation subjective, entre la lutte des
classes qui se poursuit en fait, qui même est vécue à propos
de chaque question concrète, et les idées mises en circulation
par les partis, qui ne permettent pas de la penser. Dès lors le
remède n'est-il pas tout près de nous ? Ne suffit-il pas de
rendre manifeste ce qui est latent, et d'appliquer au présent
les schémas classiques du marxisme pour que les partis se
reclassent, que la vie politique redevienne transparente, que
le choix et la fidélité politiques redeviennent faciles ? Le
conflit de la morale et du réalisme politique, de la sincérité et
de l'engagement d'où nous sommes partis, n'est-il pas
dépassé dans une vraie politique marxiste, puisque cette politique, prolongeant le mouvement effectif de l'histoire, est à la
fois ouverte à toutes les vérités et capable du maximum d'efficacité ? Le marxisme n'aime pas parler de morale et il se
méfie des valeurs dans la mesure où elles sont abstraites, où
elles contribuent à mystifier les hommes en les détournant de
leur vie, de leurs conflits et des choix nécessaires. Mais enfin
l'idée maîtresse du marxisme n'est pas de sacrifier les valeurs
aux faits, la morale au réalisme, c'est de substituer une moralité effective à la moralité verbale qui précède la révolution,
c'est de faire une société où la morale soit morale et de
détruire la morale comme rêve hors des choses en la réalisant
dans les rapports effectifs des hommes. Dans la vue marxiste
de l'histoire, une morale est donnée par surcroît. Ne suffit-il

pas de retrouver l'inspiration marxiste qui animait à l'origine le P.S. comme le P.C. pour que tous les machiavélismes disparaissent, et avec eux les embarras de l'intellectuel scrupuleux?

Cette solution abstraite et naïve oublie que compromis et double jeu ne sont pas des créations arbitraires des partis, qu'ils expriment sur le plan politique la situation vitale du monde, qu'après des années d'équivoque ils ont façonné les esprits, qu'ils ont acquis un certain poids propre et qu'aucune conversion simplement mentale, aucun effort de connaissance, d'explication et de propagande ne suffira à les résorber. Dans une large mesure, les hommes sont mystifiés par leurs propres compromis, c'est-à-dire qu'ils cessent de les sentir comme des compromis. La lutte des classes, disions-nous, est aujourd'hui masquée. Cela ne veut pas dire qu'elle subsiste sans changements telle que l'ont définie les textes marxistes classiques, et voilée seulement par les mots. Marx pensait que la lutte des classes, tant qu'elle n'est pas consciente d'elle-même, ne peut parvenir à l'issue révolutionnaire; il pensait aussi qu'aucune fatalité ne rend inévitable la prise de conscience et que le monde, faute d'avoir compris sa propre histoire, pouvait pourrir et se dissoudre dans la barbarie. Peut-être est-ce justement à ce point que nous en sommes. Le prolétariat comme classe est trop affaibli pour demeurer à présent un facteur autonome de l'histoire. Il n'y a pas aujourd'hui les prolétaires de tous les pays contre le capitalisme de tous les pays, il y a un capitalisme déchiré par des contradictions de plus en plus violentes, des prolétariats divisés entre eux et plus ou moins acquis à la collaboration de classe, et par ailleurs un État à production socialisée qui règle ses rapports avec les autres États selon les procédés de la diplomatie et de la stratégie traditionnelles et ne cherche pas ouvertement à fédérer contre le capitalisme les prolétariats dispersés. Les facteurs nationaux, géographiques, psychologiques qui se croisent avec la lutte des classes et brouillent les grandes lignes marxistes de l'histoire, en un mot, pour parler comme Engels, les «hasards» historiques n'ont pas été résorbés par les facteurs considérés comme essentiels. Nous ne disons pas que ce fait réfute le marxisme, puisque Marx a lui-même indiqué le chaos et l'absurde comme une des issues possibles de l'histoire. Mais il accentue le rôle de la contingence en histoire, il interdit d'espérer que l'action marxiste puisse garder la belle rectitude qu'elle a eue à certains moments privilégiés et qu'elle aurait encore si elle pouvait s'appuyer sur un mouvement fatal de l'histoire.

Ni en pratique, ni en théorie, le marxisme le plus rigoureux n'a jamais pu exclure le compromis et avec lui cette sorte de déraillement de l'histoire auquel nous assistons. Dès ses premiers pas, le gouvernement soviétique de 1917 a été obligé de composer avec des situations de fait dans lesquels il lui était impossible d'éviter absolument l'équivoque et de garder à l'histoire qu'il *faisait* pour son compte un caractère absolument rationnel. Il se trouvait, aussitôt constitué, devant le problème de la paix. L'armée russe à bout de forces et saignée par les opérations de 1914-1917 ne pouvait plus poursuivre la guerre. Le gouvernement soviétique avait dû demander un armistice. Fallait-il signer la paix? Si l'on continuait la guerre avec une armée épuisée, la révolution d'Octobre risquait de périr. Si l'on signait la paix avec l'impérialisme allemand, on risquait d'accréditer la légende, répandue par les gouvernements bourgeois, d'une connivence entre Berlin et la révolution russe, et de décevoir les prolétariats d'Occident et d'Allemagne. Dans une perspective marxiste, il fallait refuser de choisir entre l'Allemagne et les Alliés et proposer une paix démocratique aux travailleurs de tous les pays. On l'avait fait, mais cette proposition était, comme de juste, restée lettre morte en face de gouvernements bourgeois qui tenaient bien en main leurs prolétariats nationaux. On ne pouvait donc pas *dépasser* la situation donnée, le conflit mondial en cours, il fallait y prendre position. Le parti était divisé. Lénine était d'avis de faire traîner en longueur les pourparlers de Brest-Litovsk, et, en cas d'ultimatum allemand, de signer la paix. «Si nous devions périr pour la victoire de la révolution allemande, disait-il, nous serions tenus de le faire: la révolution allemande serait infiniment plus importante que la nôtre. Mais quand viendra-t-elle? On n'en sait rien. Pour l'instant il n'y a rien de plus important au monde que notre révolution. Il faut la sauvegarder à tout prix.» Boukharine et la majorité du Parti refusaient tout accord avec une puissance impérialiste et étaient pour la guerre révolutionnaire. Trotsky voulait, en cas d'ultimatum allemand, rompre les pourparlers, déclarer la paix établie *de facto*, sans traité, et, en cas d'offensive allemande, signer sous la menace des baïonnettes une paix qui, dans ces conditions, ne serait pas équivoque. C'est cette solution qui prévalut. L'offensive allemande eut lieu et les délégués soviétiques durent signer la paix sans la lire, à des conditions beaucoup plus dures que celles qu'ils auraient obtenues en capitulant plus tôt. La solution n'était pas *bonne* : les pays baltes étaient perdus pour le gouvernement soviétique, le prolétariat mondial n'avait peut-être pas compris. La conduite du gouvernement soviétique n'aurait pu être tout à fait rationnelle que si les grèves d'octobre 1917 en Allemagne et en Autriche avaient paralysé l'armée allemande et annoncé une seconde révolution. Lénine avait offert à la Raison historique sa chance, mais l'histoire n'avait pas répondu à cette sollicitation. En fait il avait donc fallu pactiser avec l'impérialisme allemand et libérer des troupes allemandes qui pouvaient, sur le front occidental, emporter la décision. La conviction la plus profonde concernant le sens de l'histoire n'a jamais dispensé les plus grands marxistes de reconnaître que les voies de l'histoire sont insondables.

Quand l'Armée rouge se constitua, les comités de soldats des régiments impériaux firent voler en éclats la vieille discipline. Il ne devait plus y avoir que des volontaires, l'autorité militaire devait être décentralisée, les officiers réactionnaires devaient être chassés. Une fraction du parti voulait développer ce mouvement spontané en une théorie nouvelle de la guerre : plus de « spécialistes », des chefs élus ; l'armée centralisée, pensaient-ils, est l'armée des États impérialistes, la guerre des tranchées est la guerre impérialiste, la révolution apporte avec elle le mouvement, la manœuvre, la guerre par petits détachements de toutes armes appuyés par les sympathies de la population, enfin le « partisanat ». Ces idées paraissaient bien déduites : comment, dans une philosophie marxiste de l'histoire, la révolution n'apporterait-elle pas des changements essentiels dans l'organisation de l'armée et dans l'art militaire, comme partout ? Trotsky, alors chargé d'inspecter l'armée, écrit cependant : « Tout cela était extrêmement abstrait, et, au fond, c'était une idéalisation de notre faiblesse. L'expérience sérieuse de la guerre civile détruisit bientôt ces préjugés. » Même si l'on pense que la lutte des classes fait *l'essentiel* de l'histoire et si l'on est, en conséquence, favorable dans chaque problème particulier aux solutions prolétariennes, reste à savoir *si, pour tel épisode particulier de l'histoire, le processus qui en orientera finalement les grandes lignes va être immédiatement déterminant.* On pouvait compromettre la révolution et l'avenir mondial du prolétariat en voulant donner trop tôt à l'armée une structure révolutionnaire et prolétarienne. Le problème est de reconnaître l'esprit prolétarien *sous sa figure du moment.* «Le chaos des entreprises de partisans, poursuit Trotsky, était l'expression même des dessous ruraux de la révolution. La lutte contre le partisanat fut par conséquent une bataille pour l'esprit politique prolétarien contre l'élément petit-bourgeois anarchiste qui tendait à le ruiner.» Une politique formellement prolétarienne peut être en fait réactionnaire, l'action marxiste suppose une vue concrète des circonstances particulières, de leur signification *probable*, une certaine lecture de l'histoire qui se fait selon le vraisemblable, avec des risques d'erreur, et ne peut en aucun cas être mécaniquement déduite de la théorie. Elle ne doit pas aller toujours et simplement «à gauche»; le compromis peut être plus marxiste que le «gauchisme».

On a souvent raconté à travers quelles épuisantes discussions s'élaborait la «ligne» du Parti dans les premières années de la Révolution. Ainsi la fraction la plus consciente du prolétariat, qui *était* la révolution en marche, s'interrogeait sur elle-même, sur ce qu'elle pouvait être et vouloir au moment précis de l'histoire où elle se trouvait. Puisqu'il y avait un problème de la ligne, c'est qu'il y avait une équivoque perpétuelle de l'histoire. Lénine, dans la fameuse *Maladie infantile du communisme*, a cherché la théorie de ce cheminement difficile et les principes d'une ligne juste, entre le «gauchisme» et l'opportunisme. Mais n'était-il pas contradictoire de chercher des critères objectifs qui permettent de distinguer le compromis marxiste du compromis opportuniste? Si de tels critères avaient existé, il n'y aurait pas eu besoin de discussion dans le parti, les décisions auraient pu en chaque cas être démontrées, il n'y aurait plus eu de problème de la ligne. «J'ai le droit, dit Lénine, de remettre à un voleur mon argent, si c'est sous menace de mort et quitte à le faire arrêter aussitôt que je pourrai. Je n'ai pas le droit de m'associer à une bande de voleurs et de tirer profit de leurs vols.» Il est bien clair que ce critère ne permet de trancher que dans les cas limites et qu'on passe par transitions insensibles du compromis valable au compromis «pourri». Voilà pourquoi, comme dit Lénine, «il faut faire travailler son propre cerveau pour se retrouver dans chaque cas particulier». En d'autres termes : il y a des compromis qui sont dans la ligne vraie, qui représentent la véritable intransigeance marxiste ; il y a des intransigeances abstraites et «petites-bourgeoises» qui sont en fait contre-révolutionnaires ; et pour décider, hors des cas limites, il n'y a qu'un ensemble de probabilités. Elles s'apprécient par un certain flair marxiste ou par une perception marxiste de la situation locale et mondiale qui est de l'ordre du talent ou du génie. Mais où s'arrêtera-t-on si ce talent vient à manquer, et cette juste appréciation, assez prudente et assez audacieuse, de ce qui est possible à chaque moment ? Des contradictions marxistes ou dialectiques aux compromis opportunistes, la différence n'étant pas d'ordre logique, le glissement est possible. Voilà pourquoi, dans le problème de la paix, Lénine n'a pas voulu imposer sa solution «opportuniste» contre celle de Trotsky, bien qu'elle dût coûter à l'U.R.S.S. les provinces baltes. Le marxiste le plus génial reconnaît dans ses propres décisions une possibilité d'erreur, de déviation, de chaos. Le moment décisif est celui où l'homme reprend et prolonge le cours des choses tel qu'il *croit* le lire dans l'histoire objective. Et à ce moment, en dernière analyse, il n'a pour se guider qu'une vue *sienne* des événements.

L'équivoque qu'il rencontrait dans l'action, le marxisme ne l'a jamais exclue sur le plan de la théorie. Le développement spontané de l'histoire objective ne fournit qu'une certaine convergence des faits et c'est seulement l'histoire pensée et voulue par l'homme qui, de cet arrangement donné, fait surgir un sens univoque. Trotsky encore a écrit un jour : «Tout le processus historique est le prisme de la règle juste vue à travers le fortuit. Si nous nous servons du langage de la biologie, on peut dire que la règle rationnelle de l'histoire se réalise par une sélection naturelle des faits accidentels. C'est sur cette base que se développe l'activité humaine consciente, qui soumet l'accidentel à une sélection artificielle.» Les faits accidentels, c'est-à-dire les faits isolés, ceux qui ne sont pas exigés par la situation totale, s'éliminent eux-mêmes de l'histoire, faute de trouver dans le contexte historique des appuis des concordances et des complicités, comme les variations congénitales monstrueuses, selon Darwin, s'éliminent d'elles-mêmes faute d'être compatibles avec la vie générale de l'organisme. Mais cette sélection ne garantit que la destruction des systèmes non viables, des sociétés irrationnelles, elle ne garantit pas l'apparition d'une forme nouvelle viable, qui suppose une sélection orientée cette fois par l'idée. C'est donc la conscience qui met *définitivement* de la raison dans l'histoire, en reliant dans un sens déterminé la constellation des faits. Toute entreprise historique a quelque chose d'une aventure, n'étant jamais garantie par quelque structure *absolument* rationnelle des choses ; elle comporte toujours une utilisation des hasards, il faut toujours ruser avec les choses (et avec les gens) puisqu'il faut en faire sortir un ordre qui n'était pas donné avec elles. La possibilité demeure d'un immense compromis, d'un pourrissement de l'histoire où la lutte des classes, assez puissante pour détruire, ne le serait pas assez pour construire, et où s'effaceraient les lignes maîtresses de l'histoire telles que les avait tracées le *Manifeste communiste*.

Or, selon toute apparence, n'est-ce pas à ce point que nous en sommes ? Quand la Révolution russe, au lieu de se continuer en Europe par une série de révolutions, fut demeurée seule en présence d'un monde bourgeois, et plus clairement encore quand l'U.R.S.S. fut menacée dans son existence par la guerre, il lui fallut composer avec des gouvernements bourgeois, et elle ne pouvait plus demeurer ouvertement l'animatrice de la lutte des classes à travers le monde. Avant d'être une théorie, le « socialisme dans un seul pays » a été une situation de fait dont l'U.R.S.S. avait à s'accommoder. Peu importe que le gouvernement de l'U.R.S.S. ait pu ou non, à un moment donné, infléchir autrement l'histoire, et que la théorie ait été imposée par les faits ou qu'au contraire elle en ait précipité le cours. En conduisant autrement le prolétariat mondial, la IIIe Internationale aurait peut-être affaibli de l'intérieur les gouvernements bourgeois. Plus probablement elle aurait conduit l'U.R.S.S. à sa perte en la laissant seule devant l'agression allemande. Quoi qu'il en soit, la stagnation révolutionnaire dans le monde et la tactique des « Fronts populaires » ont trop profondément modifié les prolétariats, le recrutement et la formation théorique des partis communistes, pour que l'on puisse attendre à brève échéance un renouveau de lutte des classes à visage découvert, ou même proposer aux militants des mots d'ordre révolutionnaires qu'ils ne *sentiraient* pas. Au lieu de deux facteurs clairement circonscrits, l'histoire de notre temps comporte donc des *mixtes*, une Union soviétique obligée de composer avec des États bourgeois, des partis communistes ralliés à la politique des Fronts populaires ou, comme en Italie, arrêtés dans leur développement prolétarien par les incidences de la « grande politique » soviétique, des partis bourgeois incapables de définir une politique économique cohérente, mais, dans les pays affaiblis, conscients de leur impuissance et vaguement acquis à un « révolutionnarisme » qui peut les conduire à des ententes momentanées avec la gauche. Même si le marxisme reste vrai en ce sens que le problème des formes de la production *clairement posé* départagerait les forces régressives et les forces progressives, comme les unes et les autres sont très peu conscientes, la mise en perspective vieux-marxiste ne fait pas voir dans ce qu'elle a de particulier la physionomie de notre temps, elle passe par-dessus le détail des faits, et l'on peut dans cette mesure accorder à l'historien sceptique qu'elle en offre une interprétation abstraite et facultative.

*

Si le marxisme, après avoir pris le pouvoir en Russie et s'être fait accepter par un tiers du peuple français, semble incapable aujourd'hui d'expliquer dans son détail l'histoire que nous vivons, si les facteurs essentiels de l'histoire qu'il avait dégagés sont aujourd'hui mêlés dans le tissu des événements à des facteurs nationaux ou psychologiques qu'il considérait comme secondaires, et recouverts par eux, n'est-ce pas la preuve que rien n'est essentiel en histoire, que tout compte également, qu'aucune mise en perspective n'a de privilège, et n'est-ce pas au scepticisme que nous sommes conduits ? La politique ne doit-elle pas renoncer à se fonder sur une philosophie de l'histoire, et, prenant le monde comme il est, quels que soient nos vœux, nos jugements ou nos rêves, définir ses fins et ses moyens d'après ce que les faits autorisent ? Mais on ne se passe pas de mise en perspective, nous sommes, que nous le voulions ou non, condamnés aux vœux, aux jugements de valeur, et même à la philosophie de l'histoire. On ne remarque pas assez que, après avoir démontré l'irrationalité de l'histoire, le sceptique abandonne brusquement ses scrupules de méthode quand il en vient aux conclusions pratiques. Il faut bien, pour régler l'action, considérer certains faits comme dominants et d'autres comme secondaires. Si réaliste qu'elle se veuille et si strictement fondée sur les faits, une politique sceptique est obligée de traiter au moins implicitement certains faits comme plus importants que d'autres et, dans cette mesure, elle renferme une philosophie de l'histoire honteuse, vécue plutôt que pensée, mais non moins efficace. Par exemple elle raisonnera sur l'avenir de la France en fonction de l'Empire anglais, des États-Unis ou de l'U.R.S.S. définis une fois pour toutes par des conditions géographiques, des ressources naturelles, des traits psychologiques immuables. Dans le fait, le scepticisme historique est toujours conservateur, quoique, en toute rigueur, il ne puisse rien exclure de ses prévisions, et pas même une phase révolutionnaire de l'histoire. Sous prétexte d'objectivité, il fige l'avenir, il retranche de l'histoire le changement et les volontés des hommes. Quand il croit reconnaître comme des faits la nécessité des «élites» dans toute société ou encore la toute-puissance des richesses naturelles et des conditions géographiques, c'est en réalité un pari qu'il fait, une préférence et un vœu qu'il exprime, une responsabilité qu'il prend. Si nous voulons être vraiment dociles aux faits et pleinement réalistes, il nous faut rejeter tous les postulats, toute philosophie *a priori* de l'histoire, mais en particulier ce postulat du scepticisme que les hommes se conduisent toujours sottement, dominés par le passé et par les causes extérieures, ou menés par quelques habiles, qui les connaissent, à des fins ignorées d'eux. Il n'y aurait pas d'histoire si tout avait un sens et si le développement du monde n'était que la réalisation visible d'un plan rationnel; mais il n'y aurait pas davantage d'histoire — ni d'action, ni d'humanité — si tout était absurde, ou si le cours des choses était dominé par quelques faits massifs et immuables, comme l'Empire anglais, la psychologie du «chef» ou de la «foule», qui ne sont après tout que des produits du passé et n'engagent pas nécessairement notre avenir.

Récapitulons. Nous ne pouvons plus avoir une politique

kantienne, parce qu'elle ne se soucie pas des conséquences, et que, quand on agit, c'est bien pour produire des conséquences au-dehors et non pas pour faire un geste et soulager sa conscience. Nous ne pouvons pas avoir une politique «sceptique», parce que, malgré l'apparence, elle choisit ses fins et opère, d'après des valeurs inavouées, une sélection dans les faits qu'elle nous propose de reconnaître et sur lesquels elle nous suggère de nous guider pour définir le «possible». Nous ne pouvons plus avoir une politique marxiste prolétarienne à la manière classique, parce qu'elle ne mord plus sur les faits. Notre seul recours est dans une lecture du présent aussi complète et aussi fidèle que possible, qui n'en préjuge pas le sens, qui même reconnaisse le chaos et le non-sens là où ils se trouvent, mais qui ne refuse pas de discerner en lui une direction et une idée, là où elles se manifestent. Soit le résultat des élections françaises et en particulier les progrès du Parti communiste depuis 1936. Il serait absurde de croire qu'il s'agit *simplement* d'un progrès du prolétariat vers la conscience de classe et vers la révolution. Mais il est également impossible de déclarer le fait insignifiant. On voit ce que dirait ici le sceptique : le P. S. a réussi sa *manœuvre*, il a dupé ses électeurs ; sa tactique patriotique lui a concilié des électeurs autrefois socialistes, et il a jeté en pâture à ses électeurs prolétariens des nationalisations illusoires. Pendant ce temps, les socialistes, ralliés au oui-oui et au bloc occidental, ont occupé les positions jadis tenues par les radicaux. En somme rien n'a changé, sauf les noms. Il ne s'est rien passé dans le pays, le déplacement vers la gauche, ou, comme disait Thibaudet, le «sinistrisme immanent» de la politique française n'est qu'une apparence, parce que, tandis que le pays glisse à gauche, les partis glissent à droite... C'est une grande erreur de croire que le changement de noms puisse aller sans un changement dans les choses. Il se passe tout de même quelque chose le jour où un paysan français vote communiste pour la première fois de sa vie : il se passe quelque chose dans le Parti, qui est modifié par son nouveau recrutement, mais il se passe quelque chose aussi dans le paysan. Et c'est là ce que nous aimerions savoir. Qu'est-ce qu'un communiste français d'aujourd'hui ? Que pense-t-il de la petite propriété, de la religion, de la morale, de la patrie, de la

société, enfin que veut-il, non seulement d'une volonté déli
bérée, mais de cette volonté tacite qui se voit dans ses
relations familiales, dans sa manière de travailler ou de se
distraire? Pouvons-nous feindre d'ignorer ces cinq millions
de Français, probablement des plus résolus et des plus
vivants, qui viennent de voter pour le P.C.? Et de même,
qu'est-ce qu'un Soviétique d'aujourd'hui? Comment voit-il
la vie, la mort, l'Occident, l'Allemagne, la famille, la morale,
l'amour? Les armées russes occupent une partie de l'Europe
et quelques journalistes ont tout de même pénétré dans leur
zone — mais quand on nous a décrit les officiers russes
à Prague, les belles manières et les baise-mains, c'était avec
la mauvaise joie des conservateurs ou avec le zèle des conver-
.is, les uns et les autres trop heureux de prouver qu'après
tout les Soviétiques sont comme tout le monde. Le fait est
que, depuis six ans au moins, nous ne savons rien de
l'U.R.S.S., et la manière dont elle a conduit et gagné sa
guerre prouve que nos renseignements de 1939 ne valaient
rien. On voit se développer en Europe, sous l'influence de
l'U.R.S.S., un socialisme d'État qui vient d'aboutir en Tché-
coslovaquie ou en Yougoslavie, et aboutira peut-être demain
en France. Des nationalisations, de leurs modalités, de leurs
incidences probables sur la production, de leur rendement,
nous ne savons à peu près rien. Rien non plus de la situation
réelle des États-Unis ou de la Grande-Bretagne. Qu'est-ce
qu'un travailliste anglais? Qu'est-ce que l'administration
Truman? Quelles sont les tendances des milieux capitalistes
aux États-Unis? Comment voient-ils leur avenir? Quelles
perspectives l'éventuelle crise américaine peut-elle offrir?
Quelle aide les États-Unis et l'U.R.S.S. pourront-ils demain
apporter à la reconstruction européenne? On nous somme
de choisir entre les États-Unis et l'U.R.S.S., et nous choi-
sissons selon que nos préférences vont à la liberté ou à la
dictature du prolétariat, que nous pensons d'abord à la
reconstruction ou à la lutte des classes, sans nous demander
si les États-Unis, qui ne sont sortis de la crise que par la
guerre et se trouvent menacés d'une crise peut-être plus
grave que celle de 1929, pourront garantir longtemps une
liberté réelle à leurs citoyens, et comme si l'U.R.S.S., profondément transformée depuis vingt ans, pouvait être simplement définie comme la dictature du prolétariat — sans

nous demander si les États-Unis voudront entreprendre la reconstruction européenne et comme si l'U.R.S.S. devait être pour toujours absorbée par les tâches de sa propre reconstruction et incapable d'intervenir dans la nôtre. Les intellectuels français ne sont pas chargés d'entretenir l'atmosphère dévotieuse et panique, les ferveurs et les terreurs vagues qui donnent à la politique française un caractère mythique et presque puéril, mais de faire l'inventaire de ce siècle-ci et des formes ambiguës qu'il nous offre. Qu'à force d'informations et de faits l'équivoque ne soit plus subie, mais comprise, alors peut-être notre vie politique cessera-t-elle d'être hantée par les fantômes, peut-être reprendra-t-elle quelque réalité.

Telle est la tâche pour les années qui viennent. Mais que faire à présent ? Nous devons ici conclure avec le lecteur des conventions précises. Il y a, depuis quinze ans, assez d'auteurs qui « dépassent » faussement le marxisme pour que nous prenions soin de nous distinguer d'eux. Pour dépasser une doctrine, il faut d'abord être parvenu à son niveau et expliquer mieux qu'elle ce qu'elle explique. Si, en face du marxisme, nous mettons des points d'interrogation, ce n'est pas pour lui préférer quelque philosophie conservatrice de l'histoire qui serait encore bien plus abstraite. Nous ne disons pas que la lutte des classes ne jouera jamais plus un rôle essentiel dans l'histoire mondiale. Nous n'en savons rien. Les événements, et par exemple la crise américaine, peuvent la ramener rapidement au premier plan. Nous disons seulement que, pour le moment, elle est masquée et latente, et qu'une révolution prolétarienne en France, si elle se produisait, provoquerait l'intervention des Anglo-Saxons. Mais nous devons prendre garde que rien, dans notre action, ne contribue à freiner le mouvement prolétarien s'il renaît à travers le monde. S'il y a grève, être pour les grévistes. S'il y a guerre civile, être pour le prolétariat. Faire ce qui dépend de nous pour éviter un conflit entre les États-Unis et l'U.R.S.S. En somme, la politique effective du P.C. Reconstruire avec le prolétariat, il n'y a, pour le moment, rien d'autre à faire. Simplement nous ferons cette politique d'attente sans illusion sur les résultats qu'on peut en espérer et sans l'honorer du nom de dialectique. Savons-nous s'il y a encore une dialectique et si l'histoire finalement sera rationnelle? Si le marxisme reste toujours vrai, nous le retrouverons sur le chemin de la vérité actuelle et dans l'analyse de notre temps[1].

(Novembre 1945.)

1. À la date où ces lignes ont été écrites, la pression de l'U.R.S.S. sur la Yougoslavie, manifestée depuis par la dissidence de Tito était moins impérieuse, ou moins connue en France. Quant aux autres pays de sa sphère d'influence, elle suivait une ligne optimiste et leur laissait — en apparence, diront ses adversaires, mais qui niera que le régime Bénès n'était pas le régime Gottwald? — une assez large autonomie. Il était possible d'imaginer dans les pays d'Europe occidentale, et nécessaire de hâter par une discussion amicale avec les communistes, la formation de structures sociales libres et neuves, qui épargneraient à l'Europe l'alternative de la « démocratie populaire » et de la politique réactionnaire, du communisme stalinien et de la croisade antisoviétique. Depuis lors, pendant que l'Occident ébauchait un dispositif de guerre, l'U.R.S.S., revenue au pessimisme, à l'autorité pure et à la mise en demeure, plaçait la gauche non communiste, sous peine d'être mystifiée, dans la nécessité de dire clairement pourquoi elle n'est pas communiste et ne saurait en aucun cas jouer le rôle de couverture libérale du système. Cela ne fait pas qu'à sa date, et dans le cadre des possibles du moment l'attitude ici exprimée n'ait été justifiée comme celle qui avait chance de sauver à la fois le socialisme et la liberté.

Foi et bonne foi

Dans la réponse qu'il adressait dernièrement au R.P. Daniélou[1], Pierre Hervé avait raison. On n'a pas de peine à citer, pour en faire honneur au catholicisme, des textes chrétiens et pontificaux, des actes individuels qui sont en faveur de la liberté et vont contre l'intérêt des régimes établis. Mais il est encore plus facile de trouver dans la tradition catholique des textes hostiles à la liberté. Et surtout, le catholicisme, dans l'histoire, n'est pas seulement un certain nombre de textes ni une somme d'individus, c'est un appareil, une institution ou un mouvement, qui a sa logique d'ensemble et qui fonctionne, à n'en pas douter, dans un sens réactionnaire, malgré certains textes et malgré les sentiments des individus, ou même à la faveur de l'équivoque qu'ils créent. Il était une fois un jeune catholique que les exigences de sa foi conduisaient « à gauche ». C'était au temps où Dollfuss inaugurait le premier gouvernement chrétien-social d'Europe en bombardant les cités ouvrières de Vienne. Une revue d'inspiration chrétienne avait adressé une protestation au président Miklas. Le plus avancé de nos grands ordres soutenait, disait-on, la protestation. Le jeune homme fut reçu à la table de quelques religieux de cet ordre. Au milieu du déjeuner, il eut la surprise d'entendre qu'après tout le gouvernement Dollfuss était le pouvoir établi, que, comme gouvernement régulier, il avait droit de police, et que, libres de le blâmer comme citoyens, les catholiques, comme catholiques, n'avaient rien à lui reprocher. En vieillissant, le jeune homme

1. *Action*, 14 décembre 1945.

209

n'a jamais oublié ce moment. Il se tourna vers le Père qui venait de tenir ce langage — homme généreux et hardi, on l'a vu plus tard — et lui dit simplement que ceci justifiait l'opinion des ouvriers sur les catholiques : dans la question sociale, on ne peut jamais compter sur eux jusqu'au bout.

Cependant la critique d'Hervé est incomplète. Elle replace les sentiments des catholiques dans le contexte du catholicisme comme institution et de la diplomatie pontificale. Elle transporte la discussion du plan des idées à celui des faits. Mais, justement, pour cette raison, elle ne saurait convaincre le P. Daniélou. On le devine, lisant le texte si démonstratif d'Hervé, et cependant incrédule. Comment séparerait-il le catholicisme de ce qu'il pense lui-même, de ce qu'il veut ? Pour lui-même, le catholique est avancé ; pour les autres, il est réactionnaire. Le R.P. Daniélou se sent, en politique, libre, juste, audacieux, et il l'est en effet. Mais nous ne le voyons qu'à travers le corps social qu'il habite, comme nous ne voyons une conscience étrangère qu'à travers ce corps physique, toujours le même, ce passé figé, qui pèsent si peu pour elle. Le P. Daniélou conviendra que le passé lui donne tort. Mais il ajoutera qu'il s'agit de rappeler constamment le christianisme à lui-même, d'y réveiller la faim et la soif de justice. Il plaidera coupable pour le passé et innocent pour l'avenir. Il en appellera du dehors au dedans, du catholicisme historique à sa conscience, d'une histoire que les catholiques d'aujourd'hui n'ont pas faite à celle qu'ils veulent désormais faire. Il aura toujours le droit de penser que, si la religion catholique a été réactionnaire, c'est par un malheureux hasard, et que tout cela peut changer.

La question ne serait tranchée que si l'on éclairait les rapports de la religion elle-même avec l'esprit conservateur et l'esprit révolutionnaire. Il faut comprendre pourquoi dans l'histoire elle a pris ce visage, pourquoi le chrétien n'est pas pour les autres ce qu'il est pour lui-même. Finalement notre corps témoigne de ce que nous sommes, le corps et l'esprit s'expriment l'un l'autre, on ne peut les séparer. On ne peut critiquer la conduite sociale du catholique sans toucher à sa vie intérieure. On ne peut se contenter de mettre en cause l'infrastructure politique et sociale du catholicisme. Parallèlement à la critique des infrastructures, il faut une critique qui saisisse le catholicisme dans sa totalité et le définisse globalement comme une certaine prise de position à l'égard du monde et des hommes, d'où résultent à la fois des sentiments généreux et une conduite conservatrice. À l'équivoque du catholicisme comme phénomène social doit correspondre une équivoque du catholicisme comme vie spirituelle.

*

Le catholicisme croit à la fois en un Dieu intérieur et un Dieu extérieur, telle est la formule religieuse de ses contradictions.

«Reviens en toi-même, dit saint Augustin, c'est dans l'homme intérieur qu'habite la vérité.» On découvre Dieu en se détournant des choses. Qu'il soit le modèle d'après lequel mon esprit a été fait, ou bien que, en prenant conscience de moi-même comme esprit, j'aie l'expérience de Dieu et, pour ainsi dire, je le touche, en tout cas, Dieu est de mon côté, et non pas du côté du monde. Il est «en moi plus moi-même que moi», *intimior intimo meo*, comme dit encore saint Augustin. Il est absolument cette clarté, cette lumière que je suis dans mes meilleurs moments. Ce qui est évident pour moi ne saurait manquer de l'être pour lui, puisque c'est justement sur mon expérience intérieure du vrai que je fonde l'affirmation d'une Vérité absolue et d'un Esprit absolu qui la pense. À la seule condition que j'aie tout fait pour rendre claires mes idées, je servirai toujours Dieu en disant ce que je pense, puisque Dieu est la vérité. Être fidèle, c'est être sincère. La foi est bonne foi.

Obéir à Dieu, ce n'est donc pas m'incliner devant une volonté étrangère et obscure, c'est faire ce que je veux vraiment, puisqu'il est plus nous-mêmes que nous. Confesser Dieu en paroles n'est rien: «La lettre tue et l'esprit vivifie.» Seul a valeur le témoignage qu'en nous l'esprit se rend à lui-même. On le trouve chez des hommes qui ne connaissent pas Dieu sous son nom, mais qui le reconnaissent en esprit et en vérité. Quant aux autres, la force ne peut rien pour les sauver. La force peut imposer des gestes, mais non pas une conviction intérieure. «Nul ne peut être contraint par la force d'embrasser la foi catholique», dit le droit canon. La religion ne peut être attaquée ni défendue par les armes. «Celui qui a frappé par l'épée périra par l'épée.» Elle est ici placée dans

211

une dimension d'éternité où elle est invulnérable. Dieu n'est pas à la manière d'une chose, qui a besoin de temps et d'espace, il est partout et nulle part en particulier. Il n'est pas moins quand les hommes se détournent de lui. En ce sens, le péché est irréel. Si j'agis contre ma conscience, je cesse d'être esprit, je cesse d'être moi-même, je ne fais rien de positif, le mal n'est que l'absence du bien. *Faire* le bien, l'expression n'a plus grand sens, puisque le bien réside dans l'esprit seul, et finalement en Dieu, qui est éternel. Il y a toujours, dans l'idée de Dieu, une composante stoïcienne : si Dieu est, la perfection est déjà réalisée en deçà du monde, elle ne saurait être accrue, il n'y a, à la lettre, rien à faire. «Mon royaume n'est pas de ce monde.» Les œuvres résultent par surcroît de la religion. Elles n'augmentent pas la somme du Bien, comme une unité ajoutée à l'infini ne l'augmente pas. Peu importe notre sort dans l'au-delà puisque, de toute manière, Dieu est adorable. Reposons-nous en lui. Quiétisme. En tout cas, notre sort ici-bas est indifférent, nous n'avons qu'à le prendre comme il est, heureux ou malheureux. De toute façon, nous ne sommes pas investis dans cette vie. «Que votre volonté soit faite.» L'homme se dépossède de sa vie. Comme l'enfant vit dans la volonté de ses parents, il vit dans la volonté de Dieu. C'est le règne du Père, dit Hegel.

L'Incarnation change tout. Après l'Incarnation, Dieu a été dans l'extérieur. On l'a vu à un certain moment, en un certain lieu, il a laissé derrière lui des souvenirs, des paroles qui se transmettent. Désormais le chemin de l'homme à Dieu n'est plus la réflexion, mais le commentaire et l'interprétation de ce message ambigu dont l'énergie n'est jamais épuisée. Le christianisme est en ce sens aux antipodes du «spiritualisme». Il remet en question la distinction du corps et de l'esprit, de l'intérieur et de l'extérieur. Le catholicisme n'aime pas les preuves réflexives de Dieu, il ne leur fait place qu'à contrecœur. On peut prouver Dieu à partir de l'esprit humain, mais en le prenant comme une partie de la création, au même titre que la terre et les cieux qui «racontent la gloire de Dieu». L'âme humaine peut marquer la place de Dieu à l'origine du monde, elle ne peut pas le voir ou le comprendre, elle ne saurait donc se fixer en lui. Le monde cesse d'être comme un défaut dans le grand diamant éternel. Il ne s'agit plus de retrouver, en deçà du monde, la transparence de

Dieu, il s'agit d'entrer corps et âme dans une vie énigmatique dont les obscurités ne peuvent être dissipées, mais seulement concentrées en quelques mystères, où l'homme contemple l'image agrandie de sa propre condition. Les dogmes de l'Incarnation, du péché originel ne sont pas clairs, mais ils sont valables, disait Pascal et dit Jacques Rivière, parce qu'ils reflètent les contradictions de l'homme, esprit et corps, noble et misérable. Les paraboles de l'Évangile ne sont pas une manière imagée de présenter des idées pures, mais le seul langage capable de porter les relations de la vie religieuse, paradoxales comme celles du monde sensible. Les paroles et les gestes sacramentels ne sont pas les simples signes de quelque pensée. Comme les choses sensibles, ils portent eux-mêmes leur sens, inséparable de la formule matérielle. Ils n'évoquent pas l'idée de Dieu, ils véhiculent la présence et l'action de Dieu. Enfin l'âme est si peu séparable du corps qu'elle emportera dans l'éternité un double rayonnant de son corps temporel.

Hegel dit que l'Incarnation est «le gond de l'histoire universelle» et que toute l'histoire ensuite n'a fait qu'en développer les conséquences. Et en effet le Dieu-Homme et la Mort de Dieu transforment l'esprit et la religion. Comme si le Dieu infini ne se suffisait plus, comme si quelque chose bougeait en lui, comme si le monde et l'homme, au lieu d'être une inutile déchéance de la perfection originaire, devenaient les moments nécessaires d'une perfection plus grande. Dieu ne peut plus être pleinement Dieu et la Création ne peut s'achever que si l'homme le reconnaît librement et la lui rend dans la foi. Il se passe quelque chose, le monde n'est pas vain, il y a quelque chose à faire. Or l'homme ne saurait revenir à Dieu s'il ne s'était séparé de lui. «Heureuse faute qui a mérité d'avoir un tel Rédempteur.» Le paradis perdu n'est pas à regretter. L'homme y vivait comme l'animal sous la loi naturelle de Dieu. C'est par le péché qu'il acquiert la science du bien et du mal, qu'il devient conscience et qu'il devient homme. *Omnia cooperantur in bonum, etiam peccata.* Le péché est réel. Il sert la gloire de Dieu. Il n'est plus question pour l'homme de se retirer du monde à la manière stoïcienne, ou de reconquérir à la manière socratique la pureté et la sincérité par l'exercice de l'intelligence. Sa relation avec Dieu est ambiguë, puisqu'elle ne va pas sans séparation. Kierkegaard pense qu'on ne peut dire «je suis chrétien», comme on dit je suis grand ou je suis petit, puisque être chrétien, c'est vivre la contradiction du bien et du mal, c'est donc aussi n'être pas chrétien. N'étant jamais ni bon absolument, ni absolument mauvais, l'homme ne saurait être sincère, puisque la sincérité suppose une nature définie sur laquelle on puisse porter une appréciation sans ambiguïté. Il n'a pas à se contempler, mais à se construire ou à se dépasser. «La foi est des choses non vues.» C'est une adhésion qui dépasse les garanties données; elle exclut donc une sincérité de tous les moments. Le chrétien ne doit pas «renier dans les ténèbres ce qu'il a vu dans la lumière». Il ne récusera pas son Dieu et son Église, même s'il ne comprend pas d'abord leurs décrets; il ne doutera pas des sacrements, même s'il n'en retire aucun bonheur.

Le paradoxe du christianisme et du catholicisme est qu'ils ne s'en tiennent jamais soit au Dieu intérieur, soit au Dieu extérieur, et qu'ils sont toujours *entre* l'un et l'autre. Il s'agit de se dépasser, il faut «perdre sa vie», mais, en la perdant, on la sauve. La foi est confiance, mais le chrétien sait à qui il se confie: *scio cui credidi*. Le catholicisme ne veut pas tout donner à la foi chrétienne. On n'est pas catholique, après le Syllabus, si l'on doute que Dieu puisse être prouvé par la raison, et les modernistes ont été condamnés quand ils ont voulu *remplacer* le Dieu des philosophes et des savants par le Dieu sensible au cœur. Le catholicisme répugne à une philosophie qui ne soit que le décalque de l'expérience chrétienne. La raison en est sans doute qu'à la limite cette philosophie serait une philosophie de l'homme plutôt qu'une théologie. *Tu es vere Deus absconditus.* De ce Dieu caché, inaccessible à la spéculation, affirmé dans l'obscurité de la foi, on ne saurait rien dire, et il apparaîtrait enfin comme un postulat de la vie humaine plutôt que comme le plus certain des êtres. On ne conteste pas, bien entendu, l'expérience chrétienne et la description qu'en donne Pascal: on la maintient seulement sur le terrain confus de l'existence, dont les essences, la philosophie spéculative et le thomisme restent juges.

L'Incarnation n'est pas suivie dans toutes ses conséquences. Les premiers chrétiens, après la mort du Christ, se sont sentis délaissés, ils ont cherché partout ses traces. Bien des siècles plus tard, les Croisés se jetteront à la recherche d'un sépulcre vide. C'est qu'ils adoraient le Fils dans l'esprit de la religion du Père. Ils n'avaient pas encore compris que Dieu était avec eux pour toujours. La Pentecôte signifie que la religion du Père et la religion du Fils doivent s'accomplir dans la religion de l'Esprit, que Dieu n'est plus au Ciel, qu'il est dans la société et dans la communication des hommes, partout où des hommes s'assemblent en son nom. Le passage du Christ sur la terre n'est que le commencement de sa présence dans le monde, elle se continue par l'Église. Les chrétiens n'ont pas à demeurer fixés sur un épisode historique, si décisif qu'il ait été. Ils ont à vivre le mariage de l'Esprit et de l'histoire humaine qui a commencé avec l'Incarnation... Le catholicisme arrête et fige ce développement de la religion : la Trinité n'est pas un mouvement dialectique, les trois Personnes sont coéternelles. Le Père n'est pas dépassé par l'Esprit, la religion du Père demeure dans la religion de l'Esprit, la peur de Dieu, la Loi, n'est pas éliminée par l'Amour. Dieu n'est pas tout entier avec nous. En arrière de l'Esprit incarné demeure ce Regard infini devant lequel nous sommes sans secret, mais aussi sans liberté, sans désir, sans avenir, réduits à la condition de *choses visibles*. De même l'Église ne se fond pas dans la société des hommes, elle cristallise en marge de l'État. L'Esprit est partout, mais il s'incarne en elle d'une manière privilégiée. Une seconde fois, les hommes sont aliénés par ce second regard qui pèse sur eux, et qui a plus d'une fois trouvé un *bras séculier* à son service. Comment s'en étonner ? Il n'est pas seulement tentant, il est urgent de contraindre les hommes, quand on *sait* qu'ils perdent leur temps à chercher, pendant que, dans l'envers des choses, une Science infinie a déjà disposé de tout. Ainsi l'amour se change en cruauté, ainsi sera manquée la réconciliation des hommes avec eux-mêmes et avec le monde, ainsi l'Incarnation tourne en souffrance parce qu'elle n'est pas complète, et le christianisme devient une nouvelle forme de la conscience malheureuse.

L'ambiguïté politique du christianisme se comprend. Dans la ligne de l'Incarnation, il peut être révolutionnaire. Mais la religion du Père est conservatrice. On peut dire après coup que le péché coopère au bien, que la faute de l'homme est une faute heureuse. Mais on ne peut le dire au moment de la décision : à ce moment le péché reste défendu. Adam aurait donc mieux fait de ne pas pécher. La perfection est derrière nous, non devant nous. Le chrétien a toujours le droit d'accepter le mal existant, et jamais celui d'acheter un progrès par un crime. Il pourra se rallier à une révolution déjà faite, il pourra en absoudre les crimes, il ne la *fera* pas. Une révolution, même si elle use justement du pouvoir, reste séditieuse tant qu'elle n'a pas réussi. Le catholique, comme catholique, n'a pas le sens de l'avenir : il doit attendre que cet avenir soit passé pour s'y rallier. Heureusement la volonté de Dieu n'est pas toujours claire, et, comme dit Coûfontaine dans *L'Otage*, la seule manière de la connaître est d'essayer d'aller contre elle. Heureusement encore, le catholique, comme citoyen, reste toujours libre d'adhérer à une révolution. Mais il n'y mettra pas le meilleur de lui-même, et, en tant que catholique, il y est indifférent. Claudel et Jacques Rivière disaient justement que le chrétien gêne les pouvoirs établis, parce qu'il est toujours ailleurs et qu'ils ne sont pas sûrs de lui. Mais pour la même raison, il inquiète les révolutionnaires : ils ne le sentent jamais tout à fait avec eux. Il est un mauvais conservateur et un révolutionnaire peu sûr. Dans un seul cas, l'Église elle-même lui prescrit l'insurrection : c'est le cas d'un pouvoir légal qui viole la loi divine. Mais en fait on n'a jamais vu l'Église elle-même prendre parti contre un gouvernement légal pour cette seule raison qu'il était injuste, ou prendre position en faveur d'une révolution pour cette seule raison qu'elle était juste. Et, par contre, on l'a vu favoriser des rebelles parce qu'ils protégeaient ses tabernacles, ses ministres et ses biens. Dieu ne sera tout à fait venu sur la terre que quand l'Église ne se sentira pas plus de devoirs envers ses ministres qu'envers les autres hommes, envers ses temples qu'envers les maisons de Guernica. Il y a une révolte chrétienne, mais elle est localisée, elle ne paraît que quand l'Église est menacée. Dans la mesure où elle réclame pour elle-même l'audace et l'héroïsme de ses fidèles et où elle les fait vivre sur deux plans, l'Église est conservatrice. C'est en somme ce que disait la théorie hégélienne et marxiste de l'aliénation. C'est ce que dit très consciemment le christianisme lui-même : «On ne peut pas servir deux maîtres», on n'aime pas bien ce qu'on n'aime pas plus que tout. Mais comme en même temps les chrétiens croient à l'Incarnation, comme elle doit animer toute leur vie, ils peuvent, au moins

pour un temps, venir aussi près qu'on voudra des révolutionnaires, comme on l'a vu par l'exemple de Bergamin et de plusieurs autres. Ils ont alors, à n'en pas douter, cette sincérité
seconde qui consiste à dire ce qu'on pense. On ne voit pas
comment ils pourraient avoir cette sincérité première qui
consiste à chasser de soi l'équivoque.

*

Allons-nous donc reprendre le mot de Gide: «La foi tout
court dispense de la bonne»? Gide lui-même a dit ce qu'il fallait pour commenter ce mot: «Le bonheur de l'homme n'est
pas dans la liberté, mais dans l'acceptation d'un devoir[1].» Or,
si l'on met la sincérité avant tout, on ne pourra s'engager
nulle part, ni dans une Église, ni dans un parti, ni dans un
amour ou dans une amitié, ni même dans une tâche quelconque. Car l'engagement suppose toujours que l'on affirme
au-delà de ce que l'on sait, que l'on croie par ouï-dire, que
l'on quitte la règle de sincérité pour la règle de responsabilité.
L'intellectuel qui récuse les siennes sous prétexte que sa fonction est de tout dire se ménage en fait une vie agréable, sous
couleur d'obéir à une vocation. Son parti est d'être sans parti
et de fournir de bonnes raisons les tièdes. Qui n'est pas avec
moi est contre moi. L'extra-communisme est anti-commu-
nisme. La sincérité même est menteuse et se tourne en propagande. Dès qu'on *fait* quelque chose, on se tourne vers le
monde, on cesse de s'interroger, on se dépasse dans ce qu'on
fait. La foi — dans le sens d'une adhésion sans réserves qui
n'est jamais motivée absolument — intervient dès que nous
quittons le domaine des pures idées géométriques et que nous
avons affaire au monde existant. Chacune de nos perceptions
est foi, en ce sens qu'elle affirme plus que nous ne savons à la
rigueur, l'objet étant inépuisable et nos connaissances limi-
tées. Descartes disait même qu'il faut un mouvement de
volonté pour croire que deux et deux font quatre. Comment
reprocher au catholique de vivre dans l'équivoque si tout le
monde y vit et si la mauvaise foi est l'essence même de la
conscience?
En réalité, il n'y a pas de dilemme: foi ou bonne foi. Il ne

1. Préface à *Vol de nuit*, de A. DE SAINT-EXUPÉRY, Gallimard, 1931.

217

saurait être question de *sacrifier* la bonne foi à la foi. Un tel sacrifice n'est demandé que par une foi morte ou sectaire. Hors de toute sincérité, la foi devient obéissance nue ou folie. «Pas de mannequins dans le Parti! Que les bouches s'ouvrent[1]!» disait un jour Thorez. Les néophytes trop dociles sont les renégats de demain. La sincérité ne suffit pas dans un être comme l'homme, qui est à chaque instant jeté hors de lui-même par la connaissance comme par l'action, et qui ne saurait donc à chaque instant fournir de ses motifs une comptabilité exacte. «Quand on est sincère, on n'y pense pas, on n'en fait pas étalage. Se dire sincère implique déjà un dédoublement, une réflexion qui vicie la sincérité dont on se targue et en fait une attitude (...). Faire de la sincérité une valeur est précisément le propre d'une société non sincère, qui se replie sur elle-même au lieu d'agir sur le monde[2].» La sincérité n'est pas un but. Mais, exactement pour la même raison, l'insincérité ne doit jamais être un système, une règle ou une habitude. L'adhésion, si elle dépasse les raisons, ne doit jamais être contre toute raison. La valeur de l'homme n'est ni dans une sincérité explosive et maniaque, ni dans une foi sans discussion, mais dans la conscience supérieure qui lui permet d'apprécier le moment où il est raisonnable de faire confiance et le moment où il faut questionner — de joindre en lui-même foi et bonne foi, assumant son parti ou son groupe tels qu'ils sont, les yeux ouverts.

Lénine sous-entendait quelque chose de ce genre avec la formule du «centralisme démocratique». Il faut qu'il y ait discussion dans le Parti, et cependant il faut qu'il y ait discipline. Il faut que les décisions expriment la volonté des militants et il faut que les militants se tiennent pour engagés par les décisions du parti, même si elles sont contraires à leurs vues personnelles. La révolution est *à la fois* une réalité qui se prépare dans le cours spontané des choses, et une idée qui s'élabore dans l'esprit des individus les plus conscients. Si, après avoir défendu devant le Parti ce qu'il croit être vrai, le communiste n'est pas suivi, c'est que les solutions qu'il propose sont prématurées ou historiquement fausses, puisque le parti

---

1. L. Aragon, «Maurice Thorez et la France», *Labyrinthe*, 15 décembre 1945.
2. P. Hervé. *La Libération trahie*, B. Grasset, 1945, p. 96.

et les masses, qui sont la révolution en acte, n'y reconnaissent pas leur vœu. Nul ascétisme ou nul fidéisme ici, nul parti pris contre l'individu, mais plutôt cette idée que l'action politique n'est pas seulement un exercice de l'intelligence et suppose un contact effectif avec l'histoire en train de se faire, que l'adhésion au parti n'est pas un assentiment de l'intelligence seule, mais l'engagement dans l'histoire effective, contrepoids et régulateur de la théorie. Lénine sait parfaitement qu'il y a quelquefois tension entre l'individu et le Parti, entre le jugement et la fidélité. Il pense que ce conflit, qu'il est impossible et qu'il serait malsain d'ignorer, est *dépassé* par la vie de l'individu dans le parti qui est *son* parti. Si l'individu fait crédit au Parti contre son opinion propre, c'est parce que le Parti a donné des preuves de sa valeur, parce qu'il est porteur d'une mission historique, parce qu'il représente le prolétariat. L'adhésion n'est jamais sans motifs. Ce qui différencie de toute autre la notion marxiste du Parti, ce qui en fait un phénomène culturel neuf et explique sa place dans la littérature et dans la pensée modernes, c'est justement cette conception d'un échange et d'une communication vitale entre le jugement individuel et la réalité de l'histoire par l'intermédiaire du Parti.

« Dans toute formation politique, il y a nécessairement une part de confiance accordée à des dirigeants, voire — même si l'on ne veut pas l'avouer — une part d'orthodoxie. Cette orthodoxie est sans doute relative, raisonnée, soumise à examen permanent. N'empêche qu'il n'est pas au moyen de n'importe quel citoyen de tout analyser, de tout décortiquer, de tout juger par soi-même dans la complexité de la politique mondiale (...) Il faut donc accorder sa confiance sur des faits que l'on est à même de juger par un examen direct et personnel, et pour le reste se rallier, ce qui ne signifie nullement se rallier les yeux fermés et n'exclut pas l'effort de compréhension. Avouons-le, il s'agit ici d'un parti pris, mais d'un parti pris qui est beaucoup plus près de l'esprit de libre examen et de l'honnête objectivité que ne l'est la fausse objectivité des intellectuels hors la loi commune[1] (...). » Encore une fois, il s'agit donc d'un échange entre le jugement propre et les décisions du parti, d'un va-et-vient, d'une *vie avec* le parti, et non

---

1. P. HERVÉ, *La Libération trahie, op. cit.*, pp. 32-35.

pas d'une obéissance passive. Un parti pris qui n'exclut pas l'examen, une subjectivité qui est objectivité, une confiance qui est vigilance, une foi qui est bonne foi, une liberté qui est engagement, voilà Hervé en train de décrire cette communication des contraires qu'un auteur distrait mettait dernièrement au compte d'«une philosophie réactionnaire». Il faut croire qu'entre ces contraires l'équilibre n'est pas facile à tenir, puisque dans les critiques communistes de l'existentialisme — nombreuses ces derniers temps —, on remarquait assurément plus d'ardeur que de lumières et plus de foi que de bonne foi.

Le héros, l'homme

Il y a, au moins dans la vie littéraire, plusieurs signes d'un retour à la paix. Déjà le héros s'éloigne et, contre les morales « héroïques », s'élèvent des protestations qui sont aujourd'hui discrètes, qui demain seront publiques. Un homme de lettres, combattant de l'autre guerre et silencieux depuis celle-ci, écrit à un ami :

« Déjà scandalisé d'entendre Gide fredonner dans les *Entretiens imaginaires*, sur musique d'Offenbach, "il nous faut des héros, n'en fût-il plus au monde", je préférerais quant à moi un grain de sagesse, d'intelligence et de raison. Je me méfie des héros comme Mme Cardinal des femmes, l'ayant été moi-même, avec nécessité ou sans, dans mon jeune temps. »

Un catholique comme Gabriel Marcel, ayant à juger un roman ou une pièce à conclusion héroïque, sous-entend qu'il y a héroïsme et héroïsme, et veut bien qu'on dépasse la nature, mais dans les règles et par certaines voies seulement. Des écrivains « artistes » revendiquent pour la littérature un domaine séparé, à l'abri de la politique et de l'histoire.

Ce genre de débats est gênant. Comment faire l'éloge de l'héroïsme si l'on est un héros ? Et comment le faire si l'on n'en est pas un ? Il vaudrait mieux savoir au juste ce qu'il y a derrière ce grand mot.

Le culte des héros est de toujours. Mais, tant qu'une civilisation croit, au-delà de ce monde-ci, à un autre monde éternel où le bien l'emporte sur le mal, le grand homme n'est pas seul, il est le ministre d'une Providence. Le culte du héros ne prend son accent tragique qu'avec la fin des croyances transcendantes, en tout cas avec l'idée d'un monde en mouvement.

On voit chez Hegel le passage. Pour lui « les individus de l'histoire mondiale » sont ceux qui, nés comme tout le monde à une certaine date, sous certaines lois, dans certaines mœurs, sont les premiers à comprendre que ce système est sans avenir, et, renonçant au bonheur, créent par leur action et leur exemple un droit et une morale dans lesquels leur temps reconnaîtra ensuite sa vérité. Ils sont d'abord seuls, puisqu'ils sont contre les coutumes ; ils ont le pressentiment, mais naturellement ils n'ont pas la science de l'avenir ; ils le sentent dans leurs goûts, dans leurs passions et dans leur être plutôt qu'ils ne le voient clairement devant eux. Ce qu'il y a d'héroïque en eux, c'est que, sans preuve absolue et dans la solitude de la subjectivité, ils accomplissent et conquièrent pour les autres ce qui apparaîtra ensuite comme le seul avenir possible et le sens même de l'histoire ; c'est la jonction inespérée de la déraison et de la raison. « On doit les nommer des *héros* en tant qu'ils ont puisé leurs fins et leur vocation non seulement dans le cours des événements tranquille, ordonné, consacré par le système en vigueur, mais à une source dont le contenu est caché et n'est pas encore parvenu à l'existence actuelle, dans l'esprit intérieur, encore souterrain, qui frappe contre le monde extérieur comme à un noyau et le brise parce qu'il n'est pas l'amande qui convient à ce noyau... C'étaient des gens qui pensaient et savaient ce qui est nécessaire et dont le moment est venu, à savoir la vérité de leur temps et de leur monde, pour ainsi dire la race nouvelle qui existait déjà intérieurement... C'est pourquoi les héros d'une époque doivent être reconnus comme les sages. »

Si l'on cesse de croire, non seulement à un maître bienfaisant de ce monde, mais encore à un cours raisonnable des choses, alors l'action du héros est sans aucun appui extérieur : elle ne s'appuie pas sur une loi divine, ni même sur un sens visible de l'histoire. Cet héroïsme sans règle ni contenu, c'est celui du « maître » nietzschéen. Si le héros hégélien sacrifiait son propre bonheur et mettait d'abord le chaos dans sa vie, c'était pour en sauver l'histoire, et s'il mettait en question l'ordre établi, c'était pour en faire naître un autre. Le maître nietzschéen est par-delà toute *chose faite ou à faire*, il ne veut que la maîtrise même, et puisqu'il refuse de la consacrer à aucune tâche particulière, elle ne peut s'affirmer que *contre* quelque chose ou quelqu'un. La maîtrise pure ne peut consister qu'à vaincre les autres maîtres, et le plus puissant de tous, la mort. Hegel avait déjà décrit cette entreprise et cette impasse : car toute puissance surmontée, du fait même qu'elle est surmontée, cesse d'avoir du prix ; la mort que le héros a traversée, ce n'était pas vraiment la mort, puisqu'elle ne l'a pas pris ; les autres qu'il a réduits à l'esclavage ne sont pas des témoins suffisants de sa puissance, puisqu'il a pu les vaincre. À moins qu'il ne vieillisse et ne se fasse héros honoraire, il cherchera donc toujours d'autres dangers à courir, d'autres hommes à soumettre, sûr d'avance de n'en pas obtenir ce qu'il attend, parce qu'il attend l'impossible : une vie qui assume vraiment la mort et qui s'assure à titre définitif la libre reconnaissance d'autrui. Pour Hegel le vrai héros n'était pas le maître, c'était l'esclave qui a préféré la vie, qui travaille et transforme le monde de telle manière qu'enfin il n'y a plus de place pour le maître.

Le héros des contemporains n'est ni celui de Hegel, ni celui de Nietzsche. Il n'est pas, comme disait Hegel, « l'homme d'affaires du génie de l'Univers ». Il ne croit pas à un génie de l'Univers qui prépare toutes choses pour son succès et lui indique clairement sa voie. Dans *Pour qui sonne le glas ?* Robert Jordan, au moment de risquer sa vie, se demande honnêtement s'il le fait pour la société matérialiste à venir. Une moitié de lui-même dit alors : « Depuis quand as-tu une telle conception ?... Tu ne l'as jamais eue. Et tu n'as jamais pu l'avoir. Tu n'es pas un vrai marxiste et tu le sais. Tu crois à la Liberté, à l'Égalité et à la Fraternité. Tu crois à la vie, à la liberté et à la poursuite du bonheur. Ne te bourre pas le crâne avec des excès de dialectique. C'est bon pour les autres, pas pour toi[1]. » Il ne s'agit pas, au moment du risque, de chercher des excuses et des prétextes. La mission est acceptée et sera accomplie. Il ne s'agit que des motifs. Or, quoi qu'il fasse, Robert Jordan ne parvient pas à poser la société future comme seul motif de son sacrifice. Il ne la veut que comme la garantie probable, pour lui-même et pour les autres, de cette liberté qu'il exerce à l'instant même.

Un marxiste comme Kyo, dans *La Condition humaine*, rencontrait la question *au cœur même du marxisme*. Il y a, disait-il, dans le marxisme, à la fois une volonté et une fatalité :

1. E. HEMINGWAY, *Pour qui sonne le glas ?* Heinemann et Zsolnay, 1948, p. 273.

quand donc faut-il suivre le cours des choses et quand faut-il les forcer? À s'en tenir aux faits, les communistes chinois sont probablement condamnés et c'est le Kuo-Min-Tang qui va l'emporter. Mais les faits ne sont acquis que lorsque nous avons renoncé à les changer: n'est-ce pas le moment d'apporter aux communistes une aide décisive et de forcer la main à l'histoire? Aucune philosophie de l'histoire ne supprime cette hésitation. «Car la vie, n'est-ce pas, dans son essence, dans ce qu'elle a de foncièrement angoissant, peut être définie comme la liberté de choisir? Mais le communiste ne renonce, dans une certaine mesure, à la liberté du choix, ne se soumet à une discipline que parce que celle-ci est nécessaire à l'efficacité de l'action[1].»

Dans une autre conception du monde, le héros de *Pilote de guerre* se pose les mêmes questions. La bourgeoisie, dans les générations qui nous ont précédés, avait ses absolus: il était entendu qu'on exécute les ordres, qu'on meurt pour sa patrie. Mais c'est peut-être que jamais elle ne s'était trouvée en face du chaos. Quel sens y a-t-il, en juin 40, à exécuter une mission sur Arras à l'heure où nous ne pouvons plus rien contre les chars allemands qui s'y rassemblent et où le renseignement ne peut plus même être transmis? Il est plus facile de servir dans une armée forte, dans un moment où l'histoire va clairement vers une fin. Mais comment l'homme ne penserait-il pas à soi et à sa mort quand le monde même devant lui se disloque et titube? Comment servir si le service est inutile?

La devise du héros contemporain n'est cependant pas celle de Barrès ou celle de Montherlant: il ne sert pas pour «se faire de la musique», ni pour prouver sa maîtrise devant la mort, en «service inutile». Saint-Exupéry se jette dans sa mission parce qu'elle est lui-même, la suite de ce qu'il a pensé, voulu et décidé, parce qu'il ne serait plus rien s'il se dérobait. À mesure qu'il entre dans le danger, il reconquiert son être. Au-dessus d'Arras, dans le feu de la D.C.A., quand chaque seconde de survie est aussi miraculeuse qu'une naissance, il se sent invulnérable parce qu'il est enfin dans les choses, qu'il a quitté son néant intérieur, et que, s'il meurt, ce sera en plein monde.

Mais peut-être ne sera-t-il que blessé, peut-être lui faudra-

---

1. R. Vailland, *Drôle de jeu*, Corréa, 1945, p. 163.

t-il agoniser de longues heures, à terre? Le même cruel secours lui serait encore offert: tant qu'il vivra, être et penser comme un vivant, rester tendu vers les fins qu'il a choisies. Robert Jordan, blessé à l'intérieur des lignes fascistes, alors qu'il vient d'y faire sauter un pont, doit se séparer de ses camarades et même de Maria qu'il aime. «Non, *guapa*, ne pleure pas, dit-il. Écoute, nous n'irons pas à Madrid maintenant, mais j'irai avec toi partout où tu iras. Tu comprends?... Tu t'en vas maintenant, chevreau, mais je reste avec toi. Aussi longtemps qu'il y aura l'un de nous, il y aura nous deux. Tu comprends?... Ce que je fais maintenant, je le fais seul. Je ne pourrais pas le faire bien avec toi. Tu ne vois pas que c'est comme ça? Quel que soit celui qui reste, il est les deux.» Et, une fois seul: «Ça ne sert à rien de penser à Maria. Essaye de croire ce que tu lui as dit. C'est le mieux. Et qui dit que ce n'est pas vrai? Pas toi[1].» Pour l'homme encore vivant, il n'y a pas d'autre ressource — mais celle-là souveraine — que de garder sa conduite d'homme vivant. On meurt seul, mais on vit avec les autres, nous sommes l'image qu'ils se font de nous, là où ils sont nous sommes aussi. Encore une fois et jusqu'à la fin, Robert Jordan laisse faire ce mouvement qui le lie à eux, qui le lie aux choses, et qui est au-delà du jugement, puisqu'il était la condition de tout malheur comme de tout bonheur. Resté seul, il ne se tuera pas. «Si tu attends et les retiens même un petit moment, ou si tu descends l'officier, ça peut tout changer, une chose bien faite peut[2]...» Ce qui permet au héros de se sacrifier, ce n'est pas, comme chez Nietzsche, la fascination de la mort, ni, comme chez Hegel, la certitude d'accomplir ce que l'histoire veut, c'est la fidélité au mouvement naturel qui nous jette vers les choses et les autres. Ce que j'aime, disait Saint-Exupéry, ce n'est pas la mort, c'est la vie.

Le héros des contemporains n'est pas un sceptique, un dilettante, ni un décadent. Simplement, il a l'expérience du hasard, du désordre et de l'échec, de 36, de la Guerre d'Espagne, de juin 40. Il est dans un temps où les devoirs et les tâches sont obscurs. Il éprouve mieux qu'on ne l'a jamais fait la contingence de l'avenir et la liberté de l'homme. Tout bien

1. E. HEMINGWAY, *Pour qui sonne le glas? op. cit.*, pp. 415-417.
2. *Ibid.*, p. 423.

considéré, rien n'est sûr : ni la victoire, encore si lointaine, ni les autres, qui ont souvent trahi. Jamais les hommes n'ont mieux vérifié que le cours des choses est sinueux, qu'il est beaucoup demandé à l'audace, qu'ils sont seuls au monde et seuls l'un devant l'autre. Mais quelquefois, dans l'amour, dans l'action, ils s'accordent entre eux et les événements répondent à leur volonté. Quelquefois, il y a cet embrasement, cet éclair, ce moment de victoire, ou, comme dit la Maria de Hemingway, cette *gloria* qui efface tout.

Hors les temps de la foi, où l'homme croit trouver dans les choses le dessin d'une destinée toute faite, *qui peut éviter ces questions et qui peut donner une autre réponse*? Ou plutôt : la foi, dépouillée de ses illusions, n'est-elle pas cela même, ce mouvement par lequel, nous joignant aux autres et joignant notre présent à notre passé, nous faisons en sorte que tout ait un sens, nous achevons en une parole précise le discours confus du monde? Les saints du christianisme, les héros des révolutions passées n'ont jamais fait autre chose. Simplement ils essayaient de croire que leur combat était déjà gagné dans le ciel ou dans l'Histoire. Les hommes d'aujourd'hui n'ont pas cette ressource. Le héros des contemporains, ce n'est pas Lucifer, ce n'est pas même Prométhée, c'est l'homme.

Sources

« Le doute de Cézanne », *Fontaine*, 4ᵉ année, t. VIII, n° 47, déc. 45, pp. 80-100.

« Le roman et la métaphysique », *Cahiers du Sud*, t. XXII, n° 270, mars-avril 1945, pp. 194-207.

« Jean-Paul Sartre, ou un auteur scandaleux », *Figaro littéraire*, 2ᵉ année, n° 85, 6 déc. 1947, pp. 1-3.

« Le cinéma et la nouvelle psychologie », conférence donnée à l'Institut des hautes études cinématographiques, 13 mars 1945, repris dans *Les Temps modernes*, 3ᵉ année, n° 26, nov. 47, pp. 930-943.

« L'existentialisme chez Hegel », *Les Temps modernes*, 1ʳᵉ année, n° 7, avril 1946, pp. 1311-1319. La note relative à la conférence de J. Hyppolite comporte une erreur de date.

« La querelle de l'existentialisme », *Les Temps modernes*, 1ʳᵉ année, n° 2, nov. 45, pp. 344-356.

« Le métaphysique dans l'homme », *Revue de métaphysique et de morale*, 52ᵉ année, juil.-oct. 1947, nᵒˢ 3-4, pp. 290-307.

« Autour du marxisme », *Fontaine*, 5ᵉ année, nᵒˢ 48-49, janv.-fév. 46, pp. 309-331.

« Marxisme et philosophie », *Revue internationale*, 1ʳᵉ année, n° 6, juin-juil. 1946, pp. 518-526.

« La guerre a eu lieu » (juin 1945), *Les Temps modernes*, 1ʳᵉ année, n° 1, oct. 45, pp. 48-66.

« Pour la vérité » (nov. 45), *Les Temps modernes*, 1ʳᵉ année, n° 4, janv. 45, pp. 577-600.

« Foi et bonne foi », *Les Temps modernes*, 1ʳᵉ année, n° 5, fév. 1946, pp. 769-782.

« Le héros, l'homme » (titre dans la publication originale : « Le culte du héros »), *Action*, n° 74, 1ᵉʳ fév. 46, pp. 12-13.

Composition Interligne.
Impression Société Nouvelle Firmin-Didot
à Mesnil-sur-l'Estrée, le 9 février 2004.
Dépôt légal : février 2004.
1ᵉʳ dépôt légal : décembre 1995.
Numéro d'imprimeur : 67095.

ISBN 2-07-074355-1/Imprimé en France.

15,70 €

129838